Dirk Tietz

Der Einfluss des Internets auf Intermediäre im Tourismus

GABLER EDITION WISSENSCHAFT

Dirk Tietz

Der Einfluss des Internets auf Intermediäre im Tourismus

Deutscher Universitäts-Verlag

Bibliografische Information Der Deutschen Nationalbibliothek
Die Deutsche Nationalbibliothek verzeichnet diese Publikation in der Deutschen Nationalbibliografie; detaillierte bibliografische Daten sind im Internet über <http://dnb.d-nb.de> abrufbar.

Dissertation Universität Trier, 2006 u. d. T.: Tietz, Dirk: Der Einfluss von Electronic Commerce auf Intermediation – Entwicklung einer Analysemethodik und Anwendung auf die Tourismusindustrie

1. Auflage Mai 2007

Lektorat: Frauke Schindler / Stefanie Loyal

Der Deutsche Universitäts-Verlag ist ein Unternehmen von Springer Science+Business Media.
www.duv.de

Umschlaggestaltung: Regine Zimmer, Dipl.-Designerin, Frankfurt/Main
Gedruckt auf säurefreiem und chlorfrei gebleichtem Papier
Printed in Germany

ISBN 978-3-8350-0706-2

Vorwort

In meiner Jugend und während des Studiums hat sich mein großes Interesse für alles entwickelt, was im Zusammenhang mit dem Thema Reisen steht. Duch die spätere Beratungstätigkeit für einen der führenden deutschen Reiseveranstalter konnte ich meine Leidenschaft auch aus Sicht des Reiseanbieters vertiefen. Die berufliche Beschäftigung mit der Tourismusindustrie hat mich dann auch für das Thema meiner Dissertation inspiriert, die während meiner Tätigkeit als externer Doktorand am Lehrstuhl für Organisation und Strategisches Management an der Universität Trier entstanden ist.

Ich möchte an dieser Stelle allen meinen Dank aussprechen, die mich in den verschiedenen Phasen der Erarbeitung dieser Dissertation inhaltlich oder moralisch unterstützt haben. Einigen Menschen möchte ich dabei ganz besonders danken: Meinem Doktorvater, Herrn Prof. Dr. Walter Schertler, für sein Vertrauen, seine wertvollen inhaltlichen Impulse und den gestalterischen Freiraum, den er mir gegeben hat. Herrn Dr. Carsten Sürig dafür, dass er mir ermöglicht hat, bereits im Rahmen meiner beruflichen Laufbahn wesentliche Grundlagen für diese Arbeit zu entwickeln. Herrn Dr. Bastian Körber für die fruchtbaren Diskussionen und seine hilfreichen Anregungen während der gesamten Promotionszeit. Nicht zu vergessen auch meinen Eltern für ihre gesamte Unterstützung bereits seit Beginn meines Universitätsstudiums, ohne die eine Entstehung dieser Arbeit nicht möglich gewesen wäre.

Gewidmet ist diese Arbeit Uli Pasch.

Dirk Tietz

Inhaltsübersicht

Inhaltsverzeichnis

Abbildungsverzeichnis

Abkürzungsverzeichnis

CRS	Computer-Reservierungssystem
E-Business	Electronic Business
E-Commerce	Electronic Commerce
EDI	Electronic Data Interchange
GDS	Global Distribution System
ISP	Internet Service Provider
IT	Informationstechnologie
IuK-Technologie	Informations- und Kommunikationstechnologie
NIÖ	Neue Institutionenökonomik
SCP-Paradigma	Structure-Conduct-Performance-Paradigma

1 Einleitung

1.1 Ausgangssituation

Die Strukturen einer Industrie können sich auf Grund neuer Rahmenbedingungen und der damit einhergehenden Änderung der vorherrschenden ökonomischen Gesetze und Spielregeln dramatisch wandeln. Neben Veränderungen der Nachfragestruktur oder der regulatorischen Maßnahmen spielen dabei technologische Fortschritte eine bedeutende Rolle, wobei in den letzten Jahrzehnten v. a. die Bedeutung der Informations- und Kommunikationstechnologie (IuK-Technologie) zugenommen hat. Eine Folge von Fortschritten in diesem Bereich – insbesondere des Internets – ist die Ermöglichung von elektronischem Handel bzw. von Electronic Commerce (E-Commerce).[1] Die Tragweite des Strukturwandels durch IuK-Technologien wird oftmals sogar mit der industriellen Revolution verglichen (vgl. z. B. Staehle/Conrad/Sydow 1999, S. 627; Weiber 2000, S. 5ff.; Weiber 2002a, S. 270ff.).

Die durch veränderte Rahmenbedingungen induzierten Transformationen von Industriestrukturen können viele Formen annehmen und sowohl auf der Ebene einer Branche im Sinne eines einzelnen Marktes oder einer einzelnen Wertschöpfungsstufe (horizontale Betrachtung) als auch auf der Ebene des gesamten Wertschöpfungssystems (vertikale Betrachtung) auftreten.[2] Der Einfluss von E-Commerce auf die Struktur einzelner Branchen lässt sich beispielsweise anhand der Branchenstrukturanalyse von *Porter* ableiten (vgl. z. B. Haertsch 2000, S. 124ff.; Heger 2003, S. 79ff.; Porter 2001, S. 66ff.; Schertler 1994b, S. 5f.; Wamser 2001, S. 48ff.). Eine vertikale Betrachtungsweise – nämlich die des gesamten Wertschöpfungssystems – nahmen z. B. *Malone*, *Yates* und *Benjamin* ein, indem sie eine Verschiebung vom Koordinationsmechanismus "Hierarchie" zum Koordinationsmechanismus "Markt" prognostizierten und damit die "Move to the Market"-Hypothese aufstellten (vgl.

---

1 Siehe zur Definition und Abgrenzung dieser Begriffe Abschnitt 2.3.1.

2 Das Wertschöpfungssystem beschreibt den Leistungserstellungsprozess auf der Ebene der Gesamtindustrie (vgl. Porter 2000, S. 63ff.). Elemente des Wertschöpfungssystems sind sämtliche am industriellen Leistungserstellungsprozess beteiligten Unternehmen. Ein Wertschöpfungssystem besteht aus mehreren, vertikal aufeinander folgenden Wertschöpfungsstufen. Aus Sicht einer bestimmten Wertschöpfungsstufe wird die vorgelagerte Stufe als "Upstream-Stufe" und die nachgelagerte Stufe als "Downstream-Stufe" bezeichnet (vgl. z. B. Fell 2000, S. 4).

Malone/Yates/Benjamin 1987, S. 489f.).[3] Die von *Malone*, *Yates* und *Benjamin* unterstützte Hypothese einer zunehmenden vertikalen Desintegration auf Grund von E-Commerce wurde später von vielen Autoren wieder aufgegriffen, wobei zum Teil andere Begriffe wie "unbundling" (vgl. Hagel/Singer 1999, S. 133) oder "deconstruction" (vgl. Evans/Wurster 1997, S. 74; Evans/Wurster 1999, S. 94; Evans/Wurster 2000, S. 39) verwandt wurden.[4]

Im Rahmen der Untersuchung des Einflusses von E-Commerce auf vertikale Industriestrukturen stellt seit Mitte der 90er Jahre *Intermediation* einen häufig betrachteten Teilaspekt dar.[5] Ein Intermediär ist ein ökonomisch handelndes Wirtschaftssubjekt, dessen Hauptfunktion nicht in der Produktion oder Weiterverarbeitung von Gütern, sondern in der Unterstützung von Transaktionen zwischen Anbietern und Abnehmern besteht.[6] Nach *Spulber* machen Intermediäre ca. ein Viertel des Bruttoinlandsprodukts der USA aus (vgl. Spulber 1999, S. 21).

Hinsichtlich des Einflusses von E-Commerce auf Intermediation wurden im Laufe der Zeit verschiedene Hypothesen und Szenarien entwickelt. Mitte der 90er Jahre prophezeiten *Benjamin* und *Wigand* die Ausschaltung von Intermediären und stellten damit die *Disintermediationshypothese* auf (vgl. Benjamin/Wigand 1995, S. 68; Wigand/Benjamin

[3] Im Sinne des Transaktionskostenansatzes wird zwischen den beiden grundlegenden wirtschaftlichen Koordinationsformen *Markt* und *Hierarchie* (bzw. Unternehmung) unterschieden (vgl. Coase 1937, S. 389; Williamson 1990b, S. 18; siehe auch Abschnitt 2.1.3). Der von *Malone*, *Yates* und *Benjamin* prognostizierte Übergang von der Koordinationsform Hierarchie zu Markt (zwischen zwei in der Wertschöpfungskette vertikal aufeinander folgenden Aktivitäten) stellt daher eine vertikale Desintegration dar (vgl. Perry 1989, S. 185ff.).

[4] Die vertikale Desintegration wird dabei in der Regel mit sinkenden Transaktionskosten (oder "Interaktionskosten") begründet (vgl. Butler et al. 1997, S. 6; Hagel/Singer 1999, S. 133). Ausführlichere Untersuchungen zum Einfluss von Informationstechnologie auf die vertikale Industriestruktur liefern z. B. Bauer 1997, Gehring 2004 und Schuler 2002.

[5] Z. B. in Choi/Stahl/Whinston 1997, S. 155ff.; Gehring 2004, S. 164ff.; Evans/Wurster 2000, S. 69ff.; Merz 2002, S. 133ff.; OECD 1999, S. 64ff.; Tapscott 1996, S. 78ff.; Wamser 2001, S. 51ff.; Watson et al. 2000, S. 7ff.; Wiedmann/Frenzel 2000, S. 35ff.; Wigand 1997, S. 4. Beiträge, die sich hauptsächlich oder ausschließlich mit dem Einfluss von E-Commerce auf Intermediation befassen, sind v. a. Bailey/Bakos 1997; Bailey 1998; Benjamin/Wigand 1995; Buxmann/Gebauer 1998; Chircu 2001; Chircu/Kauffman 1999b; Gellman 1996; Giaglis/Klein/O'Keefe 1999; Giaglis/Klein/O'Keefe 2002; Hunziker 2003; Jin/Robey 1999; Palvia/Vemuri 1999; Resnick/Zeckhauser/Avery 1995; Sarkar/Butler/Steinfield 1995; Sarkar/Butler/Steinfield 1998; Schoder 2000; Sen/King 2003; Wigand/Benjamin 1995; Wimmer/Townsend/Chezum 2000.

[6] Dazu kann der Intermediär entweder (1) ein Gut von einem Produzenten oder Dienstleister einkaufen, um anschließend das identische oder ein ähnliches Gut an den Konsumenten weiterzuverkaufen ("Market-Maker"), oder (2) Produzenten und Konsumenten auf andere Art und Weise in den Transaktionsphasen Anbahnung, Vereinbarung, Abwicklung und/oder Kontrolle/Anpassung maßgeblich unterstützen ("Match-Maker") (siehe Abschnitt 2.2.1).

1995, n. p.).[7] Die Autoren kamen auf Basis der Transaktionskostentheorie und anhand des Beispiels der Textilindustrie zu dem Schluss, dass durch das Internet die durch Intermediäre verursachten Kosten eingespart werden können, wenn Produzent und Kunde diese umgehen (vgl. Benjamin/Wigand 1995, S. 68; Wigand/Benjamin 1995, n. p.). Kritik an der Disintermediationshypothese ließ jedoch nicht lange auf sich warten. Dabei wurde nicht in Frage gestellt, dass Disintermediation in einigen Fällen eine Folge von E-Commerce sein kann. Vielmehr wurden v. a. die vereinfachte Argumentationslogik und die getroffenen Annahmen hinterfragt. Konkret wurde kritisiert, dass

- die Absenkung der Transaktionskosten durch E-Commerce überschätzt werde (vgl. z. B. Bailey 1998, S. 102; Brousseau 2002, S. 362; Brynjolfsson/Smith 2000, S. 569; Giaglis/Klein/O'Keefe 2002, S. 237; Rose 1999, S. 1ff.),
- nicht berücksichtigt werde, dass durch E-Commerce neben den Kosten des direkten Handels auch die der Intermediation sinken können (vgl. Sarkar/Butler/Steinfield 1995, n. p.; Sarkar/Butler/Steinfield 1998, S. 216),
- die Vielzahl der Rollen von Intermediären nicht detailliert genug betrachtet werde (vgl. z. B. Sarkar/Butler/Steinfield 1995, n. p.),
- die Analyse praktisch nur auf der Transaktionskostentheorie beruhe, andere relevante Ansätze jedoch vernachlässigt würden (vgl. Jin/Robey 1999, S. 8ff.; Sarkar/Butler/Steinfield 1998, S. 217; Schoder 2000, S. 44ff.).[8]

Die Kritiker der Disintermediationshypothese nehmen an, dass Intermediäre auch in elektronischen Märkten eine bedeutende Rolle spielen werden. Sie gehen jedoch in der Regel ebenso davon aus, dass eine Veränderung in der *Art und Weise* der Intermediation erfolgen wird, und stellen sich daher die Frage, *wie* Intermediation in elektronischen Märkten aussehen wird. Im Rahmen dieser Thematik wurde 1995 von *Sarkar*, *Butler* und *Steinfield* die *Cybermediationshypothese* aufgestellt (vgl. Sarkar/Butler/Steinfield 1995). Unter Cybermediation kann die Entstehung von Intermediären (so genannten Cybermediären) verstanden

---

[7] Disintermediation kann als die Ausschaltung bzw. Umgehung eines Intermediärs definiert werden, aus der sich ein direkter Leistungsaustausch zwischen dem bisher dem Intermediär vertikal vorgelagerten Unternehmen (Upstream-Unternehmen) sowie dem nachgelagerten Marktteilnehmer (Downstream-Unternehmen oder Endkunde) ergibt (siehe Abschnitt 2.4.2).

[8] Einige der neueren Beiträge zur Disintermediation berücksichtigen die genannten Kritikpunkte zumindest teilweise, v. a. wurde zunehmend die Notwendigkeit einer detaillierten Rollenbetrachtung erkannt (z. B. in Brousseau 2002; Giaglis/Klein/O'Keefe 2002; Hunziker 2003; Jallat/Capek 2001; Palvia/Vemuri 1999; Schmitz 2000; Wimmer/Townsend/Chezum 2000).

werden, welche in elektronischen Märkten operieren und sich in der Regel durch eine Neuartigkeit bezüglich der Struktur der Intermediation auszeichnen (siehe Abschnitt 2.4.3). Diese Neuartigkeit kann sich z. B. darin äußern, dass sich die Funktionen eines Cybermediärs von denen eines traditionellen Intermediärs unterscheiden oder die Funktionen auf andere Art und Weise erfüllt werden (vgl. z. B. Jin/Robey 1999, S. 5; Palvia/Vemuri 1999, S. 124; Tapscott 1996, S. 78ff.; Schoder 2003a, S. 76; Wimmer/Townsend/Chezum 2000, S. 415). Außerdem kann sich eine Rekonfiguration der Wertschöpfungskette ergeben, bei der sich verschiedene Intermediationsfunktionen "entbündeln" und somit stärker spezialisierte Intermediäre entstehen (vgl. Buxmann/Gebauer 1998, S. 12; Picot/Heger 2001, S. 132; Sarkar/Butler/Steinfield 1998, S. 217). Als Beispiele für Cybermediäre wurden von *Sarkar*, *Butler* und *Steinfield* u. a. "Search services", "Malls", "Virtual Resellers" und "Web Site Evaluators" genannt (vgl. Sarkar/Butler/Steinfield 1995, n. p.).

Von der Cybermediationshypothese ist die so genannte *Reintermediationshypothese* zu unterscheiden, obwohl auch diese die Entstehung von Intermediären in elektronischen Märkten prognostiziert. Unter Reintermediation kann der Eintritt traditioneller, etablierter Intermediäre in elektronische Märkte als Reaktion auf eine drohende oder eingetretene Marktverdrängung durch Electronic Commerce verstanden werden (siehe Abschnitt 2.4.4). Es wird im Gegensatz zur Cybermediation also nur dann von Reintermediation gesprochen, wenn ein *traditioneller Intermediär* die neue Rolle des Cybermediärs übernimmt (im Gegensatz zu einem *neuen, branchenfremden* Marktteilnehmer). Bei der Diskussion der Reintermediationshypothese wird demnach die Frage in den Vordergrund gestellt, *wer* in den elektronischen Markt eintreten wird. Indem dieser Schritt des traditionellen Intermediärs als Reaktion auf eine Bedrohung dargestellt wurde, betonten die Vertreter der Reintermediationshypothese zudem eine dynamische Perspektive. Das Eintreten von Reintermediation wurde damit begründet, dass ein traditioneller Intermediär Startvorteile wie z. B. bereits aufgebaute Fähigkeiten oder Skaleneffekte gegenüber einem neuen Marktteilnehmer besitzt (vgl. Chircu/Kauffman 1999a, S. 9ff.; Chircu/Kauffman 2000, S. 14ff.; Giaglis/Klein/O'Keefe 2002, S. 240ff.). Zudem können Synergien zwischen traditionellem und neuem Geschäft existieren (z. B. ein erhöhter Kundennutzen durch die Integration von traditionellem und elektronischem Kanal), die ein etablierter Intermediär auf Grund seiner vorhandenen Präsenz im traditionellen Markt einfacher erschließen kann (vgl. Chircu/Kauffman 2000, S. 22; Giaglis/Klein/O'Keefe 2002, S. 242ff.; Porter 2001, S. 69ff.; Steinfield et al. 2000, S. 6f.).

1.2 Zielsetzung der Arbeit

Die in der Literatur diskutierten Hypothesen – Disintermediation, Cybermediation und Reintermediation – zeigen auf, dass verschiedene Industrieszenarien denkbar sind. Es kann daher nicht für alle Industrien gleichermaßen vorhergesagt werden, welchen Einfluss E-Commerce auf Intermediation haben wird (vgl. Chircu/Kauffman 1999a, S. 8ff.; Giaglis/Klein/O'Keefe 2002, S. 240; Porter 2001, S. 66). Demnach stellt sich die Frage, unter welchen Bedingungen welche Strukturveränderung eintritt. Eine Analyse der Literatur ergibt, dass bisher kaum Modelle existieren, in denen entsprechende Zusammenhänge erklärt oder abgebildet werden, und dass daher weitere Forschungsbemühungen notwendig sind.[9] An dieser Stelle setzt die vorliegende Arbeit an. Es werden zwei Ziele definiert:

1. Die Entwicklung einer Analysemethodik zur Ableitung des Einflusses von E-Commerce auf die Struktur der Intermediation
2. Die Prüfung der Anwendbarkeit der Analysemethodik am Beispiel des Ferientourismus

Mit Hilfe der zu entwickelnden Analysemethodik (Ziel 1 dieser Arbeit) soll es möglich sein, den Einfluss von Electronic Commerce auf die Struktur der Intermediation in einem konkreten Anwendungsfall (also für eine konkrete Industrie/Branche) ex-post erklären oder ex-ante prognostizieren zu können. Dabei sollen die drei folgenden Kernfragen beantwortet werden:

1. **"Ob-Frage"**: Wird es im elektronischen Markt Intermediation geben?
2. **"Wie-Frage"**: Wie wird Intermediation in elektronischen Märkten aussehen?
3. **"Wer-Frage"**: Welcher Marktteilnehmer hat die besten Erfolgsaussichten?

Die Analysemethodik stellt eine Vorgehensweise im Sinne eines Leitfadens dar, anhand dessen sich die Antworten auf strukturierte Art und Weise ableiten lassen.[10] Voraussetzung

---

[9] Eine Ausnahme stellt der Ansatz von *Giaglis*, *Klein* und *O'Keefe* dar (Giaglis/Klein/O'Keefe 2002). Die Autoren analysieren entlang der Rollen eines Intermediärs potenzielle Unterschiede zwischen elektronischen und konventionellen Märkten und leiten daraus Argumente für Disintermediation, Cybermediation und Reintermediation ab. Diese Vorgehensweise erscheint grundsätzlich sinnvoll, allerdings erfolgt sie auf relativ hohem Abstraktionsniveau. Wettbewerbsstrategische und wissensbasierte Aspekte werden zudem praktisch nicht berücksichtigt. Der Beitrag von *Giaglis*, *Klein* und *O'Keefe* kann daher – wie die Autoren auch selbst feststellen – nur als erster Schritt in Richtung eines Erklärungsmodells verstanden werden.

[10] Auf Grund der hohen Komplexität und Multikausalität von Industriestrukturveränderungen kann natürlich nicht davon ausgegangen werden, dass man mit Hilfe der Analysemethodik zukünftige Veränderungen mit Sicherheit vorhersagen kann. Ziel ist es daher, eine strukturierte Diskussion unter Berücksichtigung möglichst aller relevanten Aspekte zu ermöglichen.

für die Entwicklung dieser Analysemethodik bzw. dieses Leitfadens ist die Erarbeitung eines *Referenzmodells*, das (1) im Detail darstellt, welche Aktivitäten ein Intermediär ausübt, und (2) die Gründe für seine Existenz und seinen Mehrwert vollständig und systematisch erfasst. Auf Grund der dabei angestrebten Allgemeingültigkeit kann dies als weiterer Schritt in Richtung einer allgemeinen Theorie der Intermediation aufgefasst werden.

Um die Anwendbarkeit der Analysemethodik zu prüfen, soll sie auf eine Beispielindustrie angewandt werden (Ziel 2 dieser Arbeit). Dafür wurde der Ferientourismus ausgewählt. Dieser erscheint als Untersuchungsgebiet geeignet, da Intermediäre wie Reiseveranstalter und Reisebüros im Ferientourismus traditionell eine große Rolle spielen.[11] Zudem ist ein hohes Veränderungspotenzial von E-Commerce zu erwarten, da vor der Kaufentscheidung auf Grund des Dienstleistungscharakters abgesehen von Trägermedien für Information keinerlei physischer Warenfluss erfolgt und touristische Intermediäre dementsprechend nur auf einer informationellen und rechtlich-finanziellen Ebene (nicht aber auf einer physischen Ebene) operieren.

1.3 Vorgehensweise und Aufbau der Arbeit

Die Struktur dieser Arbeit orientiert sich an den soeben erläuterten Zielen (siehe Abbildung 1). Beiden Zielen wird jeweils ein Kapitel gewidmet: Während in Kapitel 3 die Entwicklung der Analysemethodik erfolgt, wird in Kapitel 4 die Analysemethodik auf den Ferientourismus angewandt.[12] Bevor mit der Entwicklung der Analysemethodik begonnen wird, ist es jedoch notwendig, die relevanten theoretischen Grundlagen zu erörtern (Kapitel 2). Neben der Theorie der Firma (Abschnitt 2.1) wird dabei auf die Literatur zu Intermediation (Abschnitt 2.2) sowie zu E-Commerce (Abschnitt 2.3) eingegangen. Ebenso wird der bereits skizzierte Stand der Wissenschaft zum Einfluss von E-Commerce auf Intermediation detailliert erläutert (Abschnitt 2.4).

Als theoretischer Bezugsrahmen wird die Industrieökonomik herangezogen. Sie eignet sich für die Fragestellung dieser Arbeit, da sie sich durch einen hohen Realitätsbezug auszeichnet. Wie die Industrieökonomik grundsätzlich bewegt sich auch diese Arbeit an der Schnittstelle zwischen Volks- und Betriebswirtschaftslehre. Im Rahmen der industrieökonomischen

---

11 In 2003 lag der Anteil der über Reisebüro und/oder Reiseveranstalter gebuchten Reisen bei 44,1 Prozent (F.U.R 2004, S. 5).

12 Die in Abbildung 1 bereits dargestellte Detailstruktur der Kapitel 3 und 4 wird zu Beginn des jeweiligen Kapitels erläutert.

Grundlagen (Abschnitt 2.1) wird zunächst auf die Theorie der Firma eingegangen, da sie sich explizit mit der Existenz und den Grenzen von Unternehmungen befasst. Für eine ganzheitliche Betrachtung von Veränderungen der Intermediationsstruktur ist sie jedoch nicht ausreichend, da sie lediglich ein effizienzorientiertes Instrumentarium zur Verfügung stellt. Relevante Erkenntnisse aus anderen Bereichen müssen deshalb ebenso eingebracht werden. So werden z. B. Erkenntnisse aus der Handelsbetriebslehre, dem Marketing und der Finanzintermediation im Rahmen der Grundlagen der Intermediation (Abschnitt 2.2) erläutert. Erkenntnisse aus der Theorie des Marktes fließen in die Darlegung der Grundlagen von E-Commerce ein (Abschnitt 2.3). Wettbewerbsstrategische Aspekte müssen ebenso berücksichtigt werden (u. a. in Abschnitt 3.3.3).

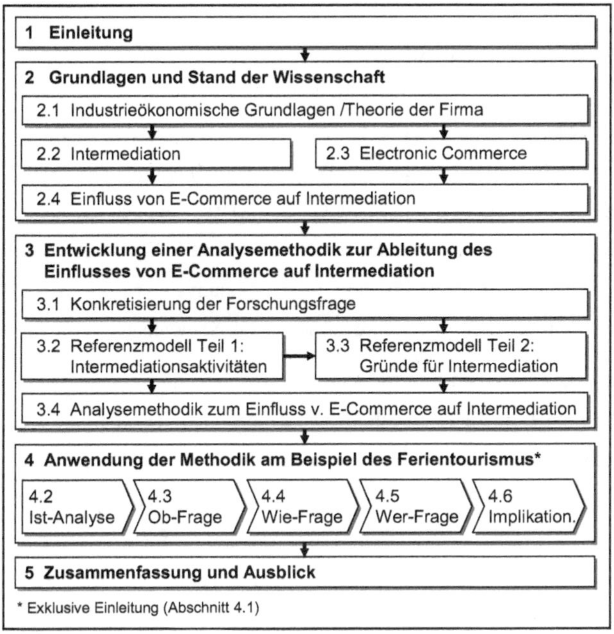

Abbildung 1: Aufbau der Arbeit

(Quelle: Eigene Darstellung)

2 Theoretische Grundlagen und Stand der Wissenschaft

2.1 Industrieökonomische Grundlagen: Die Theorie der Firma

2.1.1 Einleitung

Die Industrieökonomik befasst sich mit der Struktur, der Funktionsweise und dem Marktverhalten von Unternehmungen und dessen Wechselwirkung mit der Branche bzw. Industrie (vgl. Schwalbach 1997, S. 166; Tirole 1995, S. 4). Sie stellt daher ein geeignetes wirtschaftstheoretisches Fundament für diese Arbeit dar, zumal sie sich dabei durch eine hohe Realitätsnähe auszeichnet. Angesichts des breiten Erklärungsanspruchs der Industrieökonomik erscheint es nicht überraschend, dass sie keine klar abgrenzbare Forschungsrichtung darstellt (vgl. u. a. Tirole 1995, S. 4). Die Industrieökonomik besteht aus einer Vielzahl verschiedener Forschungsrichtungen, welche stark differierende Methoden anwenden, sich gegenseitig überlappen, sich teilweise widersprechen, sich aber auch ergänzen.[13] Der Betrachtungsgegenstand der Industrieökonomik ist nicht das einzelne Unternehmen, sondern die gesamte Branche bzw. Industrie (vgl. Bain 1959, S. vii f.). Um ein Verständnis einer Industrie zu schaffen, muss die Industrieökonomik allerdings auch die Struktur und das Verhalten von Unternehmungen analysieren, so dass sich zahlreiche Schnittstellen zur Betriebswirtschaftslehre ergeben (vgl. Schwalbach 1997, S. 165).[14]

Welche industrieökonomischen Teilbereiche sind relevant, um potenzielle Änderungen der Struktur der Intermediation zu untersuchen? Dazu bietet sich vor allem die *Theorie der Firma* an, denn sie befasst sich mit der Existenz, der Struktur und den Grenzen von Unternehmen (und damit auch von Intermediären). Sie kann daher helfen, die Rolle und Daseinsberechtigung von Intermediären zu verstehen. Da sie sich auch mit den Grenzen von Unternehmungen befasst, kann sie zudem wichtige Hinweise für die Erklärung von Disintermediation liefern, denn in der Regel ist dieses Phänomen mit einer Verschiebung der Unternehmensgrenzen verbunden. Auf Grund dessen ist es auch nicht verwunderlich, dass

---

[13] Schon *Mason* stellte fest, dass die Industrieökonomik "ein sumpfiges Gelände ist, dessen Vermessung methodischen Eklektizismus erfordert" (Mason zitiert nach: Kaufer 1980, S. 11).

[14] Mit welchen Fragestellungen sich die Industrieökonomik befasst, lässt sich anhand des Structure-Conduct-Performance-Paradigmas (SCP-Paradigma) und dessen Weiterentwicklungen veranschaulichen (siehe für die Darstellung des SCP-Paradigmas und dessen Entwicklungsgeschichte u. a. Audretsch 1995, S. 4ff; Bain 1959, S. 1ff.; Bühler/Jaeger 2002, S. 4ff.; Carlton/Perloff 2000, S. 238ff.; Church/Ware 2000, S. 425ff.; Kaufer 1980, S. 6ff.; Mason 1939, S. 61ff.; Mason 1957, S. 1ff.; Oberender 1994, S. 67f.; Scherer 1980, S. 4ff.; Schwalbach 1994, S. 94ff.; Shepherd 1997, S. 5ff.).

praktisch sämtliche Untersuchungen von Disintermediation oder ähnlichen Strukturveränderungen explizit oder implizit auf der Theorie der Firma (insbesondere auf dem Teilbereich "Transaktionskostenökonomik") basieren (siehe Abschnitt 2.4).

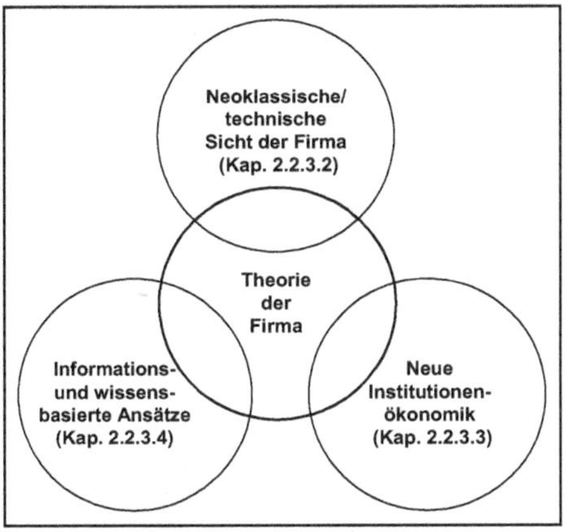

Abbildung 2: Einflussbereiche einer Theorie der Firma

(Quelle: Eigene Darstellung)

Die Theorie des Unternehmens bzw. der Firma hat in den letzten Jahrzehnten zunehmende Aufmerksamkeit erlangt, obwohl die grundlegende Literatur schon vor Jahrzehnten verfasst wurde (vgl. Audretsch 1995, S. 5).[15] Die Theorie der Firma kann verstanden werden als "the body of theory that addresses the *existence*, the *boundaries* and the *internal organization* of the firm" (Foss 2000, S. xv). Die Theorie der Firma ist bisher alles andere als ein geschlossenes Theoriegebilde, vielmehr tragen verschiedene und teils sehr unterschiedliche und widersprüchliche wissenschaftliche Theorien zu einem Verständnis des Phänomens "Unternehmung" bei (vgl. Audretsch 1995, S. 27; Bühler/Jaeger 2002, S. 46; Foss 2000, S. xxiv; Göbel 2002, S. 169). Dazu zählen (1) die neoklassische/technische Sicht der Firma, (2) die Neue Institutionenökonomik (inklusive Transaktionskostenansatz, Principal-Agent-Ansatz und Property-Rights-Ansatz), sowie (3) informations- und wissensbasierte Ansätze (siehe Abbildung 2).[16]

Auf Grund der unterschiedlichen Betrachtungsweisen und voneinander unabhängig

---

[15] Wie z. B. der berühmte Artikel von *Coase* aus dem Jahre 1937 (Coase 1937).

[16] Bei der Darstellung und Gliederung von Einflussbereichen bzw. Ansätzen einer Theorie der Firma herrscht keine Einigkeit, vergleiche für ähnliche und unterschiedliche Aufteilungen u. a. Audretsch 1995, S. 27ff.; Bühler/Jaeger 2002, S. 13ff.; Foss 2000, S. xxiv ff.; Tirole 1995, S. 35ff.

entwickelten Denkschulen ergeben sich teilweise Widersprüche, dafür können die jeweiligen Ansätze jedoch auch auf unterschiedliche Problemstellungen angewandt werden (vgl. Foss 2000, S. xxi ff.). Im Folgenden sollen die drei Einflussbereiche sukzessive vorgestellt und deren Leistungsfähigkeit hinsichtlich der Zielsetzung der Arbeit diskutiert werden.

2.1.2 Neoklassische Sicht der Firma

Die technische Sicht der Firma – auch Produktionsfunktionsansatz genannt – basiert auf einer neoklassisch mikroökonomischen Betrachtungsweise. Sie schreibt dem Unternehmen eine "spezifische Fähigkeit zur Umwandlung von Inputs in Outputs zu" und betrachtet die Firma als "gewinnmaximierende Produktionseinheit", wobei der entsprechende Prozess durch eine Produktionsfunktion abgebildet wird (vgl. Audretsch 1995, S. 28; Bühler/Jaeger 2002, S. 14). Um den Gewinn zu maximieren, richtet sich die Firma auf das vorgegebene Preis- und Mengenverhalten am Markt unter Berücksichtigung ihrer Kostenfunktion aus (vgl. Bühler/Jaeger 2002, S. 16). Der Kostenverlauf wird dabei durch technische Gegebenheiten wie Skalenvorteile[17] und Verbundvorteile[18] bestimmt.

Die technische Sicht der Firma liefert einige Anhaltspunkte für die optimale Anzahl und Größe von Unternehmungen. So kann das Ausmaß vorhandener Skaleneffekte zur Erklärung der Größe und Anzahl vorhandener Anbieter innerhalb einer Branche, also des horizontalen Konzentrationsgrades, herangezogen werden (vgl. z. B. Tirole 1995, S. 38). Große Skalenvorteile können auch ein Hindernis für vertikale Integration sein, da eine einzelne Firma dann die mindestoptimale Betriebsgröße für die entsprechende Aktivität ggf. nicht

---

[17] Skalenvorteile bzw. zunehmende Skalenerträge liegen vor, wenn bei zunehmender Produktionsmenge die durchschnittlichen Stückkosten des produzierten Gutes sinken bzw. wenn sich der Output bei einer Verdopplung des Inputs mehr als verdoppelt (vgl. z. B. Pindyck/Rubinfeld 2003, S. 289; Tirole 1995, S. 33). Skalenvorteile resultieren unter anderem daraus, dass (1) effizientere Produktionsmethoden eingesetzt werden können (technische Größenvorteile), (2) sich Fixkosten wie etwa für Forschung und Entwicklung oder Marketing auf eine größere Produktionsmenge verteilen, (3) ein höherer Grad an Spezialisierung bzw. Arbeitsteilung erreicht werden kann, oder dass (4) Produktionsrisiken (wie Maschinenschäden) oder Absatzrisiken (wie Nachfrageschwankungen) besser gestreut werden können (vgl. u. a. Bühler/Jaeger 2002, S. 19f.). In der Realität sind oftmals ab einer gewissen Betriebsgröße wieder abnehmende Skalenerträge zu verzeichnen, z. B. durch eine zunehmende Komplexität der innerbetrieblichen Koordination und eine daraus resultierende Überforderung des Managements, durch Engpassfaktoren wie der Mangel an geeigneten Entwicklern oder Managern oder durch zunehmende Transportkosten (vgl. u. a. Bühler/Jaeger 2002, S. 20f.).

[18] Verbundvorteile liegen vor, wenn durch eine gemeinsame Herstellung mehrerer verschiedener Güter die durchschnittlichen Stückkosten der produzierten Güter sinken bzw. mit gleich bleibendem Input ein höherer Output erzielt werden kann als bei separierter Fertigung (vgl. z. B. Pindyck/Rubinfeld 2003, S. 335; Tirole 1995, S. 33). Verbundvorteile können unter anderem daraus resultieren, dass sich Fixkosten auf eine größere Produktionsmenge verteilen – z. B. Marketingkosten (vor allem im Falle eines Nachfrageverbundes) oder Investitionskosten in Maschinen oder Infrastruktur (falls diese für mehrere Produkte geeignet ist).

erreichen kann und eine Internalisierung nicht sinnvoll ist (vgl. z. B. Scherer/Ross 1990, S. 109). Verbundvorteile können erklären, warum die Produktion eines Güterbündels durch eine einzige Firma effizienter ist als durch mehrere spezialisierte Unternehmen, und tragen somit zur Erklärung von vertikaler Integration sowie Markteintritten in produktionstechnisch verwandte Branchen bei (vgl. u. a. Bühler/Jaeger 2002, S. 22). Es ist allerdings zu beachten, dass Skalen- und Verbundeffekte durch eine sich schneller wandelnde Umwelt möglicherweise verringert werden, z. B. wenn Produkte häufiger angepasst werden müssen als früher.

Eine direkte Anwendung dieser Konzepte auf Intermediäre ist allerdings problematisch, da ein Intermediär keine Produktion im technischen Sinne leistet und somit auch keine *technischen* Skalen- oder Verbundeffekte vorliegen können. Bei einem erweiterten Verständnis lassen sich die Konzepte allerdings auch auf die "Organisationsleistung" einer Unternehmung anwenden, da auch diesbezüglich Skalen- und Verbundeffekte auftreten können (z. B. Skaleneffekte durch Spezialisierung oder Verbundeffekte durch Übertragung von Managementkompetenzen).[19] Selbst unter Berücksichtigung dieser Erweiterung kann die neoklassische Sicht der Firma jedoch nur einen Baustein einer Theorie der Firma darstellen, da viele Fragen bezüglich der Existenz, der Größe und der Struktur von Unternehmungen offen bleiben (vgl. Foss 2000, S. xviii; Hart 1995, S. 17; Tirole 1995, S. 45). So wird z. B. keine überzeugende theoretische Erklärung dafür geliefert, weshalb Skalenerträge ab einer bestimmten Betriebsgröße abnehmen bzw. nicht eine "einzige riesige Weltfirma" existieren kann (vgl. Bühler/Jaeger 2002, S. 28f.; Tirole 1995, S. 45f.). Ebenso bleibt offen, weshalb Skalenvorteile nur innerhalb einer Firma realisiert werden können und nicht auch mit Hilfe zwischenbetrieblicher vertraglicher Vereinbarungen (vgl. Tirole 1995, S. 45f.). Die interne Organisation einer Unternehmung sowie Anreizprobleme bei der Delegation von Aufgaben sind weitere vernachlässigte Aspekte (vgl. Bühler/Jaeger 2002, S. 28).

2.1.3 Neue Institutionenökonomik

2.1.3.1 Einleitung und Grundannahmen der Neuen Institutionenökonomik

Die Neue Institutionenökonomik (NIÖ) befasst sich mit der ökonomischen Analyse des institutionellen Rahmens der Wirtschaft, ihr Erkenntnisobjekt ist also die "Organisation der

[19] Z. B. indem die die "Transaktion" als Organisationsleistung einer Firma analog der "Produktion" auf neoklassischen Weise dargestellt wird (vgl. z. B. Richter/Furubotn 2003, S. 71ff.).

Wirtschaft" (vgl. Richter/Bindseil 1995, S. 132). Für den Begriff der Institution sind unterschiedliche Definitionen vorzufinden (vgl. u. a. Göbel 2002, S. 1ff.; Picot/Reichwald/Wigand 2001, S. 39; Richter/Bindseil 1995, S. 133; Richter/Furubotn 2003, S. 7f.). Eine Institution kann beispielsweise definiert werden als ein System von verhaltenssteuernden informalen und formalen Regeln bzw. Normen, welches menschliche Interaktionen für einen größeren Personenkreis gemäß einer Leitidee für längere Zeit ordnet (vgl. Göbel 2002, S. 3; Richter/Furubotn 2003, S. 7). Zu Institutionen zählen Organisationen wie Unternehmungen, Behörden, Verbände etc., aber auch Dinge wie der Staat, das Geld oder die Ehe (vgl. z. B. Göbel 2002, S. 3). Die Veröffentlichung des vielfach zitierten Aufsatzes "The Nature of the Firm" von *Ronald Coase* im Jahre 1937 wird häufig als die "Geburtsstunde" der NIÖ bezeichnet (vgl. Coase 1937, S. 386ff.; Foss 2000, S. xix; Göbel 2002, S. 49). Allerdings begannen Wirtschaftstheoretiker erst in den 60er Jahren, dem institutionellen Rahmen der Wirtschaft vermehrt Beachtung zu schenken, und so wurde auch der Begriff "Neue Institutionenökonomik" erst 1975 von *Oliver E. Williamson* geprägt, welcher insbesondere den Teilbereich der Transaktionskostenökonomik weiterentwickelt hat (vgl. Williamson 1975; Williamson 1990b; Williamson 1996).

Wie die neoklassische Mikroökonomik unterstellt die NIÖ *methodologischen Individualismus* (man betrachtet die Präferenzen, Ziele und Entscheidungen der einzelnen Individuen, d.h. Organisationen werden nicht als Kollektive betrachtet), *individuelle Nutzenmaximierung* (die Individuen maximieren innerhalb bestehender Freiheitsgrade ihren Nutzen) sowie *individuelle Rationalität* (die Individuen verhalten sich zweckgerichtet und rational).[20] Darüber hinaus unterstellt die NIÖ – und dies nun im Gegensatz zur neoklassischen Sichtweise – erstens *begrenzte Rationalität* (unvollständiges Wissen und beschränkte Informationsverarbeitungskapazität von Individuen) und zweitens *opportunistisches Verhalten* (nach *Williamson* definiert als "self-interest seeking with guile" bzw. die "Verfolgung des Eigeninteresses unter Zuhilfenahme von List") (vgl. Picot/Reichwald/Wigand 2001, S. 45f.; Richter/Furubotn 2003, S. 3ff.; Williamson 1975, S. 26; Williamson 1990b, S. 54). Aus der Hypothese der begrenzten Rationalität wiederum resultiert, dass zwei entscheidende, in der neoklassischen Sichtweise getroffenen Annahmen nicht mehr gültig sind: (1) die Annahme symmetrischer Information zwischen Vertragsparteien bzw. Wirtschaftssubjekten sowie (2) die Annahme kostenloser und damit

[20] Siehe für eine genauere Erläuterung der drei Annahmen z. B. Picot/Reichwald/Wigand 2001, S. 45; Richter/Bindseil 1995, S. 132; Richter/Furubotn 2003, S. 3ff.

vollständiger Verträge (vgl. u. a. Foss 2000, S. xxvii f.). Informationsasymmetrien wiederum ermöglichen opportunistisches Verhalten, woraus sich Anreizproblematiken ergeben, mit deren Lösung sich die NIÖ unter anderem beschäftigt. Durch die Annahme unvollständiger Verträge wird berücksichtigt, dass Verträge weder kostenlos erstellt und abgeschlossen werden können (z. B. treten Such- oder Anbahnungskosten auf), noch dass sie sämtliche Eventualitäten berücksichtigen können, so dass sich nach Vertragsabschluss Kontroll- und Anpassungskosten ergeben können.[21]

Mit der Aufhebung dieser beiden Annahmen akzeptiert die NIÖ im Gegensatz zum neoklassischen Modell neben Produktions- und Transportkosten auch die Existenz so genannter *Transaktionskosten*. Transaktionskosten sind die durch eine Transaktion entstehenden Kosten, wobei nach *Williamson* eine Transaktion dann stattfindet, wenn "ein Gut oder eine Leistung über eine technisch trennbare Schnittstelle hinweg übertragen wird" (Williamson 1990b, S. 1). *Williamsons* Definition unterscheidet sich von der Definition von *Commons*, der unter Transaktionskosten die durch eine Übertragung von Verfügungsrechten[22] verursachten Kosten versteht.[23] Plastisch beschrieben sind Transaktionskosten "costs of running the economic system" (Arrow 1969, S. 48) oder "Kosten der 'Produktion' einer Organisationsleistung" (Picot/Reichwald/Wigand 2001, S. 27).

Bei Transaktionskosten handelt es sich vornehmlich um Informations- und Kommunikationskosten sowie Folgekosten unvollständiger Information wie Verhandlungskosten oder Durchsetzungskosten, wobei dies auch monetär nicht quantifizierbare Kosten wie "Mühe und Zeit" einschließt (vgl. Picot/Dietl 1990, S. 178; Richter/Bindseil 1995, S. 136). Folgt man der gebräuchlichen Definition von *Williamson*, lassen sich zwei Arten von Transaktionen (bzw. Transaktionskosten) unterscheiden: Markttransaktionen (bzw. "Marktbenutzungskosten") sowie unternehmensinterne Transaktionen (bzw. "Hierarchiekosten") (vgl. Göbel 2002, S. 132; Gümbel 1985, S. 151).

- **Markttransaktionen**. Um eine Markttransaktion handelt es sich, wenn ein Gut oder eine

[21] Wie an späterer Stelle im Rahmen des Principal-Agent-Ansatzes noch ausgeführt wird, basieren einige Teilbereiche der NIÖ auch auf der Annahme vollständiger Verträge (jedoch bei Beibehaltung der Annahme asymmetrischer Information).

[22] Als Verfügungsrechte ("Property Rights") im Sinne der NIÖ werden die aus Gesetz, Vertrag oder sozialer Verpflichtung resultierenden Handlungs- und Verfügungsrechte über materielle oder immaterielle Ressourcen bezeichnet (vgl. u.a. Göbel 2002, S. 67; Picot/Reichwald/Wigand 2001, S. 46).

[23] Damit liefert *Commons* eine engere Definition, da er nur die Marktbenutzungskosten mit einschließt, nicht jedoch unternehmensinterne Transaktionskosten (vgl. Göbel 2002, S. 130).

Leistung über Unternehmensgrenzen hinweg, also über den Markt, übertragen wird. Eine Markttransaktion lässt sich in mehrere zeitlich aufeinander folgende Phasen unterteilen, in der jeweils Transaktionskosten anfallen:[24]

- Anbahnungsphase (inkl. Suche und Inspektion aus Abnehmersicht bzw. Marketing/Vertrieb aus Anbietersicht)
- Vereinbarungsphase (inkl. Verhandlung, Vertragsdokumentation und Entscheidung)
- Abwicklungsphase (inkl. Prozesssteuerung der Vertragserfüllung soweit nicht unternehmensintern)
- Kontroll- und Anpassungsphase (inkl. Überwachung und Durchsetzung der Vertragserfüllung bzgl. Termin, Menge, Qualität etc. sowie eventuelle Vertragsanpassungen)

• **Unternehmensinterne Transaktionen**. Auch innerhalb von Unternehmungen fallen Transaktionen und Transaktionskosten an, welche auch als "managerial transaction costs", "Hierarchiekosten" oder "Bürokratiekosten" bezeichnet werden können (vgl. Göbel 2002, S. 131; Richter/Bindseil 1995, S. 136). Dazu können z. B. Kosten der Unternehmensführung oder Informations- und Kommunikationskosten für die Planung sowie die Steuerung und Kontrolle der Mitarbeiter gezählt werden.

Der genaue Anteil der Transaktionskosten an den wirtschaftlichen Gesamtkosten ist auf Grund der schwierigen Abgrenzung zu Produktions- und Transportkosten kaum ermittelbar. Einen Beleg für die hohe Signifikanz liefert eine von *Wallis* und *North* durchgeführte umfangreiche Untersuchung in der US-amerikanischen Wirtschaft, die eine Verdopplung des Anteils der Transaktionskosten von 26,09 Prozent in 1870 auf 54,71 Prozent in 1970 ergab (vgl. für eine Zusammenfassung der Untersuchung z. B. Picot/Reichwald/Wigand 2001, S. 27f.). Dieser Anteil dürfte seitdem weiter gestiegen sein. *Richter* und *Furubotn* schätzen auf Basis mehrerer Einzeluntersuchungen und Plausibilitätsüberlegungen den Anteil grob auf ca. 60 bis 70 Prozent des Bruttosozialprodukts (vgl. Richter/Furubotn 2003, S. 68f.).[25]

Unvollständige Verträge und Transaktionskosten tragen maßgeblich zur Erklärung der Existenz von Institutionen und damit zu einer Theorie der Firma bei, denn wie *Ronald Coase*

---

[24] Vgl. für ähnliche Einteilungen z. B. Picot/Reichwald/Wigand 2001, S. 50; Richter/Bindseil 1995, S. 136; Richter/Furubotn 2003, S. 59ff.

[25] Vgl. für eine Übersicht über Versuche, Transaktionskosten zu quantifizieren, Hammes/Poser 1992.

in seinem Aufsatz von 1937 feststellt, könnte in einer Welt mit Transaktionskosten von null und perfekten Verträgen das gesamte wirtschaftliche Geschehen optimal über Märkte mit einzelnen Individuen als Marktteilnehmern koordiniert werden, so dass Unternehmungen überflüssig wären (vgl. Coase 1937, S. 388). In dieser so genannten "Arrow-Debreu-Welt" wären alle Individuen kostenlos zu jedem Zeitpunkt über den heutigen und zukünftigen Zustand der Welt – inklusive der Präferenzen sämtlicher Konsumenten, Produkteigenschaften, Technologien etc. – vollständig informiert, so dass keine Möglichkeiten opportunistischen Verhaltens bestehen und alle Verträge für die gesamte Zukunft heute per Kassa und Termin abgeschlossen werden könnten (vgl. Richter/Bindseil 1995, S. 133). Durch die Berücksichtigung von Transaktionskosten ergibt sich eine weniger realitätsferne Darstellung der Wirtschaft und die Existenz von Institutionen kann durch ihre transaktionskostensenkende Wirkung erklärt werden. Die Bedeutung der Information und Kommunikation für die Organisation wirtschaftlicher Tätigkeit wird so hervorgehoben (vgl. Picot/Reichwald/Wigand 2001, S. 39).

Die NIÖ stellt kein einheitliches theoretisches Denkgebäude dar, sondern besteht aus verschiedenen Ansätzen, welche zwar methodologisch verwandt sind, jedoch auch unterschiedliche Betrachtungsweisen aufweisen. Dementsprechend sind auch unterschiedliche Ansätze zur Erklärung des Phänomens der Firma vorzufinden. Als Kernbestandteile der NIÖ werden meist die drei folgenden Teilbereiche genannt: (1) der Transaktionskostenansatz, (2) der Property-Rights-Ansatz sowie (3) der Principal-Agent-Ansatz (vgl. u. a. Göbel 2002, S. 49; Richter/Bindseil 1995, S. 134). Nachfolgend werden diese drei Bereiche erläutert.

2.1.3.2 Transaktionskostenansatz

Obwohl die Annahme positiver Transaktionskosten ein Wesensmerkmal der NIÖ insgesamt darstellt, kann ein "Transaktionskostenansatz" als eigenständiger Teilbereich identifiziert werden, der sich von den anderen Ansätzen unterscheidet (vgl. Göbel 2002, S. 132f.). Die Grundlagen des Transaktionskostenansatzes wurden vor allem von *Williamson* auf Basis der Arbeiten von *Coase* entwickelt. Die Untersuchungseinheit ist beim Transaktionskostenansatz eine einzelne Transaktion (vgl. Williamson 1990b, S. 20). Es wird angenommen, dass Verträge grundsätzlich unvollständig sind, so dass nicht alle Eventualitäten berücksichtigt sind und signifikante Transaktionskosten für die Durchsetzung des abgeschlossenen Vertrages anfallen können (vgl. Williamson 1996, S. 7f.). Mit dem Transaktionskostenansatz lassen sich verschiedene institutionelle Arrangements bzw. Organisationsformen für eine bestimmte Transaktion hinsichtlich ihrer "Transaktionskosteneffizienz" analysieren und beurteilen. Dabei wird basierend auf *Coase* zwischen den beiden grundlegenden Organisationsformen *Markt* und *Hierarchie* unterschieden, wobei diese die beiden Endpunkte eines Kontinuums darstellen und Zwischenformen wie z. B. *Kooperationen* zu berücksichtigen sind (vgl. Coase 1937, S. 389; Williamson 1990b, S. 18).[26] Eine Hierarchie, also eine Unternehmung, hat nach dem Transaktionskostenansatz dann eine Daseinsberechtigung, wenn es (bei gegebenen Produktions- und Transportkosten) die Transaktionskosten relativ zur Koordinationsform Markt senken kann (vgl. Williamson 1990b, S. 19). Das klassische Anwendungsgebiet des Transaktionskostenansatzes ist die Make-or-buy-Entscheidung (Selbstherstellung vs. Fremdbezug) bzw. die vertikale Integration und damit die Bestimmung der vertikalen Grenzen der Unternehmung (vgl. z. B. Göbel 2002, S. 186; Rindfleisch/Heide 1997, S. 32; Shelanski/Klein 1995, S. 341).[27] Vertikale Integration bezeichnet die Veränderung der Koordinationsform zwischen zwei in der Wertschöpfungskette vertikal aufeinander folgenden Aktivitäten (bzw. den entsprechenden Unternehmungen), wobei *marktähnliche* Austauschbeziehungen (mit weitgehend unabhängiger Steuerung) abgelöst werden durch aufeinander abgestimmte ("integrierte") und in der Regel *hierarchische* (also firmeninterne) Austauschbeziehungen (eigene Definition basierend auf Perry 1989, S. 185ff.).[28] Die von *Coase* eingeführte Unterscheidung der Koordinationsmechanismen Markt und Hierarchie findet sich also in der Definition von vertikaler Integration wieder.

Auf Grund der problematischen Quantifizierung von Transaktionskosten wird diese in den meisten Untersuchungen erst gar nicht angestrebt. Stattdessen erfolgt meist eine relative und indirekte Analyse der Transaktionskosten, indem diskrete institutionelle Alternativen miteinander verglichen und transaktionskostenbeeinflussende Faktoren bzw. Merkmale untersucht werden (vgl. Williamson 1991, S. 219). Aus der Ausprägung dieser Faktoren lässt sich dann auf die für die betrachtete Transaktion effizienteste Koordinationsform schließen. Die Bestimmung der Merkmale, welche die Transaktionskosten beeinflussen, ist daher von großer Bedeutung. Ausgehend von der Annahme unvollständiger Verträge führt *Williamson*

26 Siehe für eine Darstellung von Zwischenformen z. B. Picot/Reichwald/Wigand 2001, S. 54.

27 Siehe für eine Übersicht über Anwendungen des Transaktionskostenansatzes u. a. Picot/Dietl 1990, S. 182; Rindfleisch/Heide 1997, S. 32ff.; Shelanski/Klein 1995, S. 341ff.

28 Siehe für weitere Definitionen u. a. Carlton/Perloff 2000, S. 377; Fell 2000, S. 12f.; Shepherd 1997, S. 274.

drei Merkmale an, welche die Transaktionskosten determinieren: Faktorspezifität, Unsicherheit und Häufigkeit (vgl. Williamson 1990b, S. 59ff.):

- **Faktorspezifität**. Die *Faktorspezifität* ("asset specificity") ist nach *Williamsons* Ansicht das wichtigste Merkmal. Sie ist hoch, wenn der Wert eines Produktionsfaktors in einer spezifischen Transaktionsbeziehung signifikant höher ist als in seiner nächstbesten Verwendung (vgl. Klein/Crawford/Alchian 1978, S. 298). *Williamson* argumentiert, dass bei transaktionsspezifischen Investitionen – also Investitionen mit hoher Spezifität – eine hierarchische Beziehung gegenüber einer Marktbeziehung vorteilhaft ist, da sich sonst nach Vertragsabschluss erhebliche Anreize zu opportunistischem Verhalten ergeben und sich dieses Risiko durch vertikale Integration verkleinern lässt. Dieses opportunistische Verhalten nach Vertragsabschluss wird als "Hold up" bezeichnet und spielt in *Williamsons* Ansatz eine zentrale Rolle. Es entsteht dadurch, dass sich ein Unternehmen durch eine hohe, spezifische Investition in eine Abhängigkeit gegenüber dem Vertragspartner begibt, die dieser opportunistisch ausnutzen kann, sobald Vertragslücken zu Tage treten (es sei denn der Vertragspartner muss gleichermaßen investieren). Durch die Betrachtung des Hold up als vornehmliches Problem konzentriert sich *Williamson* nicht wie *Coase* auf Koordinationsaspekte sondern auf Anreizproblematiken bei Investitionen, um die Existenz von Unternehmungen zu erklären (vgl. Holmström/Roberts 1998, S. 74).

- **Unsicherheit**. Bezüglich des Faktors *Unsicherheit* lassen sich Unsicherheiten bezüglich der Umwelt differenzieren von Unsicherheiten des Verhaltens des Vertragspartners. Die Transaktionskostenökonomik befasst sich vorwiegend mit der zuletzt genannten Verhaltensunsicherheit, die aus der Annahme opportunistischen Verhaltens in Kombination mit begrenzter Rationalität resultiert. Allerdings argumentiert *Williamson*, dass Verhaltensunsicherheiten nur bei gleichzeitigem Auftreten von transaktionsspezifischen Investitionen schwerwiegende Probleme aufwerfen und damit transaktionskostenerhöhend wirken, da andernfalls der Vertragspartner relativ problemlos ausgetauscht werden kann (vgl. Williamson 1990b, S. 68). Unsicherheit alleine reicht nach *Williamson* also nicht als Grund für vertikale Integration aus.

- **Transaktionshäufigkeit**. Ähnlich beurteilt *Williamson* auch die *Häufigkeit*, mit der eine Transaktion auftritt. Bei selten auftretenden Transaktionen ist vertikale Integration auf Grund der dann nicht ausgelasteten Kapazitäten eher nicht sinnvoll, aber auch häufig auftretende Transaktionen können problemlos über den Markt abgewickelt werden, falls keine hohe Spezifität vorliegt (vgl. Williamson 1990b, S. 69).

Williamson sieht also die Spezifität als Hauptmerkmal an, welches die Koordinationsform Hierarchie gegenüber dem Markt vorteilhaft macht.

2.1.3.3 Property-Rights-Ansatz

Als "Property Rights" bzw. Verfügungsrechte im Sinne der NIÖ werden die aus Gesetz, Vertrag oder sozialer Verpflichtung resultierenden Handlungs- und Verfügungsrechte über materielle oder immaterielle Ressourcen bezeichnet (vgl. u. a. Göbel 2002, S. 67; Picot/Reichwald/Wigand 2001, S. 46). Im Mittelpunkt des Interesses des Property-Rights-Ansatzes stehen die Wirkungen von Verfügungsrechten auf das Verhalten der Wirtschaftssubjekte bezüglich der Nutzung knapper Ressourcen. Kernhypothese ist dabei, dass dieses Verhalten auf vorhersehbare Weise von der Struktur der Verfügungsrechte abhängt (vgl. Göbel 2002, S. 70; Picot/Reichwald/Wigand 2001, S. 46; Richter/Bindseil 1995, S. 136). Der Property-Rights-Ansatz geht wie der Transaktionskostenansatz von unvollständigen Verträgen und positiven Transaktionskosten aus, denn ohne die Existenz von Transaktionskosten würde sich auf Grund ihrer kostenlosen Übertragung unabhängig vom Ausgangszustand zwingend die optimale Verteilung aller Verfügungsrechte ergeben (vgl. u. a. Göbel 2002, S. 69; Picot/Reichwald/Wigand 2001, S. 48).

Im Sinne einer Theorie der Firma ist der Property-Rights-Ansatz dazu geeignet, organisatorische Entscheidungen zu analysieren, welche die Verfügungsrechte ändern (vgl. u. a. Picot/Reichwald/Wigand 2001, S. 49). Über die Betrachtung von Entscheidungen innerhalb von Unternehmungen hinaus kann der Property-Rights-Ansatz auch zur Erklärung von Unternehmensgrenzen beitragen. Die Grundlagen dazu wurden von *Grossman* und *Hart* im Jahre 1986 sowie *Hart* und *Moore* im Jahre 1990 geschaffen, indem sie den traditionellen Property-Rights-Ansatz entsprechend weiterentwickelten (vgl. Grossman/Hart 1986; Hart/Moore 1990). Der Ansatz weist einige Ähnlichkeiten zum Transaktionskostenansatz auf (wie etwa die Annahme unvollständiger Verträge und die Fokussierung auf das Hold-up-Problem), es gibt jedoch auch wichtige Unterschiede (vgl. Foss 2000, S. xli; Holmström/Roberts 1998, S. 75). Das Unternehmen wird verstanden als Summe von "assets" (also Wertgegenständen wie etwa Maschinen oder auch immateriellen Gütern) in einheitlichem Eigentum (vgl. Grossman/Hart 1986, S. 63). Der Eigentümer besitzt so genannte "residual control rights", das heißt der Eigentümer kann über die Verwendung seiner assets bestimmen, falls er nicht bereits vertraglich gebunden ist oder falls – und das ist hier entscheidend – vertraglich nicht geregelte Eventualitäten auftreten. Durch "residual control rights" verringert sich also das Hold-up-Problem und vergrößert sich der Einfluss auf die spätere Gewinnverteilung, so dass die größten Investitionsanreize für einen Eigentümer bestehen. Dabei muss beachtet werden, dass von einem zweiseitigen Hold-up-Problem ausgegangen wird, denn durch vertikale Integration wird zwar das Hold-up-Problem für das akquirierende Unternehmen gelöst, dafür entsteht bzw. vergrößert sich aber das Hold-up-Problem für den vorherigen Eigentümer. Die optimale Verteilung der Verfügungsrechte ist demnach diejenige, welche die geringste Summe aller Hold-up-Probleme und damit insgesamt die besten Investitionsanreize aufweist (vgl. Grossman/Hart 1986, S. 78). Es wird also ein Trade-off betrachtet, der verglichen mit der Transaktionskostenökonomik nach *Williamson* besser erklärt, warum vertikale Integration auch Nachteile mit sich bringen kann.

2.1.3.4 Principal-Agent-Ansatz

Im Mittelpunkt des Principal-Agent-Ansatzes (Vertretungstheorie) stehen durch asymmetrische Information entstehende Anreizproblematiken im Rahmen von Auftraggeber-Auftragnehmer-Beziehungen. Es werden also Situationen untersucht, bei denen ein Auftraggeber ("Principal") einen Auftragnehmer ("Agent") mit der Ausführung einer Leistung beauftragt und der Agent dafür einen gewissen Entscheidungsspielraum erhält, der Principal jedoch auf Grund von asymmetrischer Information und schwieriger Kontrolle nicht sicher sein kann, dass der Agent die Leistung aus Sicht des Principals optimal erbringt (vgl. z. B. Göbel 2002, S. 62; Richter/Furubotn 2003, S. 173f.). Im Principal-Agent-Ansatz wird die Position des Principals eingenommen und die Frage gestellt, durch welche Vertragsgestaltung er den Agenten optimal "auswählen und disziplinieren und motivieren kann, dass dieser die Interessen des Principals bestmöglich verfolgt" (Göbel 2002, S. 104). Klassische Beispiele für Principal-Agent-Beziehungen sind die Beziehungen Arbeitgeber-Arbeitnehmer, Kunde-Produzent oder Aktionär-Management.[29] Klassische Beispiele im Dienstleistungssektor sind Patient-Arzt oder Klient-Rechtsanwalt. In vielen Beziehungen können jedoch beide Wirtschaftssubjekte jeweils als Principal bzw. Agent angesehen werden (vgl. Göbel 2002, S. 104). So kann z. B. ein Produzent den Handel als Agenten ansehen, um ihn mit dem Vertrieb seiner Produkte zu beauftragen – genauso kann jedoch auch der Handel seine Zulieferer als Agenten ansehen, welche für ihn die Aufgabe der Produktion übernehmen. Im Folgenden werden Typen von Informationsasymmetrien und die daraus

---

[29] Vgl. für diese und weitere Beispiele u. a. Meinhövel 1999, S. 27f.; Picot/Reichwald/Wigand 2001, S. 56; Richter/Furubotn 2003, S. 174.

resultierenden Probleme erörtert, wobei sich vorvertragliche von nachvertraglichen Informationsasymmetrien unterscheiden lassen (vgl. Göbel 2002, S. 101ff.; Picot/Reichwald/Wigand 2001, S. 57ff.; Richter/Furubotn 2003, S. 174ff.).

- **Vorvertragliche Informationsasymmetrien (Hidden characteristics).** Zu vorvertraglichen Informationsasymmetrien zählen so genannte *Hidden characteristics*. Bei Hidden characteristics handelt es sich um einen Informationsvorteil des Agenten vor Vertragsabschluss, da die Eigenschaften der vom Agenten angebotenen Leistung dem Principal nicht vollständig transparent sind. Hidden characteristics sind außerordentlich typisch für Dienstleistungen, da das Produkt nicht im Voraus inspiziert werden kann. Reduziert werden kann die vorvertragliche Informationsasymmetrie vor allem durch "Screening" seitens des Principals (d.h. die Suche nach Agenten mit geeigneten Leistungen) und "Signaling" seitens des Agenten (möglichst glaubhafte Kommunikation der Eigenschaften). Weiterhin kann versucht werden, über Anreizverträge eine Interessensharmonisierung herbeizuführen. Als dritte Lösungsmöglichkeit bietet sich der Aufbau von Vertrauen an. Verbleiben trotzdem signifikante Hidden characteristics, kann dies über das Phänomen der *adversen Selektion* zu Marktversagen führen: Da die Kunden nicht bereit sind, mehr als den durchschnittlich zu erwartenden Nutzen der Leistung zu bezahlen, scheiden Qualitätsanbieter aus dem Markt aus. Da dies wiederum den durchschnittlichen Nutzen der angebotenen Güter senkt, wird ein negativer Kreislauf in Gang gesetzt, der letzten Endes zu Marktversagen führt (vgl. Akerlof 1970, S. 489f.).

- **Nachvertragliche Informationsasymmetrien (Hidden actions/information).** Zu nachvertraglichen Informationsasymmetrien zählen *Hidden actions* und *Hidden information*. Um *Hidden actions* handelt es sich, wenn der Principal das Verhalten des Agenten nicht bzw. nicht zu vertretbaren Kosten lückenlos beobachten kann. Kann der Principal die Qualität der Leistung nicht ohne weiteres anhand des Endergebnisses beurteilen, kann sich der Agent opportunistisch verhalten, z. B. schlicht durch Faulheit. Von *Hidden information* spricht man, wenn der Principal das Verhalten des Agenten zwar beobachten, die Qualität jedoch nur schwer beurteilen kann. Dieses Phänomen tritt oftmals bei der Beauftragung von Dienstleistern mit Spezialwissen wie etwa Rechtsanwälten oder Ärzten auf. Die durch Hidden actions und Hidden information entstehende Gefahr opportunistischen Verhaltens des Agenten wird als *Moral hazard* bezeichnet. Dem Moral-hazard-Problem kann einerseits durch "Monitoring" aus Sicht des Principals bzw. "Reporting" aus Sicht des Agenten begegnet werden (also durch die

Verringerung der Informationsasymmetrie), andererseits durch eine Interessensharmonisierung über Anreizverträge. Eine weitere Möglichkeit stellt Vertrauensbildung dar.

- **Vor- und nachvertragliche Informationsasymmetrien (Hidden intentions).** *Hidden intentions* – unbekannte Absichten des Agenten bzw. Vertragspartners – können sowohl vor als auch nach Vertragsabschluss bestehen. Das bereits im Rahmen des Transaktionskostenansatzes erläuterte Hold-up-Problem (siehe Abschnitt 2.1.3.2) wird in der Logik des Principal-Agent-Ansatzes z. B. durch Hidden intentions verursacht. Ebenso ist z. B. denkbar, dass der Agent eine Vorausbezahlung fordert und anschließend die Erbringung der Leistung verweigert. Hidden intentions können im Gegensatz zu Hidden characteristics, actions oder information schlecht durch eine Verringerung der Informationsasymmetrie bekämpft werden, sondern nur über eine Harmonisierung der Interessen oder durch Vertrauensbildung.

Als Entscheidungskriterium für die Auswahl des optimalen institutionellen Arrangements können die so genannten Agency-Kosten herangezogen werden. Agency-Kosten werden von *Jensen* und *Meckling* definiert als die Summe aus (1) "monitoring expenditures" bzw. "Überwachungs- und Kontrollkosten" des Principals, (2) "bonding expenditures" bzw. "Signalisierungs- und Garantiekosten" des Agenten sowie (3) "residual loss" bzw. "verbleibenden Wohlfahrtsverlust" (vgl. Jensen/Meckling 1976, S. 251; Picot/Reichwald/Wigand 2001, S. 57).[30] Eine mathematisch-exakte Anwendung des Konzepts der Agency-Kosten ist im konkreten Fall allerdings schwierig realisierbar, denn eine exakte Quantifizierung der Agency-Kosten erscheint kaum möglich (vgl. Göbel 2002, S. 126f.). *Göbel* kritisiert zudem, dass den Agency-Kosten keinerlei "Agency-Nutzen" gegenübergestellt wird, der aus etwaigen überlegenen Fähigkeiten des Agenten gegenüber dem Principal entsteht. Dadurch bleibt ungeklärt, warum der Principal überhaupt einen Agenten mit der Leistung beauftragen sollte. Dementsprechend kann auch keine Empfehlung abgeleitet werden, ob der Principal überhaupt einen Agenten beauftragen oder die Leistung lieber selbst erstellen sollte.

2.1.3.5 Gemeinsamkeiten und Unterschiede der Ansätze

Wie aufgezeigt wurde, bestehen Gemeinsamkeiten, aber auch signifikante Unterschiede zwischen den drei beschriebenen institutionenökonomischen Teilbereichen. Gemeinsam ist

---

[30] Unter Wohlfahrt wird die Bedürfnisbefriedigung bzw. der Nutzen sämtlicher Gesellschaftsmitglieder verstanden (siehe z. B. Varian 2004, S. 604ff.).

allen Ansätzen, dass sie Vertragsprobleme betrachten und die Entscheidung für bestimmte institutionelle Arrangements aus der Reduzierung dieser Vertragsprobleme bzw. der Transaktionskosten ableiten. Jedoch betrachten die Ansätze unterschiedliche Arten von Transaktionskosten:

- Sowohl *Transaktionskostenansatz* als auch *Property-Rights-Ansatz* konzentrieren sich vor allem auf Problematiken nach Vertragsabschluss, die durch unvollständige Verträge entstehen (allen voran das Hold-up-Problem). Für die Unvollständigkeit der Verträge sind vor allem die Kosten für die Vertragserstellung verantwortlich – sämtliche Eventualitäten in einen Vertrag aufzunehmen wäre nicht möglich und zu kostspielig. Das Hold-up-Problem führt zu einem Risiko, da nachvertraglich hohe Kontroll- und Durchsetzungskosten anfallen können.
- Der *Principal-Agent-Ansatz* stellt dagegen nicht unvollständige Verträge, sondern Anreizproblematiken auf Grund von Informationsasymmetrien und opportunistischem Verhalten in den Vordergrund. Dieser Ansatz betrachtet Transaktionskosten im Sinne der Agency-Kosten, also vor allem in Form von Signalisierungs- und Garantiekosten seitens des Agenten sowie Überwachungs- und Kontrollkosten seitens des Principals. Vertikale Integration stellt dabei eine von mehreren Lösungsmöglichkeiten dar, um diese Kosten zu senken. Vertikale Integration ist dann vorteilhaft, wenn dadurch Anreizproblematiken – wie etwa Messprobleme bezüglich der Leistung der Mitarbeiter – am besten gelöst werden können.

Durch die Verschiedenartigkeit der Ansätze können diese als sich gegenseitig ergänzende Perspektiven aufgefasst und konkrete Problemstellungen aus unterschiedlichen Sichtweisen betrachtet werden (vgl. Williamson 1990a, S. 69).

2.1.3.6 Erklärungsbeitrag der Neuen Institutionenökonomik

Wie in den vorangegangenen Ausführungen bereits erkennbar geworden ist, stellt die vertikale Integration das klassische Anwendungsgebiet der NIÖ dar, insbesondere des Transaktionskostenansatzes.[31] Es muss allerdings beachtet werden, dass die NIÖ das Phänomen der vertikalen Integration nicht vollständig erklären kann. Insbesondere kann kritisiert werden, dass v. a. *Nachteile* der vertraglichen Zusammenarbeit (z. B. die Gefahr

---

[31] Im Gegensatz dazu können Industriestrukturveränderungen horizontaler Natur kaum erklärt werden (vgl. z. B. Göbel 2002, S. 214).

eines Hold up), nicht aber *Vorteile* (z. B. die Nutzung von überlegenen Fähigkeiten anderer) adressiert werden. Neben derartiger konzeptioneller Kritik (auf weitere konzeptionelle Schwachpunkte wird in Abschnitt 2.1.5 eingegangen) wird oftmals auch Kritik an der Operationalisierung und Anwendung der NIÖ geübt. Die wesentlichen Punkte werden nachfolgend zusammengefasst (vgl. hierzu z. B. Demsetz 1993, S. 105ff.; Döring 1998, S. 45ff.; Göbel 2002, S. 204ff.; Holmström/Roberts 1998, S. 80ff.):

- Vertreter der NIÖ wie *Williamson* stellen zwar fest, dass bei Entscheidungen zwischen alternativen institutionellen Arrangements neben Transaktionskosten auch Produktions- und Transportkosten berücksichtigt werden müssen, ein Instrumentarium für die Betrachtung derselben wird jedoch nicht geliefert (vgl. Rindfleisch/Heide 1997, S. 47; Williamson 1990b, S. 69). Dafür muss also auf neoklassische Konzepte wie Skaleneffekte oder Verbundvorteile zurückgegriffen werden.[32]

- Wie bereits erwähnt werden auf Grund der problematischen Quantifizierung von Transaktionskosten meist diskrete institutionelle Alternativen miteinander verglichen und transaktionskostenbeeinflussende Faktoren bzw. Merkmale untersucht. Auf Grund dieser indirekten Analysemethode ergibt sich die Herausforderung, dass alle Einflussfaktoren berücksichtigt werden müssen, um im Einzelfall eine Entscheidung treffen zu können (Problem der Vollständigkeit). Der klassische Transaktionskostenansatz nach *Williamson* stellt dabei den Einflussfaktor Spezifität in den Vordergrund. Dazu stellen *Holmström* und *Roberts* jedoch treffend fest: "Firms are complex mechanisms for co-ordinating and motivating individuals' activities. They have to deal with a much richer variety or problems than simply the provision of investment incentives or the resolution of Hold ups" (Holmström/Roberts 1998, S. 75). Auch *Demsetz* stellt fest, dass die Wissenschaft bisher zu wenige Erkenntnisse über die Einflussfaktoren auf Transaktionskosten erarbeitet hat, um die Theorie tatsächlich anzuwenden (vgl. Demsetz 1993, S. 109). Einige typischerweise als vernachlässigt angeführte Aspekte sind, (1) dass durch vertikale Integration die (effizienzsteigernde) Marktkontrolle und die Flexibilität außer Kraft gesetzt wird, (2) dass vertikale Integration die Übertragung von Wissen, Fähigkeiten und Informationen erleichtert und dies eine Effizienzsteigerung hervorruft, (3) dass sich

[32] Es besteht auch keine Einigkeit darüber, ob Transaktionskosten eine größere Rolle als Produktions- bzw. Transportkosten für die Vorteilhaftigkeit von institutionellen Arrangements spielen oder umgekehrt (vgl. Rindfleisch/Heide 1997, S. 47). Probleme wirft dabei auch die schwierige Abgrenzung zwischen Produktions-, Transport- und Transaktionskosten auf.

Vertrauen in dauerhaften Beziehungen besser entwickeln kann und effizienzsteigernd wirkt.

- Durch die Vielzahl von Einflussfaktoren dürfte in den meisten Fällen ein Trade-off entstehen. Dies bedeutet jedoch, dass eine klare Entscheidung im konkreten Fall ohne Quantifizierung kaum möglich ist, denn je nach Gewichtung der Faktoren kann die eine oder andere Alternative als effizient angesehen werden. Dieses Problem verschärft sich, wenn nicht nur die beiden Koordinationsformen Markt und Hierarchie, sondern auch Zwischenformen wie Kooperationen, Allianzen oder langfristige Verträge verglichen werden.

Trotz der Kritikpunkte liefert die NIÖ ein leistungsfähiges Instrumentarium für die Analyse von vertikalen Unternehmensgrenzen und bietet durch die Einführung positiver Transaktionskosten im Gegensatz zur neoklassischen Sichtweise wertvolle Erklärungen für die Existenz von Intermediären und bestimmten Industriestrukturen. Da es sich auch bei Intermediation um ein "vertikales Phänomen" handelt, erscheint die NIÖ für diesen Themenkomplex zunächst ebenso geeignet. Tatsächlich basiert auch ein wesentlicher Teil der wissenschaftlichen Untersuchungen zu Intermediation explizit oder implizit auf der NIÖ bzw. dem Transaktionskostenansatz, sowohl hinsichtlich der Existenz und Rolle von Intermediären (siehe Abschnitt 2.2) als auch der Erklärung der Phänomene Disintermediation oder Cybermediation (siehe Abschnitt 2.4). Dass die NIÖ insbesondere für die Ableitung von Auswirkungen neuer Informations- und Kommunikationstechnologien auf Industriestrukturen hilfreich sein kann, ist nicht weiter verwunderlich, denn schließlich bestehen Transaktionskosten hauptsächlich aus Informations- und Kommunikationskosten. Dementsprechend beruht auch ein Großteil der Literatur zum Gebiet Electronic Commerce bzw. elektronische Märkte auf der Transaktionskostentheorie (siehe Abschnitt 2.3, vgl. zum Erklärungsbeitrag der NIÖ für elektron. Märkte z. B. Picot/Bortenlänger/Röhrl 1997).

2.1.4 Informations- und wissensbasierte Ansätze

So wie die NIÖ unterstellen die nachfolgend vorgestellten informations- und wissensbasierten Beiträge zu einer Theorie der Firma begrenzte Rationalität und unvollständige Verträge (vgl. Foss 2000, S. xliv). Allerdings betrachten sie begrenzte Rationalität aus einem anderen Blickwinkel: Sie betonen nicht die aus begrenzter Rationalität entstehenden Anreizprobleme oder Möglichkeiten opportunistischen Verhaltens, sondern die durch begrenzte Rationalität entstehenden Kosten für die Aufnahme, Verarbeitung und Weitergabe von Information bzw. den Aufbau und die Weitergabe von Wissen und Kompetenzen (vgl. Radner 1996, S. 1361).

Obwohl diese Kosten in der NIÖ nur wenig berücksichtigt werden, stellen auch sie eine Form von Transaktionskosten dar (vgl. Foss 2000, S. xliv).

Es lassen sich informationsbasierte von wissensbasierten Ansätzen unterscheiden. Erstere betrachten die Aufgaben einer Unternehmung bezüglich "information processing and communication" (Bolton/Dewatripont 1994, S. 294). Letztere sehen die Firma als Bündel von Ressourcen an, die zur Erstellung von Leistungen genutzt werden (vgl. Penrose 1955, S. 3ff.).

2.1.4.1 Informationsbasierte Ansätze

Obwohl die theoretische Basis für die informationsbasierte Betrachtung der Firma bereits in den 70er Jahren entstand (also etwa zur gleichen Zeit wie die grundlegenden Arbeiten von *Williamson* zum Transaktionskostenansatz), wurde dieser Ansatz erst in den 90er Jahren mit verstärkter Aufmerksamkeit bedacht (vgl. Foss 2000, S. xliv). Er ist also noch relativ neu und dementsprechend kann er keine so große Anzahl von Publikationen vorweisen wie etwa die NIÖ. Wichtige Beiträge lieferten u. a. *Crémer* sowie *Bolton* und *Dewatripont* (vgl. Crémer 1990; Bolton/Dewatripont 1994). Zur Veranschaulichung des informationsbasierten Ansatzes sollen im Folgenden die Kernaussagen des Beitrags von *Bolton* und *Dewatripont* zusammengefasst werden. Das Unternehmen wird dabei betrachtet als ein "communication network that is designed to minimize both the costs of processing new information and the costs of communicating this information among its agents" (Bolton/Dewatripont 1994, S. 809). Ziel ist es, die interne Organisationsstruktur bzw. Teamstruktur so zu gestalten, dass die Kosten für Informationsaufnahme, -verarbeitung und -weitergabe minimiert werden. Dabei wird von einem Trade-off zwischen Spezialisierungsvorteilen und Kommunikationsaufwand ausgegangen. Einerseits existieren Lerneffekte bei der Informationsverarbeitung, so dass Arbeitsteilung Vorteile schafft. Andererseits treten durch Arbeitsteilung erhöhte Kommunikationskosten auf, da die Information zwischen Personen übertragen werden muss. Auf der Basis dieses Modells können z. B. Empfehlungen zur Teamgröße bzw. zur Führungsspanne oder zur optimalen Anzahl von Hierarchieebenen abgeleitet werden. So leiten *Bolton* und *Dewatripont* beispielsweise ab, dass bei einer Senkung der Informations- und Kommunikationskosten flachere Hierarchien vorteilhafter werden (vgl. Bolton/Dewatripont 1994, S. 835f.).

Wie aus den Ausführungen bereits zu erkennen ist, liegt die Stärke dieses Ansatzes in der Erklärung der internen Strukturen von Unternehmungen (vgl. Foss 2000, S. xlv f.). Eine Anwendung des Ansatzes auf die Bestimmung von Unternehmensgrenzen erscheint jedoch grundsätzlich denkbar – statt der Grenzen von Abteilungen bzw. Teams würden dann die Grenzen der Firma bestimmt. Wenn man davon ausgeht, dass bestimmte Informationsflüsse unternehmensübergreifend mit höheren Kosten verbunden sind als unternehmensintern, sollten die Grenzen einer Unternehmung so festgelegt werden, dass diese "problematischen Schnittstellen" unternehmensintern überbrückt werden. Auf dieser Basis dürften sich besonders die vertikalen Informationsflüsse entlang der industriellen Wertschöpfungskette abbilden und optimieren lassen. Beispielsweise kann es für einen Produzenten vorteilhaft sein, wenn er den Handel seiner Produkte selbst übernimmt, falls er dadurch einfacher oder besser Kundeninformationen erlangt und diese essenziell für die Optimierung der Produktion sind.

2.1.4.2 Wissensbasierte Ansätze

Die Grundlagen für den wissensbasierten Ansatz (auch knowledge-, resource-, capabilities- oder competence-based perspective genannt) wurden bereits im Jahre 1955 von *Penrose* entwickelt (vgl. Foss 2000, S. xlvii). *Penrose* versteht unter einer Firma ein Bündel von Ressourcen bzw. Fähigkeiten, die zur Erstellung von "services" benötigt werden (vgl. Penrose 1955, S. 10f.). Auf dieser Basis stellt sie eine Theorie organischen Wachstums auf. Da im Laufe der Zeit – etwa durch erhöhte Effizienz – Ressourcen frei werden, muss das Unternehmen entscheiden, auf welche Weise sie diese nun verwendet. Die vertragliche Veräußerung dieser Ressourcen dürfte sich oftmals als schwierig erweisen, z. B. auf Grund von Unteilbarkeit oder Spezifität.[33] Folglich wird sich die Firma entscheiden, die Ressourcen für eine Ausweitung des Geschäfts zu verwenden, und zwar in diejenige Bereiche, welche ähnliche Fähigkeiten erfordern. Auf Basis dieser Überlegungen kann *Penrose* also in erster Linie horizontales Wachstum und Markteintritte in verwandte Branchen erklären.[34]

Erklärungen für die vertikalen Grenzen der Unternehmung liefern vor allem die Weiterentwicklungen von *Richardson*, *Demsetz* und *Langlois* (vgl. Richardson 1972; Demsetz 1993; Langlois 1992). *Richardson* stellt fest, dass in einer Industrie bestimmte *Aktivitäten* ("activities") ausgeführt werden müssen, wofür bestimmte *Fähigkeiten* ("capabilities") benötigt werden (vgl. Richardson 1972, S. 20). Wenn verschiedene Aktivitäten dieselben Fähigkeiten erfordern, handelt sich um *ähnliche* ("similar") Aktivitäten.

---

33 Damit werden implizit positive Transaktionskosten unterstellt (vgl. Teece 1982, S. 224).

34 Einige empirische Untersuchungen konnten die Hypothese bestätigen, dass die Expansionsrichtung von den vorhandenen Ressourcen einer Firma abhängt, so z. B. *Teece et al.* (vgl. Teece et al. 1994). Siehe *Schuler* für eine knappe Darstellung weiterer Untersuchungen (Schuler 2002, S. 158).

Als *komplementär* ("complementary") bezeichnet er Aktivitäten, wenn sie für den industriellen Leistungserstellungsprozess (qualitativ oder quantitativ) miteinander koordiniert werden müssen, etwa weil sie im Produktionsprozess aufeinander folgen (vgl. Richardson 1972, S. 21). Komplementarität und Ähnlichkeit gehen nicht miteinander einher - *Richardson* geht sogar eher davon aus, dass komplementäre Aktivitäten oftmals unähnlich sind.

Für die Bestimmung der Grenzen der Unternehmung macht *Richardson* in erster Linie die Fähigkeiten einer Unternehmung verantwortlich. Ähnliche Aktivitäten werden und sollten innerhalb einer Firma ausgeführt werden, da sie die gleichen Fähigkeiten erfordern. Für den Fall, dass Aktivitäten zwar nicht ähnlich, aber stark komplementär sind, schlägt er nicht zwingend vertikale Integration vor, sondern verweist auf die Möglichkeit zwischenbetrieblicher Kooperationsformen wie langfristige Verträge (vgl. Richardson 1972, S. 26).

Demsetz baut auf der These auf, dass jede Unternehmung über Spezialwissen verfügt, und stellt dabei heraus, dass die unternehmensübergreifende Übertragung dieses Wissens (im Sinne von Geben von Anweisungen wie Arbeitsanweisungen oder Anweisungen bezüglich der Nutzung von Produkten) hohe Kosten verursachen kann (vgl. Demsetz 1993, S. 116). Basierend auf dieser Logik leitet er ab, dass es kostengünstiger bzw. ökonomisch sinnvoller ist, wenn (1) derjenige mit viel Wissen demjenigen mit wenig Wissen Anweisungen erteilt (und nicht umgekehrt) und wenn (2) die Unternehmensgrenzen dergestalt sind, dass nur weitgehend "selbsterklärende" Produkte über den Mechanismus Markt gehandelt werden müssen, so dass an den unternehmensübergreifenden Schnittstellen wenig Wissen übertragen werden muss.[35] *Casson* stellt hierzu z. B. fest, dass es für eine Unternehmung vorteilhaft sein kann, die Produktion nicht fremdzuvergeben, falls Unsicherheiten bezüglich der Fähigkeiten des potenziellen Zulieferers bestehen und ein Aufbau bzw. eine Übertragung dieser Fähigkeiten zu kostspielig wäre (vgl. Casson 1997, S. 94).

Die Kosten für die Übertragung von Wissen und Fähigkeiten greift *Langlois* wieder auf, integriert sie jedoch stärker in den Transaktionskostengedanken und prägt den Begriff der "dynamic transaction costs", welche er definiert als "the costs of transferring capabilities: the

[35] Für sich alleine betrachtet wäre der zweite Punkt zunächst eine Begründung für vollständige vertikale Integration entlang der gesamten industriellen Wertschöpfungskette. *Demsetz* erklärt die Begrenzung von Unternehmungen damit, dass es Stellen im Leistungserstellungsprozess gibt, an denen ein Zwischenergebnis für zahlreiche verschiedene Zwecke verwendet werden kann, jeder Zweck jedoch unterschiedliche Fähigkeiten erfordert und daher sämtliche benötigten Fähigkeiten kaum in einem einzelnen Unternehmen aufgebaut werden können (z. B. kann Stahl auf vielfältige Weise weiterverarbeitet werden) (vgl. Demsetz 1993, S. 117).

costs of persuading, negotiating and coordinating with, and teaching others" (Langlois 1992, S. 188).

2.1.4.3 Erklärungsbeitrag der informations- und wissensbasierten Ansätze

Wie aufgezeigt wurde, stellen die informations- und wissensbasierten Ansätze wichtige Aspekte in den Vordergrund, die weder in der neoklassischen Sichtweise noch in der NIÖ ausreichend berücksichtigt werden, und vervollständigen daher die Sicht auf das Phänomen Unternehmen. Da Intermediäre keine Produktion i. e. S. leisten, kommt diesen Aspekten eine erhöhte Bedeutung zu, denn Intermediäre sind oftmals größtenteils "Informationsverarbeiter" und Produzenten nehmen Intermediäre nicht zuletzt auf Grund ihrer diesbezüglichen Fähigkeiten in Anspruch. Zudem ist unmittelbar einleuchtend, dass für die Erklärung der Auswirkungen neuer Informationstechnologien bzw. Electronic Commerce eine Betrachtung des Aspekts "Informationsverarbeitung" sinnvoll ist.

2.1.5 Limitationen der Theorie der Firma

Die Theorie der Firma liefert einen wesentlichen Beitrag zur Erklärung der Existenz von Unternehmungen sowie zur Analyse institutioneller Arrangements. Die Betrachtung der optimalen vertikalen Unternehmensgrenzen – wie bei der Erklärung von Intermediation erforderlich – stellt eine der klassischen Anwendungsgebiete der Theorie der Firma, insbesondere der NIÖ, dar. Dennoch kann sie nicht den Anspruch erheben, diesen Themenkomplex vollständig zu erklären, da sie ein stark effizienzorientiertes Instrumentarium liefert. Es gibt jedoch eine Reihe von Gründen für Industriestrukturveränderungen, die nicht auf Effizienz begründet sind und dementsprechend kaum berücksichtigt werden (vgl. hierzu auch Döring 1998, S. 45ff.; Göbel 2002, S. 204ff.):

1. *Wettbewerbsstrategische Gründe* werden kaum berücksichtigt, wie z. B. die Schaffung von Markteintrittsbarrieren.
2. Durch die Kostenorientierung werden *Nutzenaspekte* größtenteils außer Acht gelassen. So wird der Einfluss einer Organisationsform auf die Qualität der erstellten Leistung beispielsweise nicht in Betracht gezogen.
3. Weiterhin bleiben Effekte unberücksichtigt, welche nicht unmittelbar mit dem eigentlichen Leistungserstellungsprozess verbunden sind, wie etwa Steuervorteile durch Gewinnverschiebungen.

Eine Fokussierung auf den Aspekt der Effizienz ist natürlich legitim, aber bedeutet eben auch, dass für die Analyse eines konkreten Anwendungsfalls eine nur auf der Theorie der Firma beruhende Betrachtung oftmals nicht ausreichen dürfte. Sie muss ergänzt werden um geeignete andere industrieökonomische Ansätze und Methoden, welche die fehlenden Aspekte abdecken können. Insbesondere hinsichtlich des zuerst genannten Punktes – strategische Gründe für die Verschiebung vertikaler Unternehmensgrenzen – kann die Industrieökonomik weitere Erkenntnisse liefern (diese werden im Rahmen der Entwicklung der Methodik in Abschnitt 3.3.3 eingebracht und berücksichtigt).

2.2 Intermediation

2.2.1 Einleitung und Begriffsabgrenzungen

Die Anzahl der wissenschaftlichen Beiträge, die sich in einer ganzheitlichen und industrieübergreifenden Sichtweise mit Intermediation befassen, ist überschaubar. Es kann nicht von einer ausgereiften Theorie der Intermediation gesprochen werden. Die meisten Untersuchungen befassen sich eher fokussiert mit bestimmten Ausprägungen von Intermediären wie z. B. dem Handel oder Finanzintermediären. Dementsprechend ist es nicht verwunderlich, dass sich noch keine einheitlichen Begriffsdefinitionen durchgesetzt haben.

Es lässt sich eine institutionelle Betrachtungsweise (was ist ein Intermediär?) von einer funktionalen Sichtweise (was ist Intermediation?) unterscheiden. Zunächst soll auf die institutionelle Sichtweise eingegangen werden. *Spulber* versteht unter einem Intermediär einen "economic agent who purchases from suppliers for resale to buyers or who helps buyers and sellers meet and transact" (Spulber 1999, S. 3). Wie in den meisten Definitionen betont er damit die Marktstellung des Intermediärs zwischen Produzent und Konsument sowie seine vermittelnde und transaktionsunterstützende Rolle ("intermediation" bedeutet auf deutsch "Vermittlung").[36] Zudem ist anhand seiner Definition abzuleiten, dass zwei Arten von Intermediären unterschieden werden können: (1) Intermediäre, die ein Produkt auf eigenes Risiko einkaufen und wieder verkaufen (so genannte "Market-Maker" oder "Marketer") sowie (2) Intermediäre, welche dies nicht tun, die Transaktion jedoch auf eine andere Art und Weise

---

[36] Ähnliche Definitionen werden z. B. geliefert in Sarkar/Butler/Steinfield 1995 und Bailey 1998. Die vermittelnde Rolle betont z. B. auch *Schoder* (Schoder 2003c, S. 171).

unterstützen (so genannte "Match-Maker" oder "Broker").[37] Während im ersten Fall zwei Verträge abgeschlossen werden, nämlich zwischen Produzent und Intermediär sowie zwischen Intermediär und Konsument (wie z. B. beim Handel), entsteht im zweiten Fall ein direkter Vertrag zwischen Produzent und Konsument (wie z. B. bei Immobilienmaklern oder Reisebüros). Sowohl Market-Maker als auch Match-Maker sind Dienstleistungsunternehmen, da sie kein materielles Gut produzieren.

Bei Intermediären, die als Market-Maker agieren, kann sich ein Abgrenzungsproblem zu Produzenten ergeben, da in der Realität oftmals nicht exakt das gleiche Produkt gekauft und wieder verkauft wird, sondern das Produkt auf die eine oder andere Weise modifiziert und somit lediglich ein "ähnliches" Produkt verkauft wird. Diese Änderungen betreffen im einfachsten Fall nur die Verkaufseinheit (z. B. bei "Meterware") oder die Bündelung von Gütern (z. B. bei einer Pauschalreise), es kann sich aber auch um gravierendere Inputtransformationen handeln (z. B. die Montage eines PCs). Market-Maker befinden sich auf einem Kontinuum zwischen Intermediär und Produzent und sind in der Realität nur selten in Reinform vorzufinden. *Winkler* stellt in diesem Zusammenhang fest, dass zwei Konzeptionen von Intermediären bestehen, je nachdem ob Unternehmen mit einer solchen Inputtransformation bzw. Produktionsfunktion ebenfalls als Intermediär bezeichnet werden oder nicht (vgl. Winkler 1989, S. 299). Im Rahmen dieser Arbeit soll der Realität Rechnung getragen werden und ein Unternehmen auch dann als Intermediär bezeichnet werden, wenn es eine Produktionsfunktion wahrnimmt, seine Hauptfunktion jedoch Intermediation darstellt.[38] Etwaige Produktionsaktivitäten müssen bei der Prüfung der Disintermediationshypothese natürlich berücksichtigt werden.

---

[37] Vgl. für die Einführung der Bezeichnungen Spulber 1999, S. xix; Yavas 1991, S. 1. Es muss beachtet werden, dass diese Begriffsbezeichungen nicht einheitlich verwendet werden.

[38] Dem Autor ist bewusst, dass sich aus dieser Definition die Schwierigkeit ergeben kann, im konkreten Fall zu entscheiden, ob es sich um einen Intermediär handelt. Ob der Hauptzweck eines Unternehmens eher Intermediation oder Produktion ist, liegt im Ermessen des Betrachters. Ähnliche Schwierigkeiten bestehen z. B. bei der Abgrenzung von Dienstleistungen (vgl. z. B. Corsten 2001, S. 7f.; Engelhardt/Kleinaltenkamp/Reckenfelderbäumer 1995, S. 674; Meffert/Bruhn 2000, S. 11ff.). Die Ähnlichkeit der Problematik ist damit zu erklären, dass es sich bei Intermediation um Dienstleistungsaktivitäten handelt.

Auch bei Intermediären, die als Match-Maker agieren, kann sich ein Abgrenzungsproblem ergeben. Viele Dienstleistungsunternehmen sind an der einen oder anderen Stelle an der Unterstützung von Transaktionen beteiligt, werden jedoch intuitiv nicht als Intermediäre angesehen. Eine Werbeagentur unterstützt z. B. eine Transaktion, indem sie eine Werbung entwickelt, welche die richtigen Kunden (also die geeigneten Transaktionspartner) anspricht. Die *Gelben Seiten* unterstützen z. B. das Matching. Letztlich könnte auch eine Fernsehanstalt, welche die Werbung ausstrahlt, als Intermediär bezeichnet werden, da sie die Transaktionspartner in einem gewissen Sinne zusammenführt. Die Beispiele zeigen, dass eine engere Eingrenzung sinnvoll ist. Als Abgrenzungskriterium kann – analog zur Abgrenzung von elektronischem und konventionellem Markt – die Beteiligung in der Vereinbarungsphase herangezogen werden. Demnach werden Match-Maker im engeren Sinne nur dann als Intermediäre bezeichnet, falls sie mindestens die Vereinbarungsphase unterstützen. Branchenverzeichnisse und reine Transportunternehmen werden demnach z. B. nicht als Intermediäre im engeren Sinne aufgefasst. Aus den vorangegangenen Ausführungen ergibt sich folgende Definition eines Intermediärs:

> Ein ***Intermediär*** im engeren Sinne ist ein ökonomisch handelndes Wirtschaftssubjekt, dessen Hauptfunktion nicht die Produktion oder Weiterverarbeitung von Gütern, sondern die Unterstützung von Transaktionen zwischen Anbietern und Abnehmern ist und welches zu diesem Zweck entweder (1) ein Gut von einem Produzenten oder Dienstleister einkauft, um anschließend das identische oder ein ähnliches Gut an den Konsumenten weiterzuverkaufen ("Market-Maker"), oder (2) Transaktionen zwischen Produzenten und Konsumenten auf andere Art und Weise und zumindest in der Vereinbarungsphase unterstützt ("Match-Maker").

Für eine funktionale Definition für Intermediation ist eine Eingrenzung auf die Vereinbarungsphase natürlich nicht sinnvoll. Dementsprechend wird Intermediation wie folgt definiert:

> Unter ***Intermediation*** werden alle Tätigkeiten verstanden, welche Transaktionen zwischen Anbieter und Abnehmer in den Transaktionsphasen Anbahnung, Vereinbarung, Abwicklung und/oder Kontrolle/Anpassung durch den Ein- und Verkauf von Gütern oder auf andere Art und Weise unterstützen.

Diejenigen Aktivitäten eines Intermediärs, welche der Produktmodifikation dienen, zählen demnach *nicht* zu Intermediation. Logistische Tätigkeiten wie Transport und Lagerung werden in dieser Arbeit allerdings als Intermediationsaktivitäten angesehen. Es muss beachtet werden, dass in der Regel auch Produzenten Intermediationsaktivitäten wahrnehmen, z. B. im Rahmen von Marketing und Vertrieb (im Wesentlichen entspricht dies den direkten, internen Transaktionskosten, siehe Abschnitt 2.1.1).

Die volkswirtschaftlich bedeutendsten Formen von Intermediären sind Finanzintermediäre (z. B. Banken und Versicherungen) und Handelsorganisationen (Großhandel, Einzelhandel). Weitere Beispiele sind die Börse, Immobilienmakler, Personalagenturen, Auktionshäuser und Reisebüros. *Spulber* schätzt, dass Intermediäre ca. ein Viertel des Bruttoinlandsprodukts der Vereinigten Staaten ausmachen (vgl. Spulber 1999, S. 21).[39]

2.2.2 Funktion und Mehrwert von Intermediären – Stand der Wissenschaft

Viele wissenschaftliche Beiträge zur Intermediation lassen sich bestimmten Forschungssträngen zuordnen, da sie sich auf bestimmte Aspekte oder Varianten von Intermediation fokussieren. Vor allem frühere Beiträge untersuchten meist Intermediäre aus bestimmten Branchen wie Handelsbetriebe oder Finanzintermediäre. Seit einigen Jahrzehnten sind jedoch vermehrt Beiträge zu verzeichnen, die eine industrieübergreifende Betrachtung anstreben. Einige widmen sich dabei allerdings wiederum lediglich bestimmten Funktionen, z. B. der Informations- oder der Suchfunktion. Seit Mitte der 90er Jahre ergab sich zudem eine Vielzahl von Untersuchungen aus der Frage nach dem Einfluss von Electronic Commerce auf Industriestrukturen. Im Folgenden wird ein kurzer Überblick über die einzelnen Forschungsstränge geschaffen, indem die jeweils wegweisenden Beiträge erörtert werden. Diese Diskussion ist von entscheidender Bedeutung, um ein Grundverständnis für Funktionen und Mehrwert von Intermediären zu schaffen und darauf aufbauend an späterer Stelle ein eigenes Modell abzuleiten, welches Mehrwert und Aktivitäten von Intermediation darstellt.

---

[39] *Spulber* leitet dies aus dem Anteil am Bruttoinlandsprodukt (GDP) ab, den die wichtigsten Formen von Intermediären einnehmen (v. a. Handel und Finanzintermediäre). Es handelt sich dabei um eine Schätzung, da es bei einer solchen institutionellen Betrachtungsweise zu Verzerrungen durch Mischkonzerne kommt. Noch schwieriger gestaltet sich eine Schätzung der volkswirtschaftlichen Bedeutung der Intermediationsfunktionen, da wie oben erläutert die meisten Unternehmen sowohl Produktions- als auch Intermediationsfunktionen wahrnehmen und der Anteil nur schwer zu bestimmen ist. Da es sich bei Intermediation um Aktivitäten zur Unterstützung von Transaktionen handelt, vermittelt jedoch der in Abschnitt 2.1.3 erwähnte Anteil der Transaktionskosten an der Gesamtwirtschaft von ca. zwei Dritteln eine Vorstellung von der Bedeutung.

2.2.2.1 Handelsbetriebslehre und Marketing

Die *Handelsbetriebslehre* befasste sich im Rahmen ihres "funktionenorientierten Ansatzes" in einer Vielzahl von Beiträgen mit den Funktionen des Handels (vgl. Falk/Wolf 1992, S. 41; Gümbel 1985, S. 95ff.; Tietz 1993a, S. 11).[40] Dabei wurden zahlreiche Kataloge entwickelt, welche die Aufgaben bzw. Funktionen des Handels zusammenfassen (eine Gegenüberstellung liefert z. B. Marré 1974). Als erster Beitrag wird meist der Katalog von *Oberparleitner* genannt, welcher die nachfolgende Forschung stark geprägt hat (vgl. Falk/Wolf 1992, S. 41; Marré 1974, S. 714; Tietz 1993a, S. 12).[41] Die verschiedenen Kataloge unterscheiden sich sowohl in Detailgrad und Gruppierung als auch in Inhalt, einen wiederkehrenden Aspekt stellt jedoch die Überbrückung verschiedener "Spannungen" zwischen Produzent und Abnehmer durch den Handel dar:

- Überbrückung *räumlicher* Spannungen (z. B. durch den Transport der Ware)
- Überbrückung *zeitlicher* Spannungen (z. B. durch Vorratshaltung)
- Überbrückung *quantitativer* Spannungen (z. B. durch Nachfragestimulation bei Überkapazitäten)
- Überbrückung *qualitativer* Spannungen (z. B. durch Vorauswahl von Produkten).

Während der grundlegende Ausgangspunkt bei der Handelsbetriebslehre die Handelsunternehmung als selbständige Institution ist, nimmt das *Marketing* eine stärker funktionale Betrachtungsweise ein, indem es die Vermarktung bzw. den Absatz von Gütern aus Produzentensicht untersucht (vgl. Barth 1996, S. 15f.; Nieschlag/Dichtl/Hörschgen 1997, S. 12).[42] In diesem Zusammenhang erfolgt auch eine Betrachtung von Intermediären, da sich ein Produzent für oder gegen einen Absatz seiner Güter in Zusammenarbeit mit Intermediären entscheiden kann. In der Marketing-Literatur wird in der Regel ein Katalog von

---

[40] Die Handelsbetriebslehre als auf Handelsbetriebe spezialisierter Teilbereich der Wirtschaftswissenschaften entstand zu Beginn des 20. Jahrhunderts (vgl. Barth 1996, S. 14). Bis dahin wurde unter Handelsbetriebslehre und Betriebswirtschaftslehre das Gleiche verstanden (Barth 1996, S. 14; Tietz 1993a, S. 8). Siehe für eine ausführliche Darstellung der Geschichte der Handelsbetriebslehre bis Mitte des 20. Jahrhunderts Leitherer 1961.

[41] *James Stewart* betrachtete allerdings bereits im Jahre 1770 den Mehrwert und die Funktionen von Händlern ("merchants"), und wie der Großteil aller nachfolgenden Beiträge kam er schon zu dem Schluss, dass Intermediäre die Effizienz steigern, da sie die Transaktionen zwischen Produzent und Konsument erleichtern (vgl. Yanelle 1988, S. I f.).

[42] Der Marketingbegriff hat sich im Laufe der Zeit ausgeweitet, heute wird unter Marketing eine auf den Markt ausgerichtete unternehmerische Denkweise verstanden (vgl. z. B. Nieschlag/Dichtl/Hörschgen 1997, S. 12f.).

"Distributionsfunktionen" entwickelt, welche an einen Intermediär delegiert oder alternativ selber ausgeführt werden können (vgl. z. B. Churchill 1998, S. 366ff.; Kotler et al. 1999, S. 896f.; Rangan/Menezes/Maier 1992, S. 72f.; Zikmund/D'Amico 1986, S. 314ff.). Als Beispiel für einen solchen Katalog soll hier der Beitrag von *Churchill* dienen, welcher drei Kategorien von Distributionsfunktionen mit jeweils drei oder vier Unterfunktionen unterscheidet (vgl. Churchill 1998, S. 366ff.):

- Transactional functions: buying, selling, risk taking
- Logistical functions: concentration, storing, sorting, physical distribution
- Facilitating functions: financing, grading, marketing research

Nicht alle Intermediäre erfüllen alle genannten Funktionen. Die "logistical functions" sind z. B. naturgemäß nur bei Intermediären anzutreffen, die als Market-Maker mit materiellen und transportfähigen Gütern handeln – also v. a. beim Warenhandel. Die "transactional functions" werden ebenfalls von Market-Makern übernommen, allerdings auch bei immateriellen Gütern (also z. B. von Finanzintermediären oder Reiseveranstaltern). Einige der "facilitating functions" wie z. B. das "grading" (die Prüfung und Kennzeichnung der Qualität) können von allen Intermediären erfüllt werden, auch von einem Match-Maker wie einem Immobilienmakler.

Funktionskataloge, wie sie im Marketing oder der Handelsbetriebslehre entwickelt wurden, veranschaulichen zwar die Aufgaben und Tätigkeiten von Intermediären, können jedoch nicht deren Existenz begründen, da nicht erklärt wird, weshalb eine Erfüllung dieser Funktionen durch Intermediäre vorteilhafter ist als eine Erfüllung durch die Produzenten selbst (vgl. Tietz 1993a, S. 14). Zu diesem Zweck sind also weitere Ansätze und Modelle notwendig. *Schär* stellte dazu bereits 1924 fest, dass die Möglichkeit zur Existenz eines Unternehmens bzw. Intermediärs dann besteht, wenn die von ihm ausgeführten Funktionen von anderen "nicht ebensogut und wirtschaftlich verrichtet werden können" (Schär 1923, S. 194). *Schär* führt also zwei mögliche Mehrwerte an: erhöhte Effektivität sowie erhöhte Effizienz. Auf die Effektivität wird zwar gerade in Marketing und Handelsbetriebslehre oftmals hingewiesen, näher ausgeführt wird aber meist nur der Effizienzgewinn (vgl. Churchill 1998, S. 367; Myers 1986, S. 45; Zikmund/D'Amico 1986, S. 315). Auf eine bedeutende Effizienzquelle weist *Alderson* hin: Durch Intermediäre werden bei mehreren Verkäufern und Käufern auf Grund eines zentralen Marktplatzes die Anzahl der notwendigen Kontakte reduziert, so dass geringere Transportkosten entstehen (vgl. Alderson 1954, S. 7ff.).[43] Neben dieser Kontaktreduktion werden oftmals Vorteile durch Spezialisierung, Erfahrung oder Skaleneffekte als Gründe für die effizientere oder effektivere Ausführung von Distributionsaktivitäten angegeben (vgl. Gümbel 1985, S. 104ff.; Kotler et al. 1999, S. 396; Sharma/Dominguez 1992, S. 6; Tietz 1993a, S. 21f.).

In den letzten Jahrzehnten wurde zunehmend die Transaktionskostenökonomik herangezogen, um die Vorteilhaftigkeit bestimmter Distributionsstrukturen zu erklären. Hingewiesen auf die Notwendigkeit der Betrachtung von Transaktionskosten für die Erlangung eines Verständnisses von Distributionskanälen hat *Alderson* allerdings bereits 1954: "*Economic analysis of the factors in the price equilibrium generally rests on the assumption that exchange transactions are costless. Marketing analysis directed toward an understanding of trade channels must begin with a recognition of the costs involved in the creation of time, place, and possession utility*" (Alderson 1954, S. 8). In der Terminologie der Transaktionskostenökonomik wurden die Vorteile durch Intermediation erst später formuliert, so führt *Picot* z. B. zur Kontaktreduktion aus: "Durch Einschaltung der Zentrale (Handelsunternehmung) kann die Zahl der notwendigen Kontakte [...] reduziert werden [...]. Nachfrager wie Anbieter sparen also durch das Tätigwerden des Händlers erheblich Transaktionskosten (vor allem in Anbahnungs-, Such-, Vergleichs-, Vereinbarungskosten) ein [...]" (Picot 1986, S. 6).

2.2.2.2 Finanzintermediation

Neben dem Handel erfuhren v. a. Finanzintermediäre Beachtung in zahlreichen Beiträgen und Untersuchungen. Da Finanzintermediäre nicht mit materiellen Gütern handeln, treten logistische Funktionen dabei in den Hintergrund. Ebenso werden keine Funktionskataloge erstellt. Stattdessen wird Intermediation im Kontext der Leistungsfähigkeit von Märkten betrachtet, mit Fokus auf der informationellen Ebene von Markttransaktionen. Es wird also die Ausgestaltung und Organisation von Märkten sowie der involvierten Austauschinstitutionen untersucht, wobei dafür der Begriff "market microstructure" bzw. "Marktmikrostruktur" geprägt wurde (vgl. Garman 1976, S. 257ff.; Gerke/Rapp 1994, S. 7; Hirth 2000, S. 1; Lipson 2003, S. 378; Spulber 1999, S. 3). Das Hauptinteresse gilt dabei dem Einfluss der Organisation eines Marktes – und damit auch von Intermediären – auf das Verhalten der

[43] Dieser Effekt wird in Abschnitt 2.2.2.4 und 3.3.2.1 genauer erläutert ("Baligh-Richartz-Effekt").

Marktteilnehmer sowie die Markteffizienz und das Marktergebnis (vgl. Bienert 1996, S. 136f.; Gerke/Rapp 1994, S. 6f.; Hirth 2000, S. 2; O'Hara 1995, S. 1). Eine umfassende Darstellung der Forschungsergebnisse zu Finanzintermediären bzw. zur Marktmikrostruktur würde hier den Rahmen sprengen, einige wichtige Beiträge werden jedoch im Folgenden in Kürze vorgestellt. Dabei wird v. a. auf diejenigen Beiträge eingegangen, aus denen ein Erkenntnisgewinn hinsichtlich des Mehrwerts von Intermediären resultiert.[44]

Als Durchbruch hinsichtlich der Funktion von Finanzintermediären wird oftmals der Beitrag von *Gurley* und *Shaw* aus dem Jahre 1955 angesehen (vgl. Hellwig 1991, S. 36ff.; Spajic 2002, S. 62). *Gurley* und *Shaw* stellten fest, dass Finanzintermediäre eine Risikoreduktionsfunktion durch Diversifikation erfüllen und wiesen auch darauf hin, dass sie Marktunvollkommenheiten reduzieren (vgl. Gurley/Shaw 1960, S. 191ff.). Im Rahmen von formalen Modellen wurden diese Marktunvollkommenheiten von *Gurley* und *Shaw* jedoch noch nicht berücksichtigt. *Demsetz* betrachtete 1968 Marktunvollkommenheiten im Sinne positiver *Transaktionskosten.* Er stellte fest, dass die New Yorker Börse Transaktionskosten senkt, indem sie zum einen die unmittelbare Verfügbarkeit des Produkts ("Immediacy") sicherstellt und zum anderen Transaktionspartner mit kompatiblen Bedürfnissen zusammenführt ("Matching") (vgl. Demsetz 1968, S. 35ff.). Neben der Reduktion von Transaktionskosten können Intermediäre auch Marktversagen auf Grund von *Informationsasymmetrien* vermeiden. Für Finanzintermediäre wurde dieser Aspekt von *Leland* und *Pyle* im Jahre 1977 untersucht, wobei die von *Akerlof* eingeführte Problematik der adversen Selektion bei "Hidden characteristics" aufgegriffen wurde (siehe Abschnitt 2.1.3.4) (vgl. Leland/Pyle 1977, S. 371f.). Die Autoren kamen zu dem Ergebnis, dass Informationen über die Produktqualität auf Grund von Skaleneffekten durch einen Intermediär effizienter eingeholt werden können, so dass es zu geringeren Anbahnungskosten kommt (verglichen mit einer Situation, in der das Produkt von jedem einzelnen Kunden inspiziert wird) bzw. Marktversagen verhindert werden kann (falls vielen Kunden die Transaktion sonst zu kostspielig wäre) (vgl. Leland/Pyle 1977, S. 383f.).[45] Informationsasymmetrien wurden 1984 auch von *Diamond* betrachtet, im Gegensatz zu *Leland* und *Pyle* standen hier jedoch *nachvertragliche* Informationsasymmetrien im Vordergrund, welche zu Moral hazard führen können (vgl. Diamond 1984, S. 407ff.). Delegieren Kunden die in einer solchen Situation

---

[44] Vgl. für ausführlichere Übersichten über Finanzintermediation z. B. die Beiträge von Baltensperger 1980; Bhattacharya/Thakor 1993; Hirth 2000; Spajic 2002, S. 61ff.

[45] Vgl. dazu auch Chan 1983 und Fischer 1988; vgl. zu Skaleneffekten auch Townsend 1978, S. 417.

notwendige nachvertragliche Kontrolle an einen Intermediär, führt dies auf Grund der gleichen Logik wie bei *Leland* und *Pyle* zu Effizienzgewinnen bzw. zur Vermeidung von Marktversagen. *Bhattacharya* weist darauf hin, dass nicht nur Skaleneffekte, sondern auch überlegene Fähigkeiten in der Interpretation von Informationen auf Grund von Erfahrung oder Spezialisierung zu Effizienzvorteilen bei der Überbrückung von Informationsasymmetrien führen kann (vgl. Bhattacharya/Thakor 1993, S. 8).

2.2.2.3 Intermediation im Immobilienmarkt

Neben dem Handel und Finanzintermediären wurden auch Intermediäre in der Immobilienbranche mit Aufmerksamkeit bedacht. Immobilienmakler sind insofern interessant, als sie keinerlei Produktions- oder Transportfunktion wahrnehmen und auch keine Produkte auf eigenes Risiko einkaufen. Damit handelt es sich um rein koordinierend tätige Match-Maker. Dementsprechend wurde vornehmlich die Matching-Funktion von Immobilienmaklern betrachtet, so z. B. 1981 von *Yinger* (vgl. Yinger 1981). Er modellierte das "search-and-match"-Verhalten von Immobilienmaklern unter den Annahmen, dass Unsicherheiten bestehen hinsichtlich der Anzahl der Angebote, der Anzahl der Nachfrager sowie der Kompatibilität von Angebot und Nachfrage (vgl. Yinger 1981, S. 591). Durch diese Annahmen berücksichtigt *Yinger* die im Immobilienmarkt auftretenden hohen Suchkosten auf Grund der hohen Individualität sowohl der Objekte als auch der Käuferpräferenzen. Den ökonomischen Mehrwert eines Immobilienmaklers demonstrierte er durch sein Modell jedoch nicht. *Bartlett* entwickelte zwar kein formales Modell, befasste sich aber näher mit der Daseinsberechtigung von Immobilienmaklern bei Bestehen der genannten Marktunvollkommenheiten (vgl. Bartlett 1981, S. 85ff.). Zunächst wies er auf die Funktion des Immobilienmaklers als "information broker" hin: Der Makler beschafft Informationen über die verfügbaren Objekte und leitet diese an die Kunden weiter, so dass die Informationskosten des Käufers sinken. Darüber hinaus weist er darauf hin, dass ein Immobilienmakler im Gegensatz zum Verkäufer keinen Anreiz besitzt, "beschönigte" Informationen weiterzuleiten. Falls Reputation für den Makler erfolgskritisch ist, besteht umgekehrt sogar ein starker Anreiz, nur vollkommen korrekte Informationen weiterzuleiten. *Bartlett* hat mit seinem Beitrag wichtige Erklärungen dafür geliefert, weshalb durch Intermediäre vorvertragliche Informationsasymmetrien effizient und effektiv beseitigt werden können.

2.2.2.4 Industrieübergreifende Betrachtungen von Intermediation

In den vorangegangenen Abschnitten wurden einige wegweisende Beiträge vorgestellt, die sich mit Intermediären aus spezifischen Industrien beschäftigen. Im Laufe der Zeit sind zunehmend auch Beiträge entstanden, die sich dem Phänomen Intermediation industrieübergreifend widmen und damit zur Entwicklung einer allgemeinen "Theorie der Intermediation" beigetragen haben.

Erste Grundlagen – "Vertical Market Structures" von *Baligh* und *Richartz*

Als erster wesentlicher Meilenstein kann die Veröffentlichung "Vertical Market Structures" von *Baligh* und *Richartz* aus dem Jahre 1967 angesehen werden (vgl. Baligh/Richartz 1967). Die Autoren griffen vorwiegend Kenntnisse aus dem Marketing auf, nahmen jedoch eine volkswirtschaftliche Sichtweise ein. Im Rahmen ihrer Untersuchung haben *Baligh* und *Richartz* das Phänomen Intermediation ausführlich beleuchtet. Im Folgenden werden die wesentlichen von ihnen vorgestellten Funktionen von Intermediären dargestellt:[46]

- **Lagerhaltung** (vgl. Baligh/Richartz 1967, S. 46ff.). Eine Funktion, die von einem Intermediär wahrgenommen werden kann (aber nicht muss), ist die Lagerhaltungsfunktion. *Baligh* und *Richartz* untersuchen den Effekt dieser Funktion auf die Effizienz der Gesamtindustrie und kommen zu dem Ergebnis, dass Intermediäre die gesamten Lagerhaltungskosten erhöhen, falls dadurch die Anzahl der lagerhaltenden Unternehmen ansteigt (also falls der Anbieter ebenfalls weiterhin Lagerhaltung betreibt).[47]
- **Finanzierung** (vgl. Baligh/Richartz 1967, S. 74ff.). Oftmals verbunden mit der Lagerhaltungsfunktion ist die Finanzierungsfunktion von Intermediären. Hier geht es nicht um die direkten Lagerhaltungskosten, sondern um die Finanzierungsfunktion, die entsteht, wenn ein Intermediär ein Gut einkauft (und bezahlt), bevor es durch den Abnehmer erworben (und bezahlt) wird. Das Kapital des Intermediärs ist während der Zeitspanne zwischen Produktion und Konsumtion gebunden und er erbringt somit eine Finanzierungsfunktion. Für den Produzenten resultiert daraus ein Nutzen, wenn seine "Wartekosten" höher sind als die des Intermediärs.

[46] *Baligh* und *Richartz* stellen fest, dass Intermediäre neben den genannten Funktionen auch Produktionsaufgaben wahrnehmen können (vgl. Abschnitt 2.2.1) (vgl. Baligh/Richartz 1967, S. 153ff.) Auf deren Beschreibung wird an dieser Stelle allerdings verzichtet.

[47] Wie an späterer Stelle (Abschnitt 3.3.2.7) noch diskutiert wird, kann es jedoch sinnvoll sein, zusätzliche Lagerhaltungskosten in Kauf zu nehmen, um die Wartezeiten für den Abnehmer zu verringern.

- **Transaktionsabwicklung** (vgl. Baligh/Richartz 1967, S. 118ff.). Transaktionen bzw. Austauschprozesse müssen abgewickelt werden und Produzenten können diese Abwicklungsfunktion an Intermediäre delegieren. Ein Nutzen entsteht dann, wenn der Intermediär diese Funktion effizienter ausführen kann als die Produzenten selbst.
- **Koordinierung** (vgl. Baligh/Richartz 1967, S. 123ff.). Intermediäre können eine Koordinierungsfunktion wahrnehmen, indem sie die Nachfrager demjenigen Anbieter zuordnen, welcher für die Leistungserbringung am besten geeignet ist, z. B. da er zur richtigen Zeit über freie Produktionskapazitäten verfügt oder die Anforderungen des Abnehmers am besten erfüllen kann. *Baligh* und *Richartz* weisen damit auf die oben bereits beschriebene Matching-Funktion hin (siehe Abschnitt 2.2.2.2).

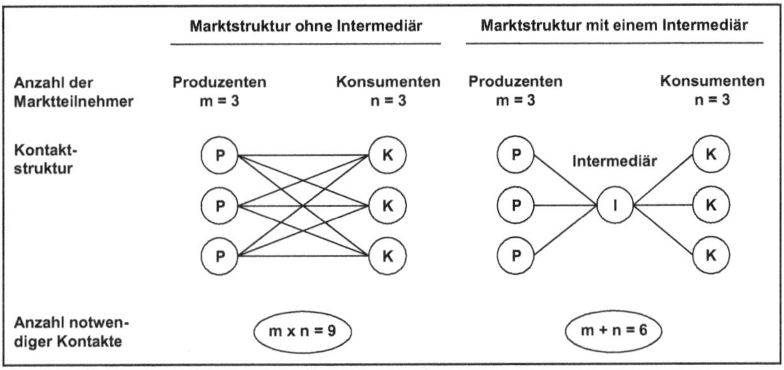

Abbildung 3: Kontaktreduktion durch Intermediäre (Baligh-Richartz-Effekt)

(Quelle: Eigene Darstellung in Anlehnung an Gümbel 1985, S. 112)

Als wesentlichen Mehrwert von Intermediären beschreiben *Baligh* und *Richartz* die Reduktion von *Kontakt- und Kommunikationskosten* (vgl. Baligh/Richartz 1967, S. 19ff.). Sie gehen davon aus, dass mit jeder Transaktion bzw. jedem Austausch ("exchange") positive "contact and communication costs" einhergehen und dass diese Kontakt- und Kommunikationskosten durch Intermediäre erheblich gesenkt werden können. Es handelt sich dabei letztlich um den bereits oben im Rahmen der Handelsbetriebslehre beschriebenen und von *Anderson* dargestellten Effekt der Kontaktreduktion (siehe Abschnitt 2.2.2.1). Da *Baligh* und *Richartz* diesen Gedanken auf elaborierte Weise darstellten und anhand eines formalen Modells demonstrierten, spricht *Gümbel* diesbezüglich vom "Baligh-Richartz-Effekt" (Gümbel 1985, S. 110f.). Der Effizienzgewinn wird in Abbildung 3 veranschaulicht. Der Effekt tritt nur auf, wenn die Nachfrager mit mehreren Anbietern einen Kontakt herstellen möchten, z. B. um Produkte zu vergleichen oder mit mehreren Anbietern zu verhandeln (vgl. Picot 1986, S. 6). Der Effizienzvorteil ist am größten bei einer Struktur mit einer Vielzahl von Anbietern und Nachfragern und genau einem Intermediär.

Funktionsspezifische Einzelbeiträge seit den 80er Jahren

Baligh und *Richartz* erarbeiteten zwar wichtige Erkenntnisse über das Phänomen Intermediation, den eigentlichen Untersuchungsgegenstand ihrer umfassenden Monographie stellen jedoch vertikale Industriestrukturen im Allgemeinen dar. Beiträge, die explizit Intermediäre als Untersuchungsgegenstand wählen und dabei eine industrieübergreifende Perspektive einnehmen, sind erst seit den 80er Jahren vermehrt zu verzeichnen. Diese Beiträge strebten eine Verallgemeinerung von Erkenntnissen aus den verschiedenen Forschungssträngen an und stellen Schritte zu einer allgemeinen Theorie der Intermediation dar. In diesem Sinne stellte *Winkler* im Jahre 1989 fest: "Although there are some important differences between financial and commodity markets, it is not clear why the concept of intermediation should be restricted to theories about financial markets. [...] A general theory of intermediation seems desirable" (Winkler 1989, S. 299).

Statt eines konkreten Industriebezugs wiesen einige Beiträge nun allerdings oftmals eine Fokussierung auf bestimmte Funktionen auf. So befasste sich *Sass* 1984 z. B. mit so genannten "information intermediaries".[48] Er untersuchte die Reduktion von Informationskosten durch Intermediäre als Informationsverarbeiter und weist ihnen die Funktionen "coordination and centralization", "sorting", "selection", "measurement cost reduction" und "quality assurance" zu (Sass 1984, S. 62ff.). *Rubinstein* und *Wolinsky* untersuchten und modellierten die Matching-Funktion von Intermediären, welche sie durch die Verringerung der Suchkosten bzw. der Suchzeit ("shortening the time period that sellers and buyers have to wait for a transaction") erfüllen (Rubinstein/Wolinsky 1987, S. 581f.).[49] *Garella* befasste sich wie bereits *Leland* und *Pyle* (siehe Abschnitt 2.2.2.2) mit der Verhinderung von Marktversagen bei Hidden characteristics und stellte fest, dass

[48] Ebenfalls mit Informationsintermediären befassten sich *Rose* sowie *Monastyrskaia*, wobei sich der Untersuchungsgegenstand zwischen den Beiträgen unterscheidet. Ziel des Beitrags von *Rose* ist "the development and analysis of an economic model of an information intermediary that represents *search for information on behalf of clients as the intermediary's central function*" (Rose 1999, S. 4). *Rose* befasst sich also wie *Sass* mit einer bestimmten Funktion, die Intermediäre wahrnehmen können. *Monastyrskaia* dagegen untersucht Intermediäre, die mit einem bestimmten Produkt handeln, nämlich dem Produkt Information; die entsprechenden Intermediäre nennt sie auch "knowledge intermediaries" (Monastyrskaia 1998, S. 1ff.).

[49] Vgl. zur Modellierung der Matching-Funktion auch den späteren Beitrag von *Cosimano* (Cosimano 1996).

Intermediäre adverse Selektion selbst dann verhindern können, wenn sie über keine wirksame Methode zur Prüfung oder Signalisierung der Qualität verfügen (vgl. Garella 1989, S. 395ff.). *Biglaiser* und *Friedman* befassten sich ebenfalls mit Hidden characteristics und hoben die mögliche Expertenrolle eines Intermediärs hervor (vgl. Biglaiser 1993, S. 212ff.; Biglaiser/Friedman 1994, S. 510). Zum Experten wird der Intermediär aus zwei Gründen: Erstens da er das Produkt häufiger als ein Endverbraucher einkauft, so dass er besser in der Lage ist, die Qualität des Produkts zu prüfen (also auf Grund von Erfahrung); zweitens besitzt ein Intermediär auf Grund seiner langfristigen Marktpräsenz und einer möglichen Schädigung seiner Reputation einen stärkeren Anreiz als die Produzenten, die wahren Produktcharakteristika zu kommunizieren (vgl. Biglaiser 1993, S. 212). *Yavas* untersuchte die Wirkung von Intermediären in "Suchmärkten" und bestätigte anhand formaler Modelle die Annahme, dass Intermediäre im Falle positiver Suchkosten sowie Informationsasymmetrien hinsichtlich Zahlungsbereitschaft der Abnehmer oder Opportunitätskosten der Anbieter wohlfahrtssteigernd wirken können (vgl. Yavas 1991, S. 1ff.). Zum gleichen Ergebnis kommt auch *Gehrig* in seinem Modell (vgl. Gehrig 1993, S. 97ff.). Er stellt zudem fest, dass es sich bei Intermediation oftmals um ein natürliches Monopol handeln dürfte, die Monopolmacht allerdings dadurch begrenzt wird, dass die Marktteilnehmer den Intermediär auch umgehen können, indem sie direkt handeln (vgl. Gehrig 1993, S. 113). Auf einen neuen Aspekt wiesen 1995 *Bose* und *Pingle* hin, indem sie ungleich verteilte Verhandlungsmacht als möglichen Anreiz für die Nutzung von Intermediären untersuchten (vgl. Bose/Pingle 1995, S. 251ff.). Sie kamen zum Schluss, dass die Nutzung eines Intermediärs vorteilhaft für Markteilnehmer mit geringer Verhandlungsmacht ist (im Gegensatz zu "starken" Marktteilnehmern, welche den Handel ohne Intermediär bevorzugen).

Die "intermediation theory of the firm" von *Spulber*

Eine umfassende Monographie zum Thema Intermediation wurde Ende der 90er Jahre von *Spulber* unter dem Titel "Market microstructure: intermediaries and the theory of the firm" verfasst (vgl. Spulber 1999). *Spulber* verfolgte dabei kein geringeres Ziel als eine Theorie der Firma im Hinblick auf Intermediation zu entwickeln: "The intermediation theory of the firm provides an explanation for why firms exist" (Spulber 1999, S. xiii). *Spulber* baute auf dem vorhandenen Kenntnisstand auf, v. a. auf Erkenntnissen aus der Forschung zur Finanzintermediation bzw. Marktmikrostruktur – sein Ziel war jedoch die Entwicklung einer allgemeinen Theorie, die nicht nur auf Finanzmärkte anwendbar ist (vgl. Spulber 1999, S. 3). *Spulber* beleuchtete Daseinsberechtigung und Funktion von Intermediären aus verschiedenen

Blickwinkeln inklusive der Transaktionskostenökonomik, der Principal-Agent-Theorie und der Informationsökonomik. Nach *Spulber* entstehen Intermediäre dann, "when intermediated exchange provides greater gains from trade than direct exchange between consumers and suppliers" (Spulber 1999, S. xiii). Hinsichtlich der "gains from trade" untersucht er hauptsächlich Effizienzvorteile durch geringere Transaktionskosten und die Vermeidung von Marktversagen. Nachfolgend werden seine zentralen Aussagen hinsichtlich Mehrwert und Funktion von Intermediären zusammengefasst (einige der Punkte wurden bereits in früheren Beiträgen adressiert):

- **Preissetzung und Lagerhaltung** (vgl. Spulber 1999, S. 27ff.). Indem Intermediäre (sofern sie als Market-Maker agieren) Einkaufs- und Verkaufspreise entsprechend festlegen, stimmen sie Angebot und Nachfrage aufeinander ab und ermitteln den Gleichgewichtspreis bzw. ermöglichen die Räumung des Marktes ("market clearing"). Diese wird ebenfalls durch die Lagerung von Gütern gefördert, da sie unmittelbar abwickelbare Transaktionen ("Immediacy") ermöglicht und das Problem der "double coincidence of timing" reduziert (also das Problem, dass Anbieter und Abnehmer nicht unbedingt zum selben Zeitpunkt handeln wollen oder können). Weiterhin werden Risiken durch unsichere Nachfrage reduziert, indem der Intermediär mit einer Palette von Gütern handelt und auf diese Weise Risikodiversifikation betreibt.

- **Matching und Verhandlung** (vgl. Spulber 1999, S. 117ff.). Intermediäre können eine Matching-Funktion wahrnehmen und die aufzubringenden Suchkosten für Abnehmer und Anbieter reduzieren, z. B. indem sie eine zentrale Anlaufstelle errichten. Neben Suchkosten kann ein Intermediär durch die Zentralisierung zudem Verhandlungskosten reduzieren.

- **Vermeidung adverser Selektion** (vgl. Spulber 1999, S. 171ff.). Intermediäre können adverse Selektion verhindern, da sie Informationen über die angebotenen Produkte (Qualität etc.) sowie die Nachfrager (Zahlungsbereitschaft etc.) auf Grund ihrer Kontakte zu einer größeren Anzahl von Marktteilnehmern besser einholen können und einen Anreiz haben, ihre Reputation nicht zu gefährden und korrekte Informationen zu kommunizieren. Das Vertrauen in die Angaben des Intermediärs kann durch Vertragsklauseln wie Garantien weiter verstärkt werden.

- **Vermeidung von Moral hazard** (vgl. Spulber 1999, S. 256ff.). Ebenfalls auf Grund ihrer Reputation haben Intermediäre einen Anreiz, ihre vor oder bei Vertragsabschluss getroffenen Zusicherungen einzuhalten und opportunistisches Verhalten seitens Anbieter oder Abnehmer zu vermeiden. Ein Intermediär kann besser in der Lage sein, opportunistisches Verhalten der Vertragspartner zu verhindern, da er diese durch Skaleneffekte und Spezialisierungsvorteile zu geringeren Kosten kontrollieren kann. Auf diese Weise können Probleme durch Moral hazard verringert werden.

- **Delegation an Intermediäre** (vgl. Spulber 1999, S. 319ff.). *Spulber* weist darauf hin, dass Agenten im Sinne der Principal-Agent-Theorie auch als Intermediäre betrachtet werden können. Er untersucht in seiner Arbeit drei Funktionen, die oftmals an Agenten bzw. Intermediäre delegiert werden: das Führen von Verhandlungen ("bargaining"), die Ausführung von Wettbewerbsstrategien ("competition") sowie die Kontrolle von Vertragspartnern ("monitoring"). Eine Delegierung der Aufgaben ist vorteilhaft, falls daraus eine höhere Effizienz oder Effektivität resultiert.

Spulber hat mit seinem Beitrag eine umfassende Darstellung des Phänomens Intermediation geliefert und Funktion und Mehrwert von Intermediären anhand der Theorie der Firma theoretisch eingeordnet. Er hat dabei eine Vielzahl von Erkenntnissen aus früheren Beiträgen aufgegriffen, aber auch neue Erkenntnisse erarbeitet und die Daseinsberechtigung von Intermediären anhand formaler Modelle untermauert.

2.2.2.5 Intermediation im Rahmen von Electronic Commerce

Im Rahmen des entstehenden Interesses an den Auswirkungen von Electronic Commerce auf Industriestrukturen erfuhren Intermediäre seit Mitte der 90er Jahren verstärkte Aufmerksamkeit. Im Vordergrund standen dabei die Fragen, inwieweit Intermediäre überflüssig werden und sich ihre Rolle ändert. Eine Diskussion des Einflusses von Electronic Commerce auf Intermediation erfolgt erst an späterer Stelle in Abschnitt 2.4, hier soll jedoch bereits dargestellt werden, auf welche Weise dabei Funktion und Mehrwert von Intermediären beschrieben wurde.

In den ersten Untersuchungen zum Einfluss von E-Commerce auf Intermediation wurde die Funktion von Intermediären oftmals stark reduziert dargestellt (vgl. z. B. Wigand/Benjamin 1995, n. p.; Benjamin/Wigand 1995, S. 67f.). Einige Zeit später wurde jedoch begonnen, umfangreiche Funktionskataloge zu entwickeln, wobei auf die eine oder andere Weise eine Gruppierung vorgenommen wurde. Abbildung 4 liefert eine Gegenüberstellung von Funktionskatalogen.

Sarkar/Butler/ Steinfield 1995	Resnick/Zeckhauser/ Avery 1995	Bailey/Bakos 1997	Bailey 1998	Bakos 1998	Palvia/Vemuri 1999
Functions that benefit consumers • Search/evaluation • Needs assessment/ product matching • Risk reduction • Product distribution **Functions that benefit producers** • Creating and disseminating product information/ creating product awareness • Influencing consumer purchases • Providing customer information • Reducing producers' risk exposure • Reducing costs of distribution through transaction scale economies **Other functions** • Balancing/ integrating conflicting interests of producer and consumer	**Value adding of intermediaries (limitations of private negotiations redressed by intermediaries)** • Reduce search costs • Prevent lack of privacy • Reduce incompleteness of information • Reduce contracting risk (moral hazard etc.) • Reduce pricing inefficiencies	**Roles of market intermediaries** • Aggregation • Trust • Facilitation • Matching	**Intermediary roles** • Aggregation • Pricing • Search • Trust	**Functions of a market that are provided by intermediaries in modern economies** • Matching buyers and sellers – Determination of product offerings – Search (buyers for sellers and sellers for buyers) – Price discovery • Facilitation of transactions – Logistics – Settlement – Trust	**Functions and services of intermediaries** • Communication, coordination, and exchange costs • Assortment of products • Warehousing and distribution • Financing and risk sharing • Product promotions

Wimmer/Townsend/ Chezum 2000	Schmitz 2000	Adelaar 2000	Chircu 2001	Brousseau 2002	Hunziker 2003
Middlemen roles as matchmakers • Reduce search costs • Resolve bargaining problems • Facilitate transactions by – Providing immediacy – Holding inventories – Providing capital – Purchasing and reselling goods • Reduce transaction costs by – Diversifying against the variability of sales – Leveraging scale economies in distribution – Specializing in the distribution or aggregation of transactions **Middlemen roles as experts** • Certify quality • Disseminate information about quality	**Services offered by intermediaries** • Communicate consumer preferences • Inform consumers about products and their characteristics • Bear producer's inventory risk • Reduce search costs • Comply with consumer protection • Provide customer service • Inventory management • Physical distribution • Provide immediacy • Quote market prices/provide market transparency • Provide insurance against systematic valuation risks • Reduction of asymmetric information/reputation • Communicate knowledge about local markets to producers	**Main intermediary roles** • Aggregation of demand and supply • Providing trust • Facilitating the market • Searching, matching buyers and sellers and negotiation • Acting as an infomediary	**Transaction support roles of intermediaries** • Setting prices • Coordinating, monitoring and processing transactions • Managing inventories • Providing quality guarantees • Lowering the probability of an unsuccessful transaction • Reducing the time required to find a suitable trading partner	**Roles of commercial intermediaries** • Information management • Logistics management • Transaction securisation • Insurance and liquidity	**Funktionen von Intermediären** • Matching • Facilitation • Information • Aggregation • Vertrauensbildung

Abbildung 4: Intermediärsfunktionen in der Electronic Commerce-Literatur

(Quelle: Sarkar/Butler/Steinfield 1995, n. p.; Resnick/Zeckhauser/Avery 1995, S. 289ff.; Bailey/Bakos 1997, S. 8ff.; Bailey 1998, S. 33ff.; Bakos 1998, S. 35; Palvia/Vemuri 1999, S. 121f.; Wimmer/Townsend/Chezum 2000, S. 409f.; Schmitz 2000, n. p.; Adelaar 2000, n. p.; Chircu 2001, S. 1; Brousseau 2002, S. 357; Hunziker 2003, S. 35ff.)

Wie zu erkennen ist, wurde eine Vielzahl der Erkenntnisse aus den anderen, bereits erläuterten Forschungssträngen aufgegriffen. Die Kataloge unterscheiden sich in Detailgrad und Gruppierung. Darüber hinaus unterscheiden sie sich jedoch teilweise auch im Betrachtungsobjekt, denn einige Autoren beschreiben Funktionen ("functions") (vgl. z. B. Sarkar/Butler/Steinfield 1995, n. p.), andere dagegen Rollen ("roles") (vgl. z. B. Bailey 1998, S. 33) und wiederum andere den Mehrwert ("value") von Intermediären (vgl. z. B. Resnick/Zeckhauser/Avery 1995, S. 290f.). Zur Verdeutlichung ist der Betrachtungsgegenstand in Abbildung 4 jeweils in der Überschrift angegeben. Insbesondere die beiden Funktionskataloge von *Sarkar*, *Butler* und *Steinfield* sowie *Bailey* und *Bakos* wurden später häufig von anderen Autoren aufgegriffen.

2.2.3 Zusammenfassung und Fazit

In den vorangegangenen Abschnitten wurde deutlich, dass Intermediäre zahlreiche und vielfältige Funktionen erfüllen, z. B. die Suche nach geeigneten Transaktionspartnern oder die Beschaffung von Produktinformationen. Da reine Intermediation keine Produktion bzw. physische Inputtransformation beinhaltet, kann der Mehrwert nicht anhand der neoklassischen Sichtweise der Firma erklärt werden. Ausgangspunkt kann daher nur die Unvollkommenheit von Märkten sein.

Intermediäre können bei unvollkommenen Märkten die Transaktions- oder Transportkosten eines Marktes senken, indem sie gewisse Aktivitäten *effizienter* ausführen. Die Effizienzvorteile des Intermediärs beruhen dabei oftmals auf dem Baligh-Richartz-Effekt, Skaleneffekten oder auf Vorteilen durch Spezialisierung oder Erfahrung. Weitere Effizienzvorteile entstehen z. B. durch Risikodiversifikation. Über die Effizienzsteigerung hinaus können Intermediäre bestimmte Aktivitäten auch *effektiver* ausführen und auf diese Weise z. B. Informationsasymmetrien beheben und somit die Leistungsfähigkeit des Marktes verbessern. Ein Beispiel stellt die Vermeidung von adverser Selektion durch Beseitigung von Hidden characteristics dar. Im Rahmen der Entwicklung der Analysemethodik in Kapitel 3 werden die verschiedenen Arten des Mehrwerts und deren Quellen wieder aufgegriffen und systematisiert.

Die Literatur zur Existenz von Intermediation fokussiert sich v. a. auf die Steigerung der Markteffizienz bzw. des Marktergebnisses und damit der Wohlfahrt. Es können jedoch auch andere Gründe für die Existenz von Intermediären bestehen. Denn letztlich existieren Intermediäre nur dann, wenn dies die in der Wertschöpfungskette vor- und nachgelagerten

Marktteilnehmer zulassen oder unterstützen. Die entsprechenden Unternehmen verfolgen dabei allerdings nicht das Ziel, die Wohlfahrt zu steigern, und werden zwecks Gewinnmaximierung auch wettbewerbsstrategische Aspekte wie Marktmacht oder Markteintrittsbarrieren berücksichtigen. Nur wenige Beiträge zum Thema Intermediation tragen diesen Punkten Rechnung. Im Rahmen der Erarbeitung der Methodik in Kapitel 3 sollen diese jedoch ebenfalls Beachtung finden. Dazu müssen verschiedene theoretische Ansätze herangezogen werden (vgl. Jin/Robey 1999, S. 26f.).

2.3 Electronic Commerce und elektronische Märkte

2.3.1 Begriffsabgrenzungen

Im Rahmen des Einsatzes von Informations- und Kommunikationstechnologien (IuK-Technologien) zur Unterstützung der wirtschaftlichen Leistungskoordination wird eine Vielzahl von Begriffen verwandt, z. B. "Electronic Business", "Electronic Commerce" oder "Elektronische Märkte". Nachfolgend werden diese definiert und abgegrenzt.

2.3.1.1 Electronic Business und Electronic Commerce

Die Begriffe Electronic Business (E-Business) und Electronic Commerce (E-Commerce) werden in der Literatur nicht einheitlich definiert (vgl. Hermanns/Sauter 2001, S. 16; OECD 1999, S. 28; Schenk 2001, S. 3; Schoder 2003b, S. 98; Wamser 2001, S. 11; Weiber 2002b, S. 31; Weiber/Adler 2002, S. 6; Wigand 1997, S. 5; Wirtz 2000, S. 27).[50] Dies kann u. a. damit begründet werden, dass es sich um eine vergleichsweise junge Disziplin mit einer rasanten und dynamischen Weiterentwicklung handelt (vgl. Choi/Stahl/Whinston 1997; S. 12; Picot/Reichwald/Wigand 2001, S. 337; Wamser 2001, S. 11). Teilweise werden die beiden Begriffe auch synonym verwendet (vgl. Weiber/Adler 2002, S. 6; Wirtz 2000, S. 27). Ein Vergleich der verschiedenen Definitionen zeigt auf, dass trotz signifikanter Unterschiede auch Gemeinsamkeiten zu finden sind. So geht es bei E-Business bzw. E-Commerce letztlich stets um die Unterstützung[51] wirtschaftlicher Aktivitäten durch IuK-Technologien.[52] Der

---

[50] Auflistungen über verschiedene Definitionen werden z. B. geliefert in Haertsch 2000, S. 12f.; Hermanns/Sauter 2001, S. 17; Wamser 2001, S. 12f.; Wirtz 2000, S. 28.

[51] Zusätzlich zur "Unterstützung" nennt *Wirtz* die "Abwicklung" und "Aufrechterhaltung" von Leistungsaustauschprozessen (vgl. Wirtz 2000, S. 29). In dieser Arbeit soll dies unter dem Begriff "Unterstützung" zusammengefasst werden.

Hauptunterschied zwischen den verschiedenen Definitionen liegt meistens darin, ob und inwiefern die "wirtschaftlichen Aktivitäten" eingegrenzt werden.[53] Nachfolgend werden die wesentlichen Abgrenzungskriterien erörtert:

- **Intra- vs. interorganisational.** Wirtschaftliche Aktivitäten lassen sich in intra- und interorganisational differenzieren, so dass analog zwischen intra- und interorganisationalem E-Business bzw. E-Commerce unterschieden werden kann (vgl. Wamser 2001, S. 14). Jeweilige Beispiele sind firmeninterne E-Mails (intraorganisational) oder der Vertrieb über das Internet (interorganisational).

- **Form der wirtschaftlichen Leistungskoordination (Markt vs. Hierarchie).** Die Unterstützung wirtschaftlicher Aktivitäten durch IuK-Technologien kann sich auf die verschiedenen Koordinationsformen im Sinne des Markt-Hierarchie-Paradigmas von *Coase* beziehen (vgl. u. a. Himberger 1994, S. 171; Picot/Reichwald/Wigand 2001, S. 337). Dieses Kriterium ist zwar eng verbunden mit der Unterscheidung zwischen intra- und interorganisational, die beiden Abgrenzungskriterien sind jedoch nicht identisch (vgl. z. B. Hanker 1990, S. 348ff.). Zum einen können intraorganisational marktähnliche Beziehungen vorherrschen (z. B. bei unterschiedlichen, nicht integrierten Geschäftseinheiten eines Konzerns) und zum anderen können interorganisational hierarchieähnliche Beziehungen existieren (z. B. bei starker Abhängigkeit eines Zulieferers vom Produzenten).[54]

- **Art der beteiligten Akteure.** Als beteiligte Akteure kommen bei interorganisationalen

---

[52] Neben IuK-Technologien (vgl. z. B. Bidgoli 2002, S. 45; Weiber 2002b, S. 31; Weiber/Adler 2002, S. 6; Wigand 1997, S. 5) wird u. a. auch von "elektronischen Verbindungen" (Corsten 2003, S. 27), "digitalen Medien" (Schmid 2002, S. 29), "elektronischen Netzen" (Wirtz 2000, S. 29), "Kommunikationsnetzen" (Merz 2002, S. 3), "elektronischen Kommunikationsdiensten" (Rebstock 2000, S. 6) oder "Computernetzwerken" (Wamser 2001, S. 13, ähnlich auch Watson et al. 2000, S. 1 und Weiber 2002b, S. 1) gesprochen. Im Folgenden wird der Begriff IuK-Technologien verwendet, wobei jedoch keine Kommunikationstechnologien betrachtet werden sollen, bei denen Daten unstrukturiert übertragen werden und somit keine reibungslose Weiterverarbeitung ohne Medienbrüche möglich ist – Sprachtelefonie oder Fax sind demnach z. B. nicht relevant (vgl. dazu z. B. Gehring 2004, S. 13ff.).

[53] Darüber hinaus gibt es natürlich weitere Ansatzpunkte für eine Eingrenzung von E-Business bzw. E-Commerce. *Weiber* grenzt E-Business z. B. hinsichtlich des *Zwecks des IuK-Einsatzes* ein (nach *Weiber* handelt es sich nur dann um E-Business, wenn mit dem Einsatz der IuK-Technologien eine Einsparung von Ressourcen und damit ein Effizienz- oder Effektivitätsvorteil im Wettbewerb angestrebt wird, vgl. Weiber 2002b, S. 31). Ebenso kann eine Einschränkung hinsichtlich der *Art der IuK-Technologie* erfolgen (z. B. grenzt die *OECD* E-Commerce auf nicht-proprietäre IuK-Technologien wie das Internet ein, vgl. OECD 1999, S. 29).

[54] Darüber hinaus können hinsichtlich der Koordinationsform Zwischenformen wie Kooperationen unterschieden werden (siehe Abschnitt 2.1.3), die natürlich ebenfalls durch IuK-Technologien unterstützt werden können.

Aktivitäten andere Unternehmen, Endkonsumenten sowie öffentliche Institutionen in Betracht (vgl. z. B. Merz 2002, S. 22ff.; Wamser 2001, S. 13; Wirtz 2000, S. 27). Dementsprechend lassen sich die Teilbereiche business-to-business (B2B), business-to-consumer (B2C), business-to-administration (B2A), consumer-to-consumer (C2C), consumer-to-administration (C2A) und administration-to-adminitration (A2A) unterscheiden (vgl. z. B. Bidgoli 2002, S. 50ff.; Merz 2002, S. 22ff.).[55]

- **Beschaffungs- vs. absatzseitige Aktivitäten**. Interorganisationale Aktivitäten lassen sich als beschaffungsseitig (z. B. der Einkauf) oder absatzseitig (z. B. der Verkauf) klassifizieren (vgl. Wamser 2001, S. 12). Dies kann ebenfalls als Kriterium für die begriffliche Eingrenzung von E-Business oder E-Commerce herangezogen werden (vgl. z. B. Rebstock 2000, S. 6; Weiber 2000, S. 12).

Anhand der beschriebenen Kriterien lassen sich die Phänomene E-Business und E-Commerce auf bestimmte Bereiche wirtschaftlicher Aktivität eingrenzen. Allerdings verzichten auch einige Autoren auf eine Eingrenzung und bevorzugen damit eine äußerst weite Definition (vgl. z. B. Alpar/Pickerodt 1998, S. 34; Corsten 2003, S. 27; Picot/Reichwald/Wigand 2001, S. 337; Rebstock 2000, S. 6; Schildhauer/Heueis 2003, S. 90f.; Watson et al. 2000, S. 1; Weiber 2002b, S. 31; Wigand 1997, S. 2; Wirtz 2000, S. 29; Zwass 1998, S. 2).

Oftmals wird E-Commerce enger als E-Business ausgelegt. So wird E-Commerce häufig auf die Unterstützung interorganisationaler und/oder markt- bzw. handelsbezogener Aktivitäten eingegrenzt (vgl. Wamser 2001, S. 11f.; siehe für entsprechende Definitionen z. B. Bidgoli 2002, S. 45; Kleindl 2003, S. 169; Loshin/Vacca 2004, S. 3ff.; Merz 2002, S. 3; Wamser 2001, S. 11). Einige Autoren grenzen E-Commerce zudem lediglich auf absatzseitige Aktivitäten ein, wobei die durch IuK-Technologien unterstützten beschaffungsseitigen Aktivitäten dann meist als "E-Procurement" bezeichnet werden (vgl. z. B. Heger 2003, S. 60; Rebstock 2000, S. 6; Schildhauer/Heueis 2003, S. 91f.). Der Begriff E-Business wird dagegen seltener eingegrenzt. Er kann sich aber z. B. nur auf unternehmensinterne Geschäftsprozesse beziehen (vgl. Weiber 2002c, S. 152; Weiber 2002b, S. 31). *Rebstock* weist darauf hin, dass seit der Entstehung des Begriffes E-Business die Definitionen für E-Commerce angepasst und enger ausgelegt wurden (vgl. Rebstock 2000, S. 6). Dass v. a. neueren Forschungsbeiträgen

[55] Einige Autoren differenzieren neun verschiedene Konstellationen, indem sie auch die "Richtung" der Transaktion berücksichtigen – B2C ist dann z. B. von C2B zu unterscheiden, je nachdem wer Anbieter bzw. Nachfrager ist (vgl. z. B. Corsten 2003, S. 28f.; Hermanns/Sauter 2001, S. 25f.).

ab dem Jahre 2000 eine engere Definition von E-Commerce zu Grunde liegt, bestätigt dies. In dieser Arbeit soll dieser Tendenz gefolgt werden. Für E-Business wird daher eine weite Definition gewählt:

> Unter ***Electronic Business*** (E-Business) wird die Unterstützung wirtschaftlicher Aktivitäten durch IuK-Technologien verstanden. Dies umfasst sowohl den intra- als auch den interorganisationalen Einsatz von IuK-Technologien.

Im Unterschied dazu wird E-Commerce enger ausgelegt. Für diese Arbeit erscheint eine Eingrenzung auf die Unterstützung *marktbezogener* Prozesse zweckmäßig, da vermutlich v. a. dieser Teilbereich von E-Business einen wesentlichen Einfluss auf Intermediation ausübt. Dies kann daraus abgeleitet werden, dass es sich bei Intermediation per Definition um die Unterstützung von Markttransaktionen handelt (siehe Abschnitt 2.2.1).[56] Eine Eingrenzung von E-Commerce auf interorganisationale Aktivitäten erscheint für diese Arbeit nicht notwendig, allerdings dürfte intraorganisationales E-Commerce auf Grund der in der Regel unabhängigen und selbständigen Marktstellung von Intermediären für diese Arbeit kaum von großer Bedeutung sein. E-Commerce wird dementsprechend wie folgt definiert:

> ***Electronic Commerce*** (E-Commerce) bezeichnet die Unterstützung marktbezogener, wirtschaftlicher Aktivitäten durch IuK-Technologien. E-Commerce stellt damit einen Teilbereich von E-Business dar und schließt die Unterstützung intra- oder interorganisationaler Hierarchien oder Kooperationen *nicht* mit ein.

2.3.1.2 Elektronische Märkte und elektronische Marktplätze

Auf Grund der Eingrenzung von E-Commerce auf marktbezogene Prozesse sind die Begriffe "elektronischer Markt" und "E-Commerce" eng miteinander verknüpft – E-Commerce existiert nicht ohne elektronische Märkte und umgekehrt. Elektronische Märkte werden seit dem Beitrag "Electronic Markets and Electronic Hierarchies" von *Malone*, *Yates* und *Benjamin* in der wissenschaftlichen Literatur diskutiert (vgl. Malone/Yates/Benjamin 1987 und auch Malone/Yates/Benjamin 1989). Nachfolgend wird eine Arbeitsdefinition für den

---

[56] Zudem ergibt sich ein Phänomen wie Disintermediation nur dann, wenn sich durch IuK-Technologien die Effizienz des "direkten" Marktes zwischen Upstream- und Downstream-Unternehmung bzw. Endkunde (relativ zu Intermediation) erhöht (Disintermediation wird an späterer Stelle näher erläutert, siehe Abschnitt 2.4.2).

Begriff "elektronischer Markt" entwickelt. Zudem wird ein "elektronischer Markt" von einem "elektronischen Marktplatz" abgegrenzt. Ausgangspunkt sind dabei die Definitionen für konventionelle Märkte und Marktplätze.

Konventionelle Märkte und Marktplätze

Sinnvoller Ausgangspunkt für die Definition eines elektronischen Marktes ist die Definition eines "konventionellen" im Sinne eines nicht-elektronischen Marktes. Im Rahmen der NIÖ (siehe Abschnitt 2.1.3) wurde der Markt bereits als eine *Form wirtschaftlicher Leistungskoordination* vorgestellt und dabei der Hierarchie gegenübergestellt. Um den Markt für ein bestimmtes Gut – wie z. B. den Markt für Bücher – zu definieren, ist diese Feststellung jedoch zu allgemein. Hierfür können die Erkenntnisse der mikroökonomischen Standardmarkttheorie herangezogen werden. Dort bezeichnet ein Markt den *Ort*, an dem das aggregierte Angebot und die aggregierte Nachfrage für eine bestimmte Gruppe von Gütern zusammentreffen (vgl. z. B. Demmler 2001, S. 35; Kortmann 1999, S. 351; Pindyck/Rubinfeld 2003, S. 13). Die Abgrenzung einer geeigneten Gruppe von Gütern ist in der Realität nicht unproblematisch, da in der Regel auch nicht vollkommen homogene Güter in einer Substitutionsbeziehung stehen und daher zu einem Markt zusammengefasst werden sollten (vgl. z. B. Demmler 2001, S. 37; Tirole 1995, S. 25). Nach *Tirole* umfasst ein Markt "entweder ein homogenes Gut oder eine Gruppe verschiedener Produkte, die für mindestens ein Gut der jeweiligen Gruppe enge Substitute (oder Komplemente) sind" (Tirole 1995, S. 27).

Der "Ort", an dem Angebot und Nachfrage zusammentreffen, ist nicht unbedingt als *zentraler, räumlicher* Ort zu verstehen, sondern als *virtueller* oder *ökonomischer* Ort (vgl. z. B. Kortmann 1999, S. 351; Picot/Reichwald/Wigand 2001, S. 30 u. 338). Ein solcher abstrakter Marktbegriff beinhaltet daher "jede Tauschsituation, auch wenn sie keine große Ähnlichkeit mit einem traditionellen Wochenmarkt hat" (Stiglitz 1999, S. 16). Ein Markt im Sinne eines *abstrakten* Ortes wird konkretisiert durch die *räumlichen* Orte, an denen Anbieter und Nachfrager zusammentreffen – dazu gehören z. B. Kaufhäuser, Messen, Börsen und alle anderen Orte, an denen Tauschvorgänge erfolgen (vgl. z. B. Tietz 1993b, S. 110). Manche dieser räumlichen Orte werden als "Marktplatz" bezeichnet. Ein Marktplatz stellt im Gegensatz zu einem Markt also einen konkreten Ort dar, analog zur Unterscheidung in der angelsächsischen Literatur zwischen "market" und "market place" (vgl. Nieschlag/Dichtl/Hörschgen 1997, S. 92; Schwickert/Pfeiffer 2000, S. 4). Allerdings werden nur diejenigen Tauschorte als Marktplatz angesehen, an denen (1) mehrere Anbieter und

Nachfrager (2) zentral zusammengeführt werden (vgl. Bogaschewsky 2002, S. 753f.; Luczak/Bleck/Hoeck 2002, S. 153; Rebstock 2000, S. 12).

Die obigen Ausführungen zeigen auf, dass ein Markt sowohl als Form der wirtschaftlichen Leistungskoordination als auch als virtueller Tauschort angesehen werden kann. Darüber hinaus sind weitere Sichtweisen zu finden. So wird in einigen Definitionen ein Markt z. B. nicht nur als Tauschort definiert, sondern auch als die Gesamtheit der (an diesem Tauschort) interagierenden Käufer und Verkäufer (vgl. z. B. Pindyck/Rubinfeld 2003, S. 12f.). Ebenso kann unter einem Markt auch die Gesamtheit aller (an diesem Tauschort) stattfindenden Austauschbeziehungen aufgefasst werden (vgl. z. B. Demmler 2001, S. 35).

Definition elektronischer Markt

Auch für elektronische Märkte kann keine einheitliche Definition vorgefunden werden, da sich die verschiedenen Definitionen von konventionellen Märkten darin widerspiegeln. So werden auch elektronische Märkte als "Koordinationsmechanismus" (z. B. Himberger 1994, S. 165; Krähenmann 1994, S. 202), als "Ort" bzw. "Begegnungsraum" (z. B. Schmid 2002, S. 229) oder als "Gesamtheit der Austauschbeziehungen" (Langenohl 1994, S. 21, ähnlich auch Schwickert/Pfeiffer 2000, S. 5) definiert.[57] Einigkeit besteht darin, dass der wesentliche Unterschied zu einem konventionellen Markt in der Unterstützung der marktlichen Leistungskoordination durch IuK-Technologien liegt, wobei dabei statt IuK-Technologien u. a. auch von "elektronischen Medien" (Schwickert/Pfeiffer 2000, S. 5), "digitalen Medien" (Schmid 2002, S. 229) oder "elektronischen Marktsystemen" (Langenohl 1994, S. 21) die Rede ist. Der Grad der Unterstützung durch IuK-Technologien kann dabei stark variieren, so dass sich die Frage ergibt, ab welchem Punkt von einem elektronischen Markt gesprochen werden kann. Eine solche Abgrenzung wird in der Regel anhand der Phasen einer Markttransaktion (siehe Abschnitt 2.1.1) vorgenommen. Während einige Autoren bereits bei jeglicher Unterstützung von Markttransaktionen durch IuK-Technologien von elektronischen Märkten sprechen (vgl. z. B. Bieberbach/Hermann 1999, S. 8), machen andere Autoren die Unterstützung der Vereinbarungsphase (bzw. "Absichtsphase") zur Bedingung (vgl. z. B.

---

[57] In einigen Fällen wurden allerdings auch Definitionen vorgestellt, bei denen der Bezug zur Definition eines konventionellen Marktes nicht unmittelbar ersichtlich ist. So definierte *Schmid* in einer seiner früheren Veröffentlichungen elektronische Märkte z. B. als "informationstechnische Systeme zur Unterstützung aller oder einzelner Phasen und Funktionen der marktmäßig organisierten Leistungskoordination" (Schmid 1993, S. 8). Diese Definition eines Marktes als IT-System steht im Widerspruch zur erläuterten Definition eines konventionellen Marktes (vgl. Bieberbach/Hermann 1999, S. 8 oder auch Krähenmann 1994, S. 202). Auch ein elektronischer Markt ist ein Markt und damit kein IT-System.

Merz 1996, S. 10). *Schmid* grenzt anhand dieses Kriteriums elektronische Märkte im engeren Sinne von elektronischen Märkten im weiteren Sinne ab (vgl. Schmid 1993, S. 8). Legt man das weite Verständnis zu Grunde, sind sehr viele Märkte bzw. Transaktionen als "elektronisch" anzusehen, z. B. bereits bei der Nutzung eines elektronischen Branchenverzeichnisses. Daher soll dieser Arbeit die engere Definition von elektronischen Märkten zu Grunde liegen:

> Ein ***elektronischer Markt*** ist ein ökonomischer Ort, an dem das aggregierte Angebot und die aggregierte Nachfrage für eine Gruppe von substituierbaren oder komplementären Gütern zusammentreffen und die stattfindenden Markttransaktionen zumindest in der Vereinbarungsphase durch IuK-Technologien unterstützt werden.

Im Sinne eines Koordinationsmechanismus kann ein elektronischer Markt von einer "elektronischen Hierarchie" abgegrenzt werden (vgl. dazu z. B. Hanker 1990, S. 371ff.; Himberger 1994, S. 163ff.; Malone/Yates/Benjamin 1987, S. 484ff.; Zbornik 1996, S. 59f.). Analog zur Definition eines elektronischen Marktes handelt es sich um eine elektronische Hierarchie, wenn die im Rahmen der Hierarchie ablaufenden Transaktionen durch IuK-Systeme unterstützt werden. Dementsprechend können auch "elektronische Kooperationen" definiert werden. Im Gegensatz zu elektronischen Märkten konzentriert sich die IuK-Unterstützung bei Hierarchien und Kooperationen naturgemäß auf die Rationalisierung der Abwicklungsphase und weniger die der Anbahnungs- oder Vereinbarungsphase, da letztere auf der Ebene einer einzelnen Transaktion praktisch wegfallen (vgl. Illik 1999, S. 34; Schmid 1993, S. 6). Unterstützt wird die Rationalisierung der Abwicklungsphase bei Hierarchien oder Kooperationen z. B. durch Electronic Data Interchange (EDI) (vgl. z. B. Illik 1999, S. 34; Thome 2003, S. 107f.).

Definition elektronischer Marktplatz

So wie der "Marktplatz" begrifflich vom "Markt" unterschieden wird, sollte der "elektronische Marktplatz" vom "elektronischen Markt" unterschieden werden.[58] Wie oben beschrieben stellt ein Marktplatz im Gegensatz zum Markt keinen virtuellen, sondern einen konkreten Tauschort dar. Basierend auf dieser Logik definieren viele Autoren elektronische

---

[58] Vielfach unterbleibt diese Abgrenzung jedoch (vgl. Rebstock 2000, S. 12; Schwickert/Pfeiffer 2000, S. 4). *Schmid* definierte in seinen früheren Beiträgen elektronische Märkte z. B. als "mit Hilfe der Telematik realisierte Marktplätze" und verzichtete damit per Definition auf eine Unterscheidung (Schmid 1993, S. 8).

Marktplätze als IuK-Systeme oder IuK-Infrastrukturen, welche Markttransaktionen unterstützen (vgl. z. B. Bakos 1991, S. 296; Bieberbach/Hermann 1999, S. 9; Zbornik 1996, S. 62; eine Übersicht liefert Rätz 2003, S. 32). Nach einer solch allgemeinen Definition kann auch das Internet als ein großer Marktplatz aufgefasst werden (vgl. z. B. Bieberbach/Hermann 1999, S. 9; Picot/Reichwald/Wigand 2001, S. 340). Allerdings werden dabei elektronische Marktplätze nach Meinung des Autors nicht ausreichend auf diejenigen IuK-Systeme eingegrenzt, die das "elektronische" Pendant zum konventionellen Marktplatz darstellen, denn weder eine *zentrale* Zusammenführung noch eine *Vielzahl* von Anbietern und Nachfragern wird explizit als Charakteristikum aufgenommen. Elektronische Marktplätze werden im Rahmen dieser Arbeit daher folgendermaßen definiert und eingegrenzt:

> Ein ***elektronischer Marktplatz*** ist eine konkrete, durch IuK-Technologien realisierte Plattform, auf der mehrere Anbieter und Nachfrager zentral zusammentreffen und die dort stattfindenden Markttransaktionen zumindest in der Vereinbarungsphase durch IuK-Technologien unterstützt werden.

Demnach ist nicht das Internet als Ganzes ein elektronischer Marktplatz, sondern z. B. eine unter einer bestimmten URL-Adresse auffindbare Handelsplattform.[59] Da nach obiger Definition eines elektronischen Marktes oder Marktplatzes der für die Transaktionsunterstützung verwandte technische Standard unerheblich ist, können neben internetbasierten Marktplätzen auch proprietäre Systeme wie die GDS im Tourismus als elektronischer Marktplatz aufgefasst werden. In der Regel werden elektronische Marktplätze – wie konventionelle Marktplätze – von einer selbständigen, dritten Partei, also von Intermediären, betrieben (vgl. Rebstock 2000, S. 12; Schwickert/Pfeiffer 2000, S. 5).

2.3.2 Merkmale und Effizienz elektronischer Märkte

So wie frühere Infrastrukturveränderungen verändert auch der technologische Fortschritt im Bereich von IuK-Technologien die Gestalt von Märkten (vgl. Schmid 2002, S. 214). So wurde oftmals festgestellt, dass aus dem Übergang von konventionellen zu elektronischen Märkten eine Annäherung an vollkommene Märkte resultiert. Zudem wird diskutiert, inwiefern sich elektronische Märkte von konventionellen Märkten hinsichtlich Wettbewerb

[59] Eine ähnliche Auffassung von elektronischen Marktplätzen wird z. B. vertreten von Bogaschewsky 2002, S. 753f.; Kollmann 2001b, S. 46; Kollmann 2001a, n. p.; Kuhlen 1997, S. 398f.; Luczak/Bleck/Hoeck 2002, S. 153f.; Rudolph/Busch 2002, S. 2. Das konventionelle Pendant zum Internet ist dann weniger der Wochenmarkt oder die Messe, sondern eher die zu Grunde liegenden Verkehrsinfrastrukturen, welche die Anreise zu diesen Marktplätzen ermöglichen.

und Konkurrenz unterscheiden. Mit diesen beiden Aspekten verbunden ist die Frage nach der Effizienz elektronischer Märkte. Die wesentlichen Argumente im Rahmen dieser drei Themenbereiche werden nachfolgend zusammengefasst.

Vollkommenheit elektronischer Märkte

Wesentliche Eigenschaften vollkommener Märkte sind die folgenden:

- **Homogenität der Güter**. Die am vollkommenen Markt angebotenen Güter sind vollständig homogen und austauschbar (vgl. z. B. Brösse 1997, S. 244; von Böventer et al. 1995, S. 217; Demmler 2001, S. 159; Kortmann 1999, S. 352f.).
- **Abwesenheit sachfremder Präferenzen**. Es existieren keine persönlichen, zeitlichen oder räumlichen Präferenzen der Nachfrager (vgl. z. B. Brösse 1997, S. 244; Demmler 2001, S. 159; Kortmann 1999, S. 353; Nieschlag/Dichtl/Hörschgen 1997, S. 36). Für den Nachfrager ist es also unerheblich, wann, wo und bei wem er das Gut kauft.
- **Vollständige Markttransparenz und keine Transaktionskosten**. Es herrscht vollständige Transparenz über die Marktbedingungen inklusive der Preise, der Qualität der Güter und aller sonstigen Geschäftsbedingungen (vgl. z. B. Brösse 1997, S. 244; von Böventer et al. 1995, S. 217; Demmler 2001, S. 160; Kortmann 1999, S. 354; Nieschlag/Dichtl/Hörschgen 1997, S. 36). Damit einher geht die Annahme, dass keine Transaktionskosten entstehen (als gesondertes Merkmal wird dies z. B. aufgeführt in Kortmann 1999, S. 355).
- **Unendlich schnelle Anpassung an veränderte Umweltbedingungen**. Ein vollkommener Markt passt sich unmittelbar an veränderte Rahmenbedingungen an (vgl. z. B. Brösse 1997, S. 244; Nieschlag/Dichtl/Hörschgen 1997, S. 36). So werden in einem vollkommenen Markt Preise z. B. unmittelbar an neue Angebots- und Nachfragebedingungen angepasst.

Insbesondere in den früheren wissenschaftlichen Beiträgen wurde davon ausgegangen, dass sich elektronische Märkte einem vollkommenen Markt weitgehend annähern. Die entsprechenden Argumente adressieren die letzten drei Eigenschaften vollkommener Märkte und werden nachfolgend vorgestellt:

- Auf Grund der Ortslosigkeit und ständigen Verfügbarkeit elektronischer Plattformen und der damit verbundenen Aufhebung räumlicher und zeitlicher Restriktionen ("Ubiquität") verlieren räumliche und zeitliche Präferenzen der Nachfrager ihre Relevanz (vgl. Schmid

1993, S. 8; Wamser 2001, S. 36). Zudem gehen einige Autoren davon aus, dass die Loyalität der Nachfrager abnimmt (vgl. z. B. Picot/Reichwald/Wigand 2001, S. 373), so dass sich auch die Bedeutung persönlicher Präferenzen der Nachfrager reduziert.

- Vielfach wurde festgestellt, dass Transaktionskosten auf elektronischen Märkten abnehmen oder sogar praktisch null sind – v. a. die Such- bzw. Informationskosten und damit die Anbahnungskosten (vgl. Bakos 1991, S. 297; Benjamin/Wigand 1995, S. 68; Evans/Wurster 1997, S. 74; Globerman 2003, S. 76ff.; Hagel/Singer 1999, S. 148; Hoffman/Novak/Chatterjee 1996, n. p.; Malone/Yates/Benjamin 1987, S. 488; Peterson/Balasubramanian/Bronnenberg 1997, S. 333; Schmid 1993, S. 8). Begründet wird dies damit, dass Informationen über potenzielle Transaktionspartner leichter zugänglich sind und Informationen zu geringeren Kosten kommuniziert werden können als in konventionellen Märkten. Auf Grund der geringeren Informationskosten ist auf elektronischen Märkten eine höhere Markttransparenz zu erwarten (vgl. z. B. Lindemann 2000, S. 41; Picot/Reichwald/Wigand 2001, S. 373; Schmid 1993, S. 8; Steyer 1998, S. 6; Wamser 2001, S. 36).

- Auch hinsichtlich der Anpassung an geänderte Rahmenbedingungen wird eine Annäherung an einen vollkommenen Markt diskutiert. Denn es wird angenommen, dass auf elektronischen Märkten die Preisänderungskosten ("Menu costs") geringer sind, so dass Anbieter ihre Preise schneller an neue Situationen anpassen (vgl. Bailey 1998, S. 30; Bakos 1998, S. 40; Smith/Bailey/Brynjolfsson 2000, S. 103).

Im Laufe der Zeit stieg die Skepsis hinsichtlich einer starken Annäherung an einen vollkommenen Markt. Die entsprechenden Gründe gegen einen vollkommenen elektronischen Markt werden nachfolgend erörtert:

- Angesichts der ersten Eigenschaft vollkommener Märkte – Homogenität der Güter – wird unmittelbar klar, dass auch elektronische Märkte nicht vollkommen sein können, da auf ihnen die gleichen (heterogenen) Güter gehandelt werden wie auf konventionellen Märkten (vgl. Lindemann 2000, S. 42). Es wird sogar vielfach argumentiert, dass auf elektronischen Märkten eine stärkere Produktdifferenzierung betrieben wird und damit sogar eine größere Heterogenität der Güter als auf konventionellen Märkten vorliegt, z. B. auf Grund der Einführung neuer Geschäftsmodelle wie etwa "Mass customization" (vgl. Picot/Reichwald/Wigand 2001, S. 374; Reichwald/Piller 2002, S. 471).

- Auch hinsichtlich der Präferenzen der Nachfrager (Eigenschaft 2) kann bei genauerer

Betrachtung nicht davon ausgegangen werden, dass sich diese durch elektronische Märkte vollkommen homogenisieren. Die Loyalität von Abnehmern ist auf elektronischen Märkten z. B. höher als zunächst angenommen (vgl. z. B. Danaher/Wilson/Davis 2003, S. 461ff.). Auch hat sich gezeigt, dass trotz der Ubiquität elektronischer Märkte v. a. im B2C-Bereich die Nähe des Anbieters zum Kunden eine wesentliche Rolle spielt, so dass räumliche Präferenzen weiterhin bedeutsam sind (vgl. Globerman 2003, S. 83ff.). Eine wichtige Rolle können dabei Transportkosten spielen, die auch bei elektronischen Märkten auftreten, sofern es sich nicht um digitale oder digitalisierbare Produkte handelt (vgl. z. B. Lindemann 2000, S. 42; Picot/Reichwald/Wigand 2001, S. 373).

- Ebenso hat sich mittlerweile die Erkenntnis durchgesetzt, dass auch in elektronischen Märkten in der Regel signifikante Transaktionskosten auftreten (Eigenschaft 3) (vgl. z. B. Brandtweiner/Greimel 1998, S. 41; Bailey 1998, S. 102; Brynjolfsson/Smith 2000, S. 569; Giaglis/Klein/O'Keefe 2002, S. 237). Zum einen werden Vereinbarungs- und Kontrollkosten nur wenig beeinflusst (vgl. Globerman 2003, S. 78f.). Zum anderen sinken die Suchkosten nicht so stark wie angenommen, auch durch das Auftreten eines so genannten "Information overload" (Rose 1999, S. 1; Schoder 2003a, S. 76). Des weiteren werden auch in elektronischen Märkten Anbieter und Abnehmer nur diejenigen Informationen preisgeben, die sie veröffentlichen wollen – also z. B. keine Zahlungsbereitschaften seitens des Kunden oder Opportunitätskosten seitens des Anbieters (vgl. Brousseau 2002, S. 362). Anbieter haben auch die Möglichkeit, die Markttransparenz gezielt zu verhindern, z. B. durch eine Verhinderung von Preisvergleichen oder die Einführung komplizierter Preisschemata (vgl. z. B. Picot/Reichwald/Wigand 2001, S. 374; Globerman 2003, S. 81).

Als Fazit kann festgehalten werden, dass sich elektronische Märkte in der Regel zwar an einen vollkommenen Markt annähern dürften, allerdings nicht im ursprünglich angenommenen Ausmaß.

Wettbewerb und Konkurrenz auf elektronischen Märkten

Analog zur Vollkommenheit von Märkten wurde oftmals davon ausgegangen, dass auf elektronischen Märkten eine höhere Wettbewerbsintensität vorherrscht (vgl. z. B. Globerman 2003, S. 80; Picot/Reichwald/Wigand 2001, S. 373; Steyer 1998, S. 6; Wamser 2001, S. 58f.). Als Grund dafür wird neben der soeben beschriebenen möglichen Annäherung an vollkommene Märkte eine Annäherung an eine polypolistische Marktform bzw. die

Absenkung von Marktmacht und Markteintrittsbarrieren angeführt. Allerdings wurden auch hier im Laufe der Zeit Gegenargumente entwickelt. Im Folgenden werden die Argumente dafür und dagegen zusammengefasst:

- **Geographische Markterweiterung**. Elektronische Märkte sind auf Grund ihrer Ortslosigkeit deutlich weniger geographischen Beschränkungen unterworfen als konventionelle Märkte, so dass es zu einer Markterweiterung und damit zu einer höheren Anzahl von Marktteilnehmern und einer höheren Wettbewerbsintensität kommt (vgl. Buxmann/Gebauer 1998, S. 12; Globerman 2003, S. 80; Picot/Reichwald/Wigand 2001, S. 373; Porter 2001, S. 66; Schmid 2002, S. 229; Steyer 1998, S. 6). Die Wettbewerbsintensität steigt dadurch jedoch nur an, falls die Abnehmer auch überregionale bzw. ausländische Anbieter akzeptieren. Dies ist v. a. im B2C-Markt oftmals nicht der Fall, z. B. auf Grund höherer Transportkosten (vgl. Globerman 2003, S. 83ff.).

- **Investitionen für den Eintritt in elektronische Märkte**. Oftmals wird argumentiert, dass der Eintritt in elektronische Märkte mit deutlich niedrigeren Eintrittskosten verbunden ist als bei einem konventionellen Markt, da der Aufbau einer Internetseite kostengünstiger als die Errichtung von Filialen ist (vgl. Globerman 2003, S. 80; Peterson/Balasubramanian/Bronnenberg 1997, S. 333; Porter 2001, S. 67; Wamser 2001, S. 53). Aber auch bei elektronischen Märkten sind Eintrittsschranken vorhanden, da der Aufbau der notwendigen technologischen Infrastruktur sowie der relevanten technischen und organisatorischen Fähigkeiten nicht kostenlos ist und zudem durch hohe Fixkosten gekennzeichnet ist (vgl. Bakos 1991, S. 297; Corsten 2003, S. 75f.). Zudem muss beachtet werden, dass auch oder gerade auf elektronischen Märkten der Bekanntheitsgrad und der Markenname eine entscheidende Rolle spielen, für deren Aufbau signifikante Kosten entstehen (Globerman 2003, S. 81).

- **Wechselkosten in elektronischen Märkten**. Die Frage, ob durch elektronische Märkte die Wechselkosten steigen oder sinken, wurde kontrovers diskutiert. Vor der Verbreitung des Internets und der damit verbundenen Standardisierung wurde argumentiert, dass elektronische Märkte mit hohen Wechselkosten verbunden sein können, da ein Wechsel von Transaktionspartnern ggf. auch einen Wechsel der IuK-Infrastruktur voraussetzt (vgl. z. B. Bakos 1991, S. 297). Später wurde dagegen v. a. im B2C-Bereich von niedrigeren Wechselkosten ausgegangen, da alternative Transaktionspartner leichter und schneller gefunden werden können (vgl. Picot/Reichwald/Wigand 2001, S. 373; Porter 2001,

S. 68). Mittlerweile wird jedoch wieder zunehmend angenommen, dass auch auf elektronischen Märkten signifikante Wechselkosten existieren und sogar höher als auf konventionellen Märkten sein können – z. B. da Vertrauen in die Anbieter entscheidend ist, ein Wechsel des Anbieters eine Gewöhnung an neue Prozesse erfordert, effektive Kundenbindungsprogramme aufgebaut werden können oder die Suche nach alternativen Anbietern eben doch nicht so einfach ist wie ursprünglich angenommen (vgl. z. B. Clemons/Hann/Hitt 2002, S. 548; Danaher/Wilson/Davis 2003, S. 461ff.; Jallat/Capek 2001, S. 56; Merz 2002, S. 100ff.; Picot/Reichwald/Wigand 2001, S. 374f.).

- **Netzeffekte in elektronischen Märkten**. Nicht zuletzt ist zu beachten, dass in elektronischen Märkten signifikante Netzeffekte bestehen können (vgl. Bakos 1991, S. 297; Choi/Whinston 2000, S. 33ff.; Corsten 2003,S. 56ff.; Porter 2001, S. 68; Schmidt 2004, S. 13; Schoder 2000, S. 12; Weiber 2002a, S. 279ff.; Zerdick/Picot/Schrape 2001, S. 159ff.). Auf Grund dessen können die Markteintrittsbarrieren – v. a. für Intermediäre – sehr hoch sein, sobald sich ein einziger oder ein paar wenige Marktteilnehmer etablieren und damit Marktmacht aufbauen konnten (vgl. z. B. Corsten 2003, S. 64f.; Wamser 2001, S. 55). Für Anbieter besteht dann die Gefahr, dass sich ein Marktplatzbetreiber auf Basis seiner Marktmacht diskriminierend verhält, v. a. wenn er selbst auch als Anbieter auftritt (vgl. Steyer 1998, S. 7).

Effizienz elektronischer Märkte

Verbunden mit der Vollkommenheit und der Konkurrenz auf Märkten ist die Markteffizienz. Bevor näher auf diesen Zusammenhang eingegangen werden kann, muss der Begriff der Markteffizienz genauer definiert werden, denn es werden – insbesondere in der Kapitalmarkttheorie – unterschiedliche Formen von Markteffizienz unterschieden:

- **Allokationseffizienz**. Die Allokationseffizienz beschreibt die Optimalität der Verteilung der verfügbaren Ressourcen in einer Gesellschaft, wobei als Kriterium meist die Pareto-Effizienz herangezogen wird (diese ist erreicht, sobald durch eine Umverteilung von Ressourcen niemand mehr bessergestellt werden kann, ohne jemanden schlechterzustellen) (vgl. Bienert 1996, S. 15; Varian 2004, S. 14f.). Die Effizienz der Allokation kann sich neben Gütern und Kapital auch auf Risiko beziehen (vgl. Bienert 1996, S. 17; Varian 2004, S. 237).

- **Bewertungs- und Informationseffizienz**. Liegt Bewertungseffizienz vor, spiegeln die Preise von Handelsobjekten stets ihren tatsächlichen Wert (bei Gütern z. B. die Qualität oder im Falle von Aktien den Barwert) wider, so dass die gleichen Produkte überall die gleichen Preise haben (vgl. Bienert 1996, S. 19; Tobin 1984, S. 2; Unser/Oehler 1997, S. 367). Eng damit verbunden und vor allem auf Kapitalmärkten relevant ist die Informationseffizienz. Diese gibt an, ob bzw. wie schnell sich verfügbare Informationen im Preis der Handelsobjekte niederschlagen (vgl. Bienert 1996, S. 24ff.; Fama 1970, S. 383; Fama 1991, S. 1575; Lion 1989, S. 64ff.; Strong/Walker 1987, S. 122ff.). Liegt Informationseffizienz vor, werden uninformierte Marktteilnehmer nicht benachteiligt. In der Literatur zur Kapitalmarkttheorie wird v. a. die Informationseffizienz untersucht und dort oftmals lediglich als Markteffizienz bezeichnet (vgl. Dimson/Mussavian 1998, S. 91).

- **Transaktionseffizienz.** Die Transaktionseffizienz – in der Kapitalmarkttheorie auch "interne Effizienz", "operative Effizienz" oder "Verfahrenseffizienz" genannt – ist unmittelbar verbunden mit dem Konzept der Transaktionskosten: je niedriger die Transaktionskosten, desto höher die Transaktionseffizienz (vgl. Bienert 1996, S. 28ff.; Dimson/Mussavian 1998, S. 91).

Welcher Zusammenhang besteht zwischen der Vollkommenheit und der Effizienz von Märkten? Transaktionseffizienz resultiert direkt aus der Vollkommenheit eines Marktes, da diese per Definition mit null Transaktionskosten verbunden ist (siehe oben). Auch ergibt sich aus einer Annäherung an einen vollkommenen Markt auf Grund der vorliegenden vollständigen Transparenz eine Erhöhung der Bewertungs- und Informationseffizienz – allerdings nur unter der Annahme, dass Unternehmen keine Marktmacht besitzen und daher ausreichende Konkurrenz vorherrscht. Bewertungs- und Informationseffizienz sind wiederum Voraussetzung für Allokationseffizienz (vgl. Bienert 1996, S. 31f.). Zusammenfassend kann also festgestellt werden, dass zunehmende Marktvollkommenheit und Konkurrenz eine Erhöhung der Markteffizienz zur Folge haben wird.

Wie die kontroverse Diskussion um die Vollkommenheit von und Wettbewerbsintensität auf elektronischen Märkten bereits vermuten lässt, weisen empirische Untersuchungen nicht eindeutig darauf hin, dass die Effizienz elektronischer Märkte höher als die konventioneller Märkte ist. So können auf elektronischen Märkten z. B. nicht immer geringere Preisunterschiede zwischen gleichartigen Gütern festgestellt werden (vgl. z. B. Clemons/Hann/Hitt 2002, S. 545; Pan/Ratchford/Shankar 2002, S. 442f.; Smith/Bailey/Brynjolfsson 2000, S. 104ff.). Auch liegt das Preisniveau nicht immer unter dem konventioneller Märkte (vgl. z. B. Picot/Reichwald/Wigand 2001, S. 374;

Smith/Bailey/Brynjolfsson 2000, S. 100). Neben den oben erläuterten Argumenten gegen die Vollkommenheit von elektronischen Märkten und eine höhere Wettbewerbsintensität kann dies jedoch auch daran liegen, dass elektronische Märkte noch relativ jung sind oder bisher nur bestimmte Kundensegmente anziehen (vgl. z. B. Picot/Reichwald/Wigand 2001, S. 374).

2.4 Stand der Wissenschaft zum Einfluss von E-Commerce auf Intermediation

2.4.1 Einleitung

Die Tragweite der durch IuK-Technologien induzierten Änderungen der Industriestruktur wird oftmals mit der industriellen Revolution verglichen (vgl. z. B. Schmid 2002, S. 236; Staehle/Conrad/Sydow 1999, S. 627; Weiber 2000, S. 5ff.). Diese Änderungen können viele Formen annehmen und sowohl auf der Ebene einer einzelnen Wertschöpfungsstufe bzw. eines einzelnen Marktes als auch auf der Ebene des gesamten Wertschöpfungssystems auftreten.[60] Der Einfluss von E-Commerce auf die Gestalt von Märkten wurde in Abschnitt 2.3.2 diskutiert. Der Einfluss auf einzelne Wertschöpfungsstufen lässt sich beispielsweise anhand der Branchenstrukturanalyse von *Porter* ableiten (vgl. z. B. Haertsch 2000, S. 124ff.; Heger 2003, S. 79ff.; Porter 2001, S. 66ff.; Schertler 1994b, S. 5f.; Wamser 2001, S. 48ff.). Die Betrachtungsebene des gesamten vertikalen Wertschöpfungssystems nahmen als erstes *Malone*, *Yates* und *Benjamin* ein, indem sie eine Verschiebung vom Koordinationsmechanismus Hierarchie zu Markt prognostizierten und damit die "Move to the Market"-Hypothese aufstellten (vgl. Malone/Yates/Benjamin 1987, S. 489f.). Die Thematik "Markt vs. Hierarchie" wurde später vielfach wieder aufgegriffen, so z. B. auch von *Clemons*, *Reddi* und *Row* (vgl. Clemons/Reddi/Row 1993). Die Autoren prognostizierten zwar ebenso eine zunehmende Auslagerung von Aktivitäten, allerdings mit einer geringen Anzahl von Lieferanten, und argumentierten deshalb für einen "Move to the Middle". Die in diesen Beiträgen unterstützte Hypothese einer zunehmenden vertikalen Desintegration durch IT bzw. E-Commerce wurde später von vielen Autoren wieder aufgegriffen, z. B. unter anderen Begriffen wie "unbundling" (Hagel/Singer 1999, S. 133) oder "deconstruction"

---

[60] Das Wertschöpfungssystem beschreibt den Leistungserstellungsprozess auf der Ebene der Gesamtindustrie (vgl. Porter 2000, S. 63ff.). Elemente des Wertschöpfungssystems sind sämtliche am industriellen Leistungserstellungsprozess beteiligten Unternehmen. Ein Wertschöpfungssystem besteht aus mehreren, vertikal aufeinander folgenden Wertschöpfungsstufen.

(Evans/Wurster 1997, S. 74; Evans/Wurster 1999, S. 94; Evans/Wurster 2000, S. 39).[61] Im Rahmen der Untersuchung des Einflusses von E-Commerce auf vertikale Industriestrukturen stellt seit Mitte der 90er Jahre *Intermediation* einen häufig betrachteten Teilaspekt dar.[62] Im Laufe der Zeit wurden dabei unterschiedliche Hypothesen und Szenarien entwickelt, v. a. Disintermediation, Cybermediation und Reintermediation. In den nachfolgenden Abschnitten werden diese erläutert.

2.4.2 Disintermediation

Im Rahmen der Literatur zu E-Commerce wurde häufig "Disintermediation" prognostiziert, also die Ausschaltung von Intermediären (vgl. z. B. Benjamin/Wigand 1995, S. 68; Evans/Wurster 2000, S. 69ff.; Tapscott 1996, S. 78ff.; Wigand/Benjamin 1995, n. p.). Disintermediation ist allerdings kein Phänomen, welches zum ersten Mal im Rahmen von E-Commerce untersucht wird – vielmehr ist die Diskussion dadurch nur neu entfacht und notwendig geworden. Denn der Begriff "Disintermediation" wurde bereits Ende der 60er Jahren verwendet, um Änderungen in der Finanzindustrie zu beschreiben (und zwar das Auftreten von Finanzinvestitionen ohne Inanspruchnahme von Banken als klassische Finanzintermediäre) (vgl. Gellman 1996, S. 1). Unter welchen Bedingungen Handelsbetriebe ausgeschaltet werden können, wird in der Handelsbetriebslehre ebenfalls schon seit mehreren Jahrzehnten und unabhängig von E-Commerce diskutiert, wenn auch nicht unter dem Begriff Disintermediation (vgl. Gümbel 1985, S. 150; Tietz 1993a, S. 15ff.).

Definition und Begriffsabgrenzung

In der Literatur sind unterschiedliche Definitionen von Disintermediation vorzufinden. *Wigand* definiert Disintermediation im Jahre 1997 z. B. als "the displacement or elimination of market intermediaries, enabling [suppliers] direct trade with buyers and consumers without

---

61 Die vertikale Disaggregation wird dabei in der Regel mit sinkenden Transaktionskosten ("Interaktionskosten") begründet (vgl. Butler et al. 1997, S. 6; Hagel/Singer 1999, S. 133). Ausführlichere Untersuchungen zum Einfluss von Informationstechnologie auf die vertikale Industriestruktur liefern z. B. Bauer 1997 und Schuler 2002.

62 Z. B. in Choi/Stahl/Whinston 1997, S. 155ff.; Evans/Wurster 2000, S. 69ff.; Merz 2002, S. 133ff.; OECD 1999, S. 64ff.; Tapscott 1996, S. 78ff.; Wamser 2001, S. 51ff.; Watson et al. 2000, S. 7ff.; Wiedmann/Frenzel 2000, S. 35ff.; Wigand 1997, S. 4. Beiträge, die sich hauptsächlich oder ausschließlich mit dem Einfluss von E-Commerce auf Intermediation befassen, sind v. a. Bailey/Bakos 1997; Bailey 1998; Benjamin/Wigand 1995; Buxmann/Gebauer 1998; Chircu 2001; Chircu/Kauffman 1999b; Gellman 1996; Giaglis/Klein/O'Keefe 1999; Giaglis/Klein/O'Keefe 2002; Hunziker 2003; Jin/Robey 1999; Palvia/Vemuri 1999; Resnick/Zeckhauser/Avery 1995; Sarkar/Butler/Steinfield 1995; Sarkar/Butler/Steinfield 1998; Schoder 2000; Sen/King 2003; Wigand/Benjamin 1995; Wimmer/Townsend/Chezum 2000.

agents" (Wigand 1997, S. 4).[63] Er bezeichnet damit also den Übergang von einer Wertschöpfungsstruktur *mit Intermediär* zu einer Struktur *ohne Intermediär*. Bei einigen anderen, später entstandenen Definitionen wird dagegen auch dann von Disintermediation gesprochen, wenn ein *traditioneller* Intermediär durch einen *neuen, elektronischen* Intermediär ersetzt wird: "Disintermediation involves the *replacement* of traditional trading mechanisms with alternate trading mechanisms that can be managed either by suppliers or by new, IT-enabled intermediaries (resulting in *intermediatied electronic markets*)" (Chircu 2001, S. 4). Nicht zuletzt auf Grund der sprachlichen Bedeutung des Wortes "Disintermediation" erscheint bei dieser Definition allerdings nicht einleuchtend, dass auch Prozesse eingeschlossen sind, die zu einem "intermediated market" mit genauso vielen Intermediären wie vorher führen. Aus diesem Grund wird für diese Arbeit die erste Definition von *Wigand* als Grundlage herangezogen. Die Definition wird allerdings konkretisiert und es wird auch dann von Disintermediation gesprochen, wenn nach der Strukturveränderung weiterhin noch Intermediäre bestehen, sich deren Anzahl aber verringert hat (z. B. die Eliminierung des Großhandels bei Weiterbestehen des Einzelhandels).[64] Das Ergebnis eines Disintermediationsprozesses muss daher nicht unbedingt der direkte Handel zwischen Produzent und Endkonsument sein. Allgemein formuliert entsteht durch Disintermediation ein direkter Handel zwischen den beiden bisher dem Intermediär vertikal vor- und nachgelagerten Marktteilnehmern. Das dem Intermediär vertikal vorgelagerte Unternehmen kann als "Upstream-Unternehmen" und das nachgelagerte Unternehmen als "Downstream-Unternehmen" bezeichnet werden (z. B. Fell 2000, S. 4). Die vorangegangenen Ausführungen spiegeln sich in der folgenden Arbeitsdefinition von Disintermediation wider:

> ***Disintermediation*** wird definiert als die Ausschaltung bzw. Umgehung eines Intermediärs, aus der sich ein direkter Leistungsaustausch zwischen dem bisher dem Intermediär im Wertschöpfungssystem vertikal vorgelagerten Unternehmen (Upstream-Unternehmen) einerseits sowie dem nachgelagerten Marktteilnehmer (Downstream-Unternehmung oder Endkunde) andererseits ergibt.

Disintermediation hängt eng mit dem Phänomen vertikaler Integration zusammen, denn auch dort ergibt sich meist eine Eliminierung selbständiger Marktteilnehmer entlang des vertikalen

---

[63] Vgl. für eine ähnliche Definition z. B. Fingleton 1997, S. 552.

[64] Das gleiche Verständnis findet sich z. B. wieder in Schoder 2003a, S. 75f.

Wertschöpfungssystems.[65] Trotz des engen Zusammenhangs zwischen vertikaler Integration und Disintermediation wird in der Literatur jedoch keine präzise Abgrenzung vorgenommen. Diese ist jedoch erforderlich und hilfreich, um das Phänomen Disintermediation genauer zu verstehen, und soll daher im Folgenden erarbeitet werden.

Disintermediation kann sich daraus ergeben, dass (1) alle Aktivitäten des Intermediärs auf Grund neuer Rahmenbedingungen obsolet werden und/oder dass (2) die im Wertschöpfungssystem vertikal vor- und/oder nachgelagerten Marktteilnehmer die bisher vom Intermediär ausgeführten Aktivitäten selbst übernehmen. Im ersten Fall ist vertikale Integration keine Voraussetzung für Disintermediation. Angesichts der vielfältigen in Abschnitt 2.2.2 dargelegten Intermediärsfunktionen dürfte jedoch meistens das zweite Szenario auftreten, und dann geht Disintermediation zwingend mit vertikaler Integration einher. Denn die weiterhin relevanten Intermediationsaktivitäten müssen zur Ermöglichung der Disintermediation vom Upstream- oder Downstream-Unternehmen übernommen werden (vgl. Churchill 1998, S. 368; Tietz 1993a, S. 15; Zikmund/D'Amico 1986, S. 315) (siehe Abbildung 5). Durch deren Übernahme der entsprechenden Tätigkeiten entsteht eine hierarchische Beziehung zwischen ehemals "desintegrierten" Aktivitäten, was einer vertikalen Integration entspricht.

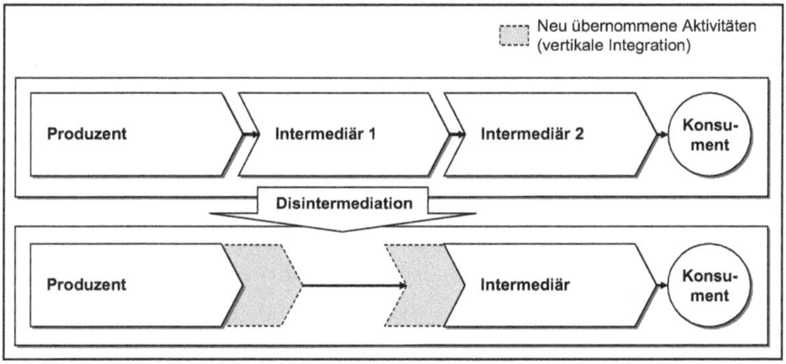

Abbildung 5: Disintermediation dargestellt anhand des Wertschöpfungssystems

(Quelle: Eigene Darstellung)

[65] Vertikale Integration bezeichnet die Veränderung der Koordinationsform zwischen zwei in der Wertschöpfungskette vertikal aufeinander folgenden Aktivitäten (bzw. den entsprechenden Unternehmungen), wobei *marktähnliche* Austauschbeziehungen (mit weitgehend unabhängiger Steuerung) abgelöst werden durch aufeinander abgestimmte ("integrierte") und in der Regel firmeninterne (also *hierarchische*) Austauschbeziehungen (eigene Definition basierend auf Perry 1989, S. 185ff.).

Um die Abgrenzung zwischen vertikaler Integration und Disintermediation zu vervollständigen, ist auch die umgekehrte Betrachtung erforderlich. Es stellt sich also die Frage nach den Voraussetzungen dafür, dass vertikale Integrationsprozesse als Disintermediation bezeichnet werden können. Aus der obigen Arbeitsdefinition können drei Voraussetzungen abgeleitet werden:

- Aus der vertikalen Integration muss sich eine vollständige Ausschaltung oder Umgehung eines Marktteilnehmers ergeben. Es reicht nicht aus, wenn die Aktivitäten eines Intermediärs lediglich beschnitten werden und das Unternehmen deshalb weiterhin bestehen bleibt.
- Es muss sich bei dem ausgeschalteten bzw. umgangenen Marktteilnehmer um einen Intermediär handeln.
- Die Akquisition eines Intermediärs durch das Upstream- oder Downstream-Unternehmen stellt keine Disintermediation dar, da in diesem Fall die Leistungen des Intermediärs weiterhin erbracht werden und nicht von einer "Ausschaltung" bzw. "Umgehung" gesprochen werden kann.

Diskussion der Disintermediationshypothese in der Literatur

Der erste Beitrag, der Disintermediation durch E-Commerce direkt adressiert hat, wurde 1995 von *Benjamin* und *Wigand* veröffentlicht. Die Autoren kommen auf Basis der Transaktionskostentheorie und anhand des Beispiels der Textilindustrie zu dem Schluss, dass durch das Internet die durch Intermediäre verursachten Kosten eingespart werden können, wenn Produzent und Kunde diese umgehen (vgl. Benjamin/Wigand 1995, S. 68; Wigand/Benjamin 1995, n. p.). Als Beispiel führen die Autoren die Textilindustrie (T-Shirts) an und argumentieren, dass der auf Groß- und Einzelhändler entfallende Kostenanteil von 62 Prozent eingespart werden könnte (ebd.). Dies basiert auf der Annahme, dass durch das Internet und die damit einhergehende Absenkung der Transaktionskosten (siehe Abschnitt 2.3.2) sämtliche Aktivitäten der Groß- und Einzelhändler entweder obsolet werden oder quasi zu Nullkosten von Produzent und Abnehmer übernommen werden können. In einer Welt ohne signifikante Transaktionskosten ist kein Platz mehr für Intermediäre. Branchen, die oftmals mit der Disintermediationshypothese in Verbindung gebracht wurden, umfassen z. B.

den Tourismus[66] (Umgehung von Reiseveranstaltern/Reisebüros), die Finanzbranche[67] (Umgehung von Banken) oder die Computerbranche[68] (Umgehung des PC-Handels). Oftmals wird festgestellt, dass v. a. intangible und digitalisierbare Produkte (z. B. Dienstleistungen, Informationen, Software und Musik) betroffen sind (vgl. Giaglis/Klein/O'Keefe 2002, S. 241f.; Merz 2002, S. 134f.; Watson et al. 2000, S. 8f.; Wyckoff 1997, S. 6f.).

Kritik an der Disintermediationshypothese wurde bereits kurz nach ihrer Formulierung geäußert. Dabei wurde weniger in Frage gestellt, dass Disintermediation in einigen Fällen eine Folge von E-Commerce sein kann, vielmehr wurden v. a. die vereinfachende Argumentationslogik und die getroffenen Annahmen hinterfragt. Eine Analyse der Literatur ergibt, dass sich verschiedene Kritikpunkte differenzieren lassen, wobei ein Großteil der Argumente bereits im Jahre 1995 in einem vielzitierten Beitrag von *Sarkar*, *Butler* und *Steinfield* genannt wurde (vgl. Sarkar/Butler/Steinfield 1995):

- **Überschätzung der Transaktionskostenabsenkung**. Zunehmend wurde erkannt, dass Transaktionskosten durch E-Commerce *nicht* wie ursprünglich angenommen quasi auf null absinken (siehe dazu Abschnitt 2.3.2). Intermediäre können ggf. weiterhin Mehrwert stiften, indem sie Transaktionskosten senken.

		Im traditionellen Markt	
		Direktaustausch effizienter	Intermediation effizienter
Im elektr. Markt	Direktaustausch effizienter	*Weder Disintermediation noch Entstehung von Intermediation*	**Disintermediation im elektr. Markt**
	Intermediation effizienter	**Entstehung von Intermediation im elektr. Markt**	**Fortbestand/ Entstehung von Intermediation im elektr. Markt**

Abbildung 6: Voraussetzungen für Disintermediation nach Sarkar/Butler/Steinfield

(Quelle: in Anlehnung an Sarkar/Butler/Steinfield 1995, n. p.)

66 Siehe z. B. Klein 2002; Lewis/Talalayevsky 1997; McCubbrey 1999; Rohte 1994; Werthner/Klein 1999a.

67 Siehe z. B. Gellman 1996, S. 1f.; Hunziker 2003, S. 71ff.

68 Siehe z. B. Jallat/Capek 2001, S. 57f.; Scott 2000, n. p.

- **Keine Berücksichtigung einer gleichzeitigen Senkung der Intermediationskosten.** *Benjamin* und *Wigand* gehen davon aus, dass die Transaktionskosten des Direktvertriebs durch E-Commerce sinken (vgl. Benjamin/Wigand 1995, S. 68; Wigand/Benjamin 1995, n. p.). Wie *Sarkar*, *Butler* und *Steinfield* feststellen, wird dabei jedoch vernachlässigt, dass durch E-Commerce auch die Kosten der Intermediation sinken dürften, so dass relativ gesehen eine Industriestruktur mit Intermediär auch weiterhin effizienter sein kann (vgl. Sarkar/Butler/Steinfield 1995, n. p.; Sarkar/Butler/Steinfield 1998, S. 216). Es fehlte also eine relative Betrachtungsweise, wie sie in Abbildung 6 dargestellt ist. Dabei wird deutlich, dass es nur dann zu Disintermediation kommt, wenn traditionell ein Kostenvorteil für Intermediation vorhanden war und dieser durch E-Commerce verloren geht (die Matrix zeigt auch, dass theoretisch genau die umgekehrte Entwicklung eintreten kann, nämlich dass erst durch E-Commerce ein Effizienzvorteil für Intermediation entstehen kann und es somit zu einem Intermediationsprozess kommt).

- **Fehlende Rollenbetrachtung.** *Benjamin* und *Wigand* gehen in ihren Ausführungen nicht detailliert auf die verschiedenen Aktivitäten und Rollen von Intermediären ein, sondern weisen ihnen auf eher abstrakter Ebene eine Koordinationsrolle zu (vgl. Benjamin/Wigand 1995, S. 70; Wigand/Benjamin 1995, n. p.). Damit werden die verschiedenen Arten von Mehrwert, die Intermediäre stiften können, nicht ausreichend berücksichtigt (vgl. Gallaugher 2002, S. 89ff.). Von vielen Autoren wurde daher eine detailliertere Analyse auf der Ebene einzelner Rollen gefordert, als erstes von *Sarkar*, *Butler* und *Steinfield* bereits 1995: "Rather than the highly abstracted view of intermediaries as providing a single unified service known as 'coordination', the roles of intermediaries must be considered in more detail in order to understand the impact of the [Internet]" (Sarkar/Butler/Steinfield 1995, n. p.). Durch die von *Benjamin* und *Wigand* angewandte Vereinfachung entsteht der Eindruck, dass alle Aktivitäten eines Intermediärs gleichermaßen von E-Commerce betroffen sind. Dies trifft jedoch nicht zu, wie mittlerweile in einer Vielzahl von Beiträgen gezeigt werden konnte (vgl. z. B. Brousseau 2002, S. 361ff., Buxmann/Gebauer 1998, n. p., Jin/Robey 1999, S. 48ff., Palvia/Vemuri 1999, S. 124, Schmitz 2000, n. p., Wimmer/Townsend/Chezum 2000, S. 411ff.). Zahlreiche Intermediärsfunktionen bleiben weitgehend unberührt und Intermediäre können somit durch die Ausübung dieser Funktionen auch in Zukunft ggf. noch Mehrwert schaffen. Einige Autoren argumentieren auch, dass nicht nur traditionelle Intermediationsfunktionen bestehen bleiben, sondern durch E-Commerce auch *neue*

Rollen für Intermediäre entstehen (siehe dazu auch Abschnitt 2.2.2.5). Die Thematik "Vertrauen" nimmt dabei einen besonders großen Stellenwert in der Literatur ein. So wird z. B. argumentiert, dass der Schutz gegen opportunistisches Verhalten in elektronischen Märkten wichtiger ist als in traditionellen Märkten (vgl. Giaglis/Klein/O'Keefe 2002, S. 239), dass sich in elektronischen Märkten die Qualitätsungewissheit eher vergrößert (vgl. Choi/Stahl/Whinston 1998, S. 20) und dass bei elektronischen Transaktionen erhebliche zu lösende Sicherheitsprobleme bestehen können (vgl. Schoder 2003a, S. 77; Schoder/Müller 1999, S. 606).[69] Intermediäre sind oftmals in der Lage, diese Probleme effektiver und effizienter zu lösen als Produzenten (siehe Abschnitt 2.2.2) und können somit auch in elektronischen Märkten eine effizienzsteigernde bzw. transaktionskosten-senkende Wirkung haben.

- **Beschränkung auf die Transaktionskostentheorie**. Andere Ansätze als die Transaktionskostentheorie werden von Vertretern der Disintermediationshypothese kaum herangezogen. Da für Disintermediation in der Regel eine Übernahme neuer Aktivitäten und Funktionen für bestimmte Marktteilnehmer erforderlich ist, erscheint jedoch z. B. eine Untersuchung der verfügbaren Kompetenzen und damit eine Einbeziehung wissensbasierter Ansätze (siehe Abschnitt 2.1.4.2) als sinnvoll. *Sarkar*, *Butler* und *Steinfield* stellen dazu fest: "Since a producer firm is likely to have developed competencies in *producing*, it is more likely to pursue diversification in its core area of competence rather than move into *distribution*, which requires a very different skill set. In electronic marketplaces, the need for special skill sets is even more pronounced" (Sarkar/Butler/Steinfield 1998, S. 217).[70] Für die Schaffung eines ganzheitlichen Verständnisses müssen also neben der reinen Transaktionskostenökonomik weitere Theorien und Ansätze herangezogen werden (siehe für eine Darstellung verschiedener relevanter Ansätze z. B. Jin/Robey 1999, S. 8ff.; Schoder 2000, S. 44ff.).

Diese Kritikpunkte machen deutlich, dass die Analyse von *Benjamin* und *Wigand* das Phänomen Disintermediation zu vereinfachend betrachtet hat. Im Rahmen der Entwicklung der Methodik in Kapitel 3 müssen diese Punkte entsprechend berücksichtigt werden. Es kann auch festgestellt werden, dass einige der neueren Beiträge zu Disintermediation die genannten

---

69 Siehe für weitere Quellen, in denen die besondere Bedeutung von Vertrauen im Rahmen von Electronic Commerce diskutiert wird, u. a. Bailey 1998, S. 39, Chircu/Davis/Kauffman 2000, S. 1; Grabner-Kraeuter 2002; Licharz 2002; Merz 2002, S. 103ff.; Palmer/Bailey/Faraj 2000.

70 Eine Berücksichtigung des Aspekts Wissen fordern z. B. auch *Jin* und *Robey* (vgl. Jin/Robey 1999, S. 8).

Kritikpunkte zumindest teilweise berücksichtigen – v. a. die Notwendigkeit einer Betrachtung einzelner Rollen (vgl. z. B. Brousseau 2002, S. 356ff.; Giaglis/Klein/O'Keefe 2002, S. 233ff., Hunziker 2003, S. 32ff., Jallat/Capek 2001, S. 56f., Palvia/Vemuri 1999, S. 121f., Schmitz 2000, n. p., Wimmer/Townsend/Chezum 2000, S. 409ff.).

2.4.3 Cybermediation

Die Kritiker der Disintermediationshypothese nehmen an, dass Intermediäre auch in elektronischen Märkten eine bedeutende Rolle spielen werden. Sie gehen allerdings auch davon aus, dass E-Commerce einen nachhaltigen Einfluss auf die *Art und Weise* der Intermediation ausübt. Es stellt sich also die Frage, *wie* Intermediation in elektronischen Märkten aussieht. Im Rahmen dieser Thematik wurden 1995 von *Sarkar*, *Butler* und *Steinfield* die Begriffe "Cybermediation" und "Cybermediäre" eingeführt. Während Cybermediation einen Veränderungsprozess von Industrien bzw. Branchen beschreibt, handelt es sich bei Cybermediären um eine spezielle Form von Intermediären, die bei diesem Veränderungsprozess entsteht.

Unter welchen Bedingungen ist ein Intermediär als Cybermediär zu bezeichnen? Zunächst einmal ist festzustellen, dass Cybermediäre im Gegensatz zu traditionellen Intermediären in elektronischen Märkten agieren: "Cybermediaries are organizations that operate in electronic markets to facilitate exchanges between producers and consumers by meeting the needs of both producers and consumers" (Sarkar/Butler/Steinfield 1998, S. 215).[71] Der Mehrwert von Cybermediären wird dabei wie bei traditionellen Intermediären hauptsächlich in der Effizienzsteigerung gesehen: "Cybermediaries also increase the efficiency of electronic market, in a role similar to intermediaries, by aggregating transactions to create economies of scale and scope" (Sarkar/Butler/Steinfield 1998, S. 215). Allerdings wird mit Cybermediären auch eine *Neuartigkeit* verbunden, und zwar hinsichtlich der Art und Weise der Ausführung von Intermediation: "Although the *need* for the channel functions [...] remains strong, the *form* of organizations providing the services may change" (Sarkar/Butler/Steinfield 1998, S. 217). Oder wie *Giaglis*, *Klein* und *O'Keefe* mit anderen Worten feststellen: "The advent of electronic markets will create unprecedented opportunities for wholly new types of intermediaries that will provide the necessary infrastructure support for those market functions that will be restructured in the electronic commerce world." (Giaglis/Klein/O'Keefe 2002, S. 12).

Basierend auf den vorangegangenen Ausführungen werden die Begriffe Cybermediation und Cybermediär für diese Arbeit folgendermaßen definiert:

> ***Cybermediation*** wird definiert als die Entstehung von Intermediären in elektronischen Märkten (so genannten Cybermediären), welche sich in der Regel durch eine Neuartigkeit bezüglich der Struktur der Intermediation auszeichnen.[72]

Wie festgestellt wurde, zeichnen sich Cybermediäre in der Regel durch eine Neuartigkeit bezüglich der Struktur der Intermediation aus. Dabei werden in der Literatur zwei potenzielle Effekte diskutiert, nämlich

1. dass ein Cybermediär die Intermediationsaktivitäten anders ausführt als ein traditioneller Intermediär und
2. dass sich die verschiedenen Intermediationsfunktionen im Sinne einer Rekonfiguration der Wertschöpfungskette entbündeln oder bündeln (Disaggregation vs. Reaggregation).

Auf beide Effekte wird im Rahmen der Entwicklung der Analysemethodik genauer eingegangen (siehe Abschnitt 3.4.3). Einige allgemeine Beispiele für Cybermediäre nennen *Sarkar*, *Butler* und *Steinfield* bereits 1995, so z. B. "Search services", "Malls", "Virtual Resellers" und "Web Site Evaluators" (vgl. Sarkar/Butler/Steinfield 1995, n. p.).[73] In einer Reihe von wissenschaftlichen Beiträgen zu Cybermediation wurden auch spezifische Industrien untersucht, besonders häufig die Immobilienbranche sowie Tourismus. So untersuchten *Buxmann* und *Gebauer* sowie *Wimmer*, *Townsend* und *Chezum* z. B. die Entstehung elektronischer Marktplätze in der Immobilienbranche und deren potenzielle Auswirkungen auf traditionelle Immobilienmakler (vgl. Buxmann/Gebauer 1998, S. 6ff.; Wimmer/Townsend/Chezum 2000, S. 411f.). Für den Tourismus liefern z. B. *Werthner* und *Klein* eine Darstellung internetbasierter Geschäftsmodelle, inklusive destinationsorienterter elektronischer Marktplätze wie *Tiscover* oder Internet-Reisebüros wie *Expedia* (vgl.

---

71 Ähnlich auch bereits 1995: Cybermediäre sind "organizations that perform the mediating tasks in the world of economic commerce" (Sarkar/Butler/Steinfield 1995, n. p.).

72 Es soll an dieser Stelle nicht unerwähnt bleiben, dass einige Autoren die Bezeichnung Cybermediation im Gegensatz zum Verständnis in dieser Arbeit nicht verwenden, wenn (elektronische) Intermediäre in Branchen entstehen, in denen bereits traditionelle Intermediäre agieren (siehe v. a. Sarkar/Butler/Steinfield 1995, n. p.; Giaglis/Klein/O'Keefe 2002, S. 232).

73 Siehe für weitere Beispiele z. B. Hoffman/Novak/Chatterjee 1996, n. p.

Werthner/Klein 1999b, S. 185ff.).[74] Aber auch andere Industrien wurden analysiert, wie etwa die Finanzindustrie (vgl. Wimmer/Townsend/Chezum 2000, S. 413f.), die Automobilindustrie (vgl. Klein/Selz 2000, n. p.), die Computerindustrie (vgl. Scott 2000, n. p.), der Kunst- und Antiquitätenhandel (vgl. Adelaar 2000, n. p.) oder der Handel für Konsumgüter (vgl. Jin/Robey 1999).[75]

2.4.4 Reintermediation

Von der Cybermediation ist die so genannte "Reintermediation" zu unterscheiden, obwohl diese auch mit der Entstehung von Intermediären in elektronischen Märkten verbunden ist. *Wigand* definierte Reintermediation 1997 zunächst folgendermaßen: "The previous intermediary roles [...] may be replaced by an electronic market maker or by value networks [...], which, in turn, enable a *reintermediation*" (Wigand 1997, S. 4). Reintermediation beschreibt nach *Wigand* also allgemein die Entstehung von Intermediären in elektronischen Märkten – diese Definition wäre mit Cybermediation praktisch identisch. *Negroponte* sowie *Giaglis*, *Klein* und *O'Keefe* als auch *Chircu* und *Kauffman* führten allerdings eine engere Definition ein, welche mittlerweile die vorherrschende Sichtweise darstellt (vgl. Negroponte 1997, S. 208; Giaglis/Klein/O'Keefe 1999, S. 12; Chircu/Kauffman 1999a, S. 7). Stellvertretend soll hier die Definition von *Chircu* und *Kauffman* zitiert werden: "By *reintermediation* we mean that process through which a competitor that has once been disintermediated, or pushed out of a profitable market niche as a middleman, is able to compete again as an *electronic commerce-able intermediary*" (Chircu/Kauffman 2000, S. 4). Anhand dieser Definition lassen sich die besonderen Charakteristika der Reintermediation herausstellen:

- Es wird im Gegensatz zur Cybermediation nur dann von Reintermediation gesprochen, wenn ein *traditioneller Intermediär* die neue Rolle des Cybermediärs übernimmt (im Gegensatz zu einem *neuen* bzw. *branchenfremden* Marktteilnehmer). Hiermit wird demnach nicht nur die Frage adressiert, *ob* Cybermediäre entstehen, sondern v. a. auch die Frage, *wer* in den elektronischen Markt eintritt (neuer bzw. branchenfremder Marktteilnehmer vs. traditioneller bzw. etablierter Intermediär).

---

[74] Eine detailliertere Untersuchung hinsichtlich Tourismus erfolgt an späterer Stelle im Rahmen der Anwendung der Methodik auf die Tourismusindustrie (Kapitel 4).

[75] Bezieht man auch die allgemeine Literatur zu E-Commerce mit ein, ist natürlich eine Vielzahl weiterer Beiträge zu finden, in denen die Entstehung von Cybermediären in bestimmten Industrien betrachtet wird – wenn auch nicht unbedingt unter dem Begriff Cybermediation. Deren Analyse würde den Rahmen dieser Arbeit sprengen.

- Es handelt sich bei dem Markteintritt des Intermediärs in elektronische Märkte um die Reaktion auf eine Bedrohung durch Disintermediation oder Cybermediation. Damit werden der zeitliche Aspekt und eine *dynamische Perspektive* eingebracht. Insbesondere *Chircu* und *Kauffman* haben diese Betrachtungsweise eingenommen und dabei den so genannten "Intermediation-Disintermediation-Reintermediation"-Zyklus entwickelt (vgl. Chircu/Kauffman 1999a, S. 8ff.).

Dementsprechend wird Reintermediation im Rahmen dieser Arbeit folgendermaßen definiert:

> ***Reintermediation*** bezeichnet den Eintritt traditioneller, etablierter Intermediäre in elektronische Märkte als Reaktion auf eine drohende oder eingetretene Marktverdrängung durch Electronic Commerce.

Es existieren einige Gründe für das Auftreten von Reintermediation im Gegensatz zu einer Entstehung vollkommen neuer Spieler in elektronischen Märkten. Zum einen kann ein traditioneller, etablierter Intermediär Startvorteile gegenüber neuen Marktteilnehmern haben. Dazu zählen z. B. eine bereits aufgebaute Marke, Produktkenntnisse oder Beziehungen zu Anbietern oder Abnehmern. Zum anderen können auch dauerhafte Synergien zwischen dem traditionellen und dem neuen elektronischen Geschäft existieren. Z. B. kann der Kundennutzen durch eine Integration verschiedener Vertriebskanäle erhöht werden. Ein etablierter Intermediär kann diese Synergien auf Grund seiner bereits vorhandenen Präsenz im konventionellen Markt schneller und einfacher erschließen als ein neuer Marktteilnehmer.[76]

2.4.5 Zusammenfassung und Fazit

Wie dargestellt wurden hinsichtlich des Einflusses von E-Commerce auf Intermediation v. a. seit Mitte der 90er Jahre verschiedene Szenarien diskutiert. Während zu Beginn der Forschungsbemühungen basierend auf einer stark vereinfachende Argumentation beim Übergang zu elektronischen Märkten oftmals Disintermediation prognostizierte wurde, erkannten viele Autoren in den folgenden Jahren die Notwendigkeit einer differenzierteren Betrachtung und diskutierten vermehrt Szenarien, in denen weiterhin Intermediäre agieren. Vertreter der Cybermediationshypothese prophezeiten die Entstehung neuartiger Intermediäre in elektronischen Märkten. Befürworter der Reintermediationshypothese wiesen darauf hin,

---

[76] Auf eine detaillierte Analyse von Startvorteilen und Synergien wird an dieser Stelle verzichtet, da dies im Rahmen der Entwicklung der Analysemethodik geschieht (siehe Abschnitt 3.4).

dass traditionelle Intermediäre auf die Bedrohung durch Disintermediation oder Cybermediation reagieren können, indem sie selbst in den elektronischen Markt eintreten und sich dabei Wettbewerbsvorteile auf Basis ihrer bereits aufgebauten Ressourcen zu Nutze machen können.

Die drei aufgezeigten Szenarien Disintermediation, Cybermediation und Reintermediation erscheinen auf den ersten Blick als komplementär und überschneidungsfrei. Bei genauerer Betrachtung der Definitionen kann jedoch festgestellt werden, dass dies bei Cybermediation und Reintermediation nicht der Fall ist. Dies kann anhand eines Beispiels gezeigt werden. Ein traditioneller, etablierter Intermediär gründet auf Grund möglicher Disintermediation eine neue, innovative Geschäftseinheit, die in elektronischen Märkten operiert. Handelt es sich dabei um Cybermediation oder Reintermediation? Nach den obigen Definitionen sowohl um das eine als auch das andere, denn es entsteht einerseits ein neuartiger, elektronischer Intermediär (Cybermediation) und andererseits tritt ein traditioneller Intermediär in den elektronischen Markt ein (Reintermediation). Cybermediation und Reintermediation sind somit nicht überschneidungsfrei und können nicht als zwei sich ausschließende Alternativen gegenübergestellt werden. Ursache dieser Überschneidung ist, dass verschiedene Dimensionen betrachtet werden. Denn während bei der Frage nach Cybermediation in erster Linie untersucht werden muss, *wie* Intermediation in elektronischen Märkten entsteht, ist bei Reintermediation hauptsächlich die Frage relevant, *wer* in den elektronischen Markt eintritt. Es wird also deutlich, dass drei verschiedene und unabhängige Fragen zu stellen sind:

1. **"Ob-Frage"**: Wird es im elektronischen Markt Intermediation geben? (Bzw. falls traditionelle Intermediäre vorhanden sind: Wird sich Disintermediation ergeben?)
2. **"Wie-Frage"**: Wie wird Intermediation in elektronischen Märkten aussehen? (Bzw. falls traditionelle Intermediäre vorhanden sind: Wie unterscheidet sich Intermediation in elektronischen Märkten von traditioneller Intermediation?)
3. **"Wer-Frage"**: Welcher Marktteilnehmer hat die besten Voraussetzungen bzw. Erfolgsaussichten für die Übernahme der Intermediationsaktivitäten im elektronischen Markt?

Die Differenzierung dieser drei Fragen wird die im folgenden Kapitel zu entwickelnde Analysemethodik prägen. Während die Antworten auf die ersten beiden Fragestellungen die Wertschöpfungsstruktur definieren und eher eine volkswirtschaftliche Perspektive eingenommen wird, adressiert die dritte Frage Wettbewerbsvorteile einzelner Marktteilnehmer und damit eher eine betriebswirtschaftliche Perspektive.

3 Entwicklung einer Analysemethodik zum Einfluss von E-Commerce auf Intermediation

3.1 Konkretisierung der Forschungsfrage

Welchen Einfluss E-Commerce auf die Industriestruktur und damit auf die Struktur der Intermediation hat, hängt von einer Reihe von Einflussfaktoren ab und kann daher nicht pauschal für alle Industrien und Branchen vorausgesagt werden (vgl. Chircu/Kauffman 1999a, S. 8ff.; Giaglis/Klein/O'Keefe 2002, S. 240; Porter 2001, S. 66; Scott 2000, n. p.). Es stellt sich demnach die Frage, unter welchen Bedingungen welche Strukturveränderung eintritt. Eine Analyse der Literatur ergibt, dass bisher kaum Modelle existieren, in denen entsprechende Zusammenhänge erklärt oder abgebildet werden. Eine Ausnahme stellt der Ansatz von *Giaglis*, *Klein* und *O'Keefe* dar (vgl. Giaglis/Klein/O'Keefe 2002). Die Autoren analysieren entlang der Rollen eines Intermediärs potenzielle Unterschiede zwischen elektronischen und traditionellen Märkten und leiten daraus Argumente für Disintermediation, Cybermediation und/oder Reintermediation ab. Diese Vorgehensweise erscheint grundsätzlich als sinnvoll, allerdings erfolgt sie auf relativ hohem Abstraktionsniveau. Wettbewerbsstrategische oder wissensbasierte Aspekte werden zudem praktisch nicht berücksichtigt. Der Beitrag von *Giaglis*, *Klein* und *O'Keefe* kann daher zwar – wie die Autoren auch selbst feststellen – als erster Schritt in Richtung eines Erklärungsmodells verstanden werden, weitere Forschungsbemühungen sind jedoch erforderlich. Ziel dieser Arbeit ist es, an dieser Stelle anzusetzen und durch die Entwicklung einer umfassenden Analysemethodik einen wissenschaftlichen Beitrag zu leisten. Diese Analysemethodik soll zudem betroffene Marktteilnehmer unterstützen, eine Unternehmensstrategie zu entwickeln, und damit ist sie auch in der Praxis relevant.

Davon ausgehend können die Hauptziele dieser Arbeit folgendermaßen definiert werden: (1) die Entwicklung einer Analysemethodik zur Ableitung des Einflusses von E-Commerce auf die Struktur der Intermediation sowie (2) die Prüfung der Anwendbarkeit der Analysemethodik anhand der Tourismusindustrie.

Hauptziel 1: Entwicklung einer Analysemethodik zur Ableitung des Einflusses von E-Commerce auf die Struktur der Intermediation

Mit Hilfe der zu entwickelnden Analysemethodik soll es möglich sein, den Einfluss von E-Commerce auf die Struktur der Intermediation in einem konkreten Anwendungsfall (also für eine konkrete Industrie/Branche) und strategische Implikationen für betroffene Marktteilnehmer abzuleiten. Dazu sollen die drei in Abschnitt 2.4.5 aufgezeigten Kernfragen beantwortet werden können:

1. **"Ob-Frage"**: Wird es im elektronischen Markt Intermediation geben?
2. **"Wie-Frage"**: Wie wird Intermediation in elektronischen Märkten aussehen?
3. **"Wer-Frage"**: Welcher Marktteilnehmer hat die besten Voraussetzungen bzw. Erfolgsaussichten für die Übernahme der Intermediationsaktivitäten im elektronischen Markt?

Bevor diese Fragestellungen behandelt werden können, müssen jedoch einige Grundlagen erarbeitet werden. Denn es muss – aufbauend auf dem derzeitigen Stand der Wissenschaft – ein für den Untersuchungszweck dieser Arbeit geeignetes *Referenzmodell*[77] geschaffen werden, welches (1) darstellt, was ein Intermediär genau macht (die Frage nach seinen Aktivitäten), und (2) die Gründe für seine Existenz und seinen Mehrwert vollständig erfasst. Die Erarbeitung dieses Referenzmodells stellt auf Grund der angestrebten Allgemeingültigkeit auch einen Schritt in Richtung einer Theorie der Intermediation dar. Das Referenzmodell ist elementar für diese Arbeit, da alle weiteren Problemstellungen nur auf dessen Basis bearbeitet werden können.

Bei der Erarbeitung des Referenzmodells soll eine klare Unterscheidung getroffen werden zwischen den *Aktivitäten* eines Intermediärs einerseits und dem daraus resultierenden *Mehrwert* andererseits. In einer Vielzahl von Untersuchungen werden diese beiden Aspekte unter den Begriffen "Funktionen" oder "Rollen" vermischt (vgl. z. B. Sarkar/Butler/Steinfield 1995, n. p.; Sass 1984, S. 62ff.; Schmitz 2000, n. p.). Eine klare Unterscheidung ist aber erstrebenswert und für den Zweck dieser Arbeit notwendig, denn während bei einer Betrachtung der "Ob-Frage" die Frage nach dem Mehrwert bzw. der Daseinsberechtigung in elektronischen Märkten im Vordergrund steht, ist für die Untersuchung der "Wie-Frage" v. a. eine Betrachtung der Aktivitäten von Bedeutung.

Erst nach der Erarbeitung des Referenzmodells kann begonnen werden, die drei Kernfragen zu beantworten. Zu diesem Zweck soll in dieser Arbeit eine Vorgehensweise im Sinne eines

[77] Zweck eines Referenzmodells ist es, einen betrachteten Objektbereich möglichst allgemein darzustellen, um darauf aufbauend auf konkrete Aufgabenstellungen bezogene Problemlösungen zu entwickeln (vgl. Lindemann 2000, S. 25ff.; Remmert 2001, S. 11ff.; Scheer 1998, S. 6). Der Begriff Referenzmodell wird zwar vorwiegend in der Wirtschaftsinformatik angewandt, erscheint in Anbetracht der genannten Definition hier jedoch als geeignet, da das im Rahmen dieser Arbeit zu entwickelnde Modell ebenfalls möglichst allgemein sein muss, um eine Anwendung auf verschiedene Industrien zu ermöglichen.

Leitfadens entwickelt werden, anhand dessen sich die Antworten auf strukturierte Art und Weise ableiten lassen. Das erste Hauptziel (die Entwicklung einer Analysemethodik) lässt sich also in zwei verschiedene Teilziele untergliedern:

- **Teilziel 1a**: Entwicklung eines *Referenzmodells* hinsichtlich (1) der *Aktivitäten* sowie (2) der *Gründe für die Existenz* von Intermediären ("Was machen Intermediäre und aus welchen Gründen existieren sie?")
- **Teilziel 1b**: Entwicklung einer *Vorgehensweise* im Sinne eines Leitfadens, mit dessen Hilfe sich ableiten lässt, welche Veränderungen der Intermediationsstruktur in einem konkreten Anwendungsfall durch E-Commerce zu erwarten sind

Angesichts der hohen Komplexität und Multikausalität von Industriestrukturveränderungen kann natürlich nicht davon ausgegangen werden, dass man mit Hilfe der Analysemethodik zukünftige Veränderungen mit Sicherheit vorhersagen kann. Ziel ist es daher in erster Linie, eine strukturierte Diskussion unter Berücksichtigung möglichst aller relevanten Aspekte zu ermöglichen. Auf Grund der hohen Komplexität erscheinen dabei formale Erklärungsmodelle nicht geeignet, so dass weitgehend auf natürlichsprachliche Modelle zurückgegriffen wird. Die Analysemethodik beschränkt sich auf die Erklärung von durch E-Commerce verursachte Strukturveränderungen im vertikalen Kontext, so dass die folgenden Aspekte *nicht* im Fokus liegen:

- Der Einfluss anderer Einflussfaktoren als E-Commerce (z. B. Regulierung, allgemeine Nachfragetrends oder neue Produktionstechnologien)
- Die Erklärung horizontaler Industriestrukturveränderungen (z. B. eine Veränderung des Konzentrationsgrades innerhalb einer Branche)

Ebenso wird nicht untersucht, inwieweit sich das Produkt überhaupt für den Handel auf elektronischen Märkten eignet. Der Fokus liegt also *nicht* auf der Frage offline vs. online.

Hauptziel 2: Anwendung der Analysemethodik auf die Tourismusindustrie

Um die Anwendbarkeit der Analysemethodik zu prüfen, soll sie auf eine Beispielindustrie angewandt werden. Für diese Arbeit wurde der Ferientourismus ausgewählt (siehe für eine Diskussion der Eignung der Tourismusbranche Abschnitt 4.1.1). Anhand der Analysemethodik sollen bisherige Industriestrukturveränderungen im Tourismus erklärt und zukünftige Veränderungen prognostiziert werden. Die bisherigen Industriestrukturveränderungen sollen anhand von Fallstudien sowie – soweit verfügbar – quantitativen Daten untermauert werden.

Zusammenfassung der Forschungsziele und weiterer Aufbau der Arbeit

Die erläuterten Haupt- und Teilziele dieser Arbeit werden in Abbildung 7 dargestellt. Der weitere Aufbau der Arbeit orientiert sich an den aufgezeigten Haupt- und Teilzielen. In den beiden nachfolgenden Abschnitten wird zunächst das Referenzmodell hinsichtlich Aktivitäten (Abschnitt 3.2) sowie Existenzberechtigung von Intermediären (Abschnitt 3.3) entwickelt. Anschließend wird die Vorgehensweise bzw. die Schrittfolge des Leitfadens erarbeitet (Abschnitt 3.4). Die Anwendung der Analysemethodik auf die Tourismusindustrie erfolgt schließlich in Kapitel 4.

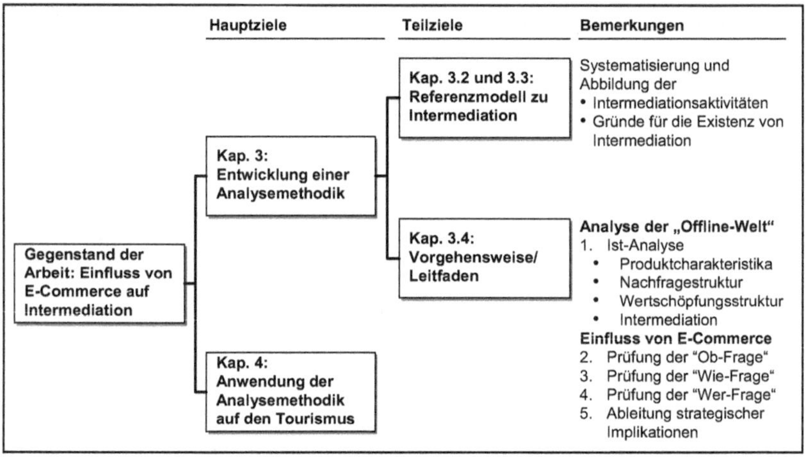

Abbildung 7: Ziele dieser Arbeit

(Quelle: Eigene Darstellung)

3.2 Referenzmodell Teil 1 – Intermediationsaktivitäten

3.2.1 Strukturierung der Intermediationsaktivitäten

Die nachfolgenden Ausführungen widmen sich Teil 1 des Referenzmodells, also den Aktivitäten eines Intermediärs. Die Erarbeitung des Modells basiert auf Abschnitt 2.2 (Stand der Wissenschaft hinsichtlich Intermediation).

Aus den in Abschnitt 2.2.2 vorgestellten Erkenntnissen zur Funktion von Intermediären lässt sich schlussfolgern, dass ein Intermediär eine Transaktion auf drei *Aktionsebenen* unterstützen kann:

1. Informationelle Ebene (Sammlung, Verarbeitung und Distribution von Informationen bzw. Wissen)
2. Rechtlich-finanzielle Ebene (Einkauf/Verkauf von Gütern sowie damit verbundene Aktivitäten wie Kapitalbeschaffung oder Zahlungsabwicklung)
3. Physische Ebene (materielle Aktivitäten wie Transport und Lagerung)

Dass Wertschöpfungsaktivitäten neben einer physischen Ebene stets auch eine informationelle Ebene besitzen, wurde von *Porter* und *Millar* bereits im Jahre 1985 festgestellt (vgl. Porter/Millar 1985, S. 152). *Rayport* und *Sviokla* forderten später auf Grund der gestiegenen Bedeutung von Informationen eine gleichberechtigte Betrachtung der beiden Ebenen: "The value chain model treats information as a supporting element of the value-adding process, not as a source of value itself" (Rayport/Sviokla 1995, S. 76, vgl. zu Information als eigenständigem Erfolgsfaktor auch Weiber/Kollmann 1998, S. 605f.; Weiber/Kollmann 2000, S. 49ff.). Rechtliche und finanzielle Aspekte – v. a. bei Market-Makern relevant – können jedoch keiner der beiden Ebenen zugeordnet werden, so dass eine Erweiterung notwendig ist. Auf Grund ihrer hohen Verflechtung und Interdependenz werden sie zu einer Ebene zusammengefasst, so dass sich drei Aktionsebenen ergeben: eine informationelle, eine physische sowie eine finanziell-rechtliche.[78] Nicht alle Intermediäre operieren auf allen drei Ebenen. Während die informationelle Ebene für alle Intermediäre relevant ist, finden auf der physischen Ebene nur bei materiellen Gütern Aktivitäten statt (mit Ausnahme von Trägermedien für Informationen). Die rechtlich-finanzielle Ebene ist v. a. für Intermediäre relevant, die als Market-Maker agieren und deshalb auf eigene Rechnung Verträge abschließen.

Ausgehend von der Definition von Intermediation - alle Tätigkeiten, welche Transaktionen zwischen Anbieter und Abnehmer durch den Ein- und Verkauf von Gütern oder auf andere Art und Weise unterstützen (siehe Abschnitt 2.2.1) - bietet es sich an, die Aktivitäten eines Intermediärs zusätzlich zu den drei Aktionsebenen entlang der Phasen einer Transaktion (Suche/Anbahnung, Vereinbarung, Abwicklung, Kontrolle/Anpassung) zu strukturieren.[79]

---

[78] Eine ähnliche, aber auf den Handel ausgelegte Unterteilung liefern *Picot* und *Heger*, die zwischen den fünf Funktionen Sortimentsgestaltung, Informationsbeschaffung/-bewertung/-verteilung, physische Distribution, finanzielle Transaktionen sowie Verbunddienstleistungen unterscheiden (vgl. Picot/Heger 2001, S. 130ff.).

[79] In der Realität üben viele Intermediäre nicht nur Intermediationsaktivitäten, sondern auch Produktionsaktivitäten aus (vgl. Abschnitt 2.2.1). Diese müssen zusätzlich berücksichtigt werden, um im konkreten Fall das Disintermediationspotenzial zu prüfen.

Obwohl diese Vorgehensweise nahe liegend erscheint, wird eine derartige Gliederung kaum vorgenommen.

Die systematische Ableitung und Darstellung von Intermediationsaktivitäten anhand der beiden Dimensionen "Aktionsebene" und "Transaktionsphase" ermöglicht eine möglichst vollständige Erfassung (siehe Abbildung 8).[80] Nachfolgend werden die Intermediationsaktivitäten entlang der Aktionsebenen erläutert.

	Aktionsebene		
Transaktionsphasen	**Informationell** (bei allen Intermediären)	**Finanziell-rechtlich** (bei Market-Maker)	**Physisch** (ohne Produktion) (bei materiellem Produkt)
Anbahnung	• **Matching** Koordinierung/Durchführung des Informationsaustausches, z. B. inkl. – Marktforschung – Anbieter-/Abnehmersuche • **Inspektion/Klassifikation**	• **Kapitalbeschaffung** Beschaffung des für den Einkauf/Verkauf notwendigen Kapitals	• **Physische Produktpräsentation** – Aggregation verschiedener Produkte – Sortierung – Präsentation
Vereinbarung	• **Verhandlungsunterstützung** – Moderation von Verhandlungen/Unterstützung der Preisfindung – Vertragsdokumentation	• **Einkauf*/Verkauf** – Festlegung/Verhandlung/ Publikation von Preisen und Konditionen – Übernahme von Risiken und Verfügungsrechten	-
Abwicklung	• **Informationsabwicklung** Koordinierung/Durchführung des Austausches relevanter Informationen – Anbieterseitig – Abnehmerseitig	• **Zahlungsabwicklung** Durchführung von Zahlungen in eigenem Namen – Anbieterseitig* – Abnehmerseitig	• **Logistik (regulär)** – Beschaffung* – Lagerung* – Distribution
Kontrolle/ Anpassung	• **Monitoring/Reporting** – Überprüfung der Vertragserfüllung – Kommunikation der Erkenntnisse an Anbieter und Abnehmer	• **Vertragsanpassung** • **Garantiezahlungen** – Zahlungen an Abnehmer im Garantiefall – Einforderung Rückerstattung durch Anbieter	• **Logistik zwecks Produktanpassung** – Produktannahme – Distribution – Lagerung

* Kann durch den Intermediär zeitlich vorgezogen werden

Abbildung 8: Intermediationsaktivitäten

(Quelle: Eigene Darstellung)

3.2.2 Informationelle Intermediationsaktivitäten

Die am häufigsten untersuchten Intermediationsaktivitäten sind der informationellen Ebene zuzuordnen. Dabei können fünf verschiedene Aktivitäten unterschieden werden:

- **Matching**. Das Matching ist eine sehr umfassende Aufgabe und hat den Zweck, durch die

[80] Bei der Darstellung ist zu beachten, dass nur die Kerntätigkeiten eines Intermediärs enthalten sind, also z. B. keine allgemeinen Managementaufgaben. Außerdem spiegelt sie nicht zwingend die zeitliche Abfolge der Aktivitäten eines Intermediärs wider. Dies liegt v. a. daran, dass bei einem Market-Maker zwei separate Transaktionen stattfinden (eine zwischen Anbieter und Intermediär und eine weitere zwischen Intermediär und Abnehmer) und diese zeitlich oftmals auseinander fallen. Daher kann der Intermediär einige (v. a. anbieterseitige) Aktivitäten zeitlich vorziehen, z. B. die Verhandlung der Einkaufskonditionen, die Beschaffung oder die anbieterseitige Zahlungsabwicklung.

Koordinierung oder Durchführung eines Informationsaustausches Anbieter und Abnehmer mit übereinstimmenden Präferenzen zusammenzuführen sowie Angebot und Nachfrage zeitlich und mengenmäßig aufeinander abzustimmen. Eine reine *Koordinierung* des stattfindenden Informationsaustausches liegt z. B. vor, wenn ein Intermediär Märkte organisiert, die zu festgelegten und bekannten Zeiten stattfinden. Von einer *eigenen Durchführung* des Informationsaustausches kann gesprochen werden, wenn der Intermediär selbst Informationen zu Angebot und Nachfrage aufnimmt, verarbeitet und weiterleitet. Dazu zählen z. B. die Analyse und Schaffung von Transparenz bezüglich Angebot und Nachfrage (z. B. durch Marktforschung), die aktive Suche nach konkreten Anbietern und Nachfragern oder die Bereitstellung und Pflege einer zentralen Datenbank mit Produktinformationen. Zum Matching zählt zudem auch die Koordination bzw. Durchführung eines Informationsaustausches zwischen verschiedenen Anbietern (dies kann z. B. im Falle einer Verbundnachfrage notwendig sein). Durch das Matching unterstützt der Intermediär die Such- bzw. Anbahnungsphase.

- **Inspektion/Klassifikation**. Zur Aktivität Inspektion und Klassifikation zählen die Verifizierung der Eigenschaften von Gütern und die Erstellung einer entsprechenden Klassifizierung (v. a. hinsichtlich der Qualität), aber auch die Prüfung von Eigenschaften der Transaktionspartner selbst (z. B. die Zahlungsbereitschaft oder -fähigkeit des Abnehmers oder die Zuverlässigkeit des Anbieters). Diese Aktivitäten könnten auch unter "Matching" subsumiert werden, sollen auf Grund der hohen Bedeutung jedoch als separate Aktivität herausgestellt werden. Als Inspektion/Klassifikation können Intermediationsaktivitäten nur dann angesehen werden, wenn der Intermediär sich nicht auf die Angaben des Anbieters verlässt, sondern sie vor der Kommunikation an den Abnehmer verifiziert (oder umgekehrt).

- **Verhandlungsunterstützung**. Bei Verhandlungen kann ein Intermediär eine vermittelnde Rolle spielen, z. B. durch Moderation der Verhandlung oder Anbieten von Mechanismen zur Preisfindung (z. B. Auktionen). Zudem kann er Vertragsentwurf und -dokumentation übernehmen. Durch diese Aktivitäten unterstützt er die Vereinbarungsphase.

- **Informationsabwicklung**. Zur Abwicklung der Transaktion können v. a. bei Auftragsproduktionen und Dienstleistungen Informationsflüsse notwendig sein, z. B. zur Festlegung von Produktspezifikationen oder Auslieferungsterminen. Der Intermediär kann diesen Informationsaustausch koordinieren oder durchführen und damit die Abwicklungsphase unterstützen.

- **Monitoring/Reporting**. Die Kontroll- und Anpassungsphase unterstützt ein Intermediär durch die Überprüfung der Vertragserfüllung (Monitoring) und die Weiterleitung der Ergebnisse an den jeweils anderen Transaktionspartner (Reporting). Der Intermediär macht damit transparent, ob die Vertragspflichten eingehalten werden.

3.2.3 Rechtlich-finanzielle Intermediationsaktivitäten

Unter der rechtlich-finanziellen Ebene werden alle Aktivitäten zusammengefasst, die direkte finanzielle oder rechtliche Implikationen für den Intermediär beinhalten. Die rechtlich-finanzielle Ebene ist daher v. a. bei Intermediären relevant, die als Market-Maker agieren, denn durch den Einkauf auf eigene Rechnung gehen Verfügungsrechte und Risiko bis zum Weiterverkauf auf den Intermediär über (rechtlicher Aspekt).[81] Verbunden damit sind Zahlungsströme, an denen der Intermediär direkt beteiligt ist (finanzieller Aspekt). Auf der rechtlich-finanziellen Aktionsebene lassen sich die folgenden Aktivitäten unterscheiden:

- **Kapitalbeschaffung**. Falls der Einkauf zeitlich vor dem Verkauf erfolgt (bzw. der Intermediär den Anbieter bezahlen muss, bevor er vom Abnehmer bezahlt wird), muss der Intermediär ausreichend Kapital zur Finanzierung dieser Zeitperiode beschaffen. Insbesondere bei Anbauprodukten kann dieser Zeitraum sehr lang sein (vgl. Alderson 1954, S. 10).

- **Ein- und Verkauf**. Im Rahmen des Ein- und Verkaufs von Gütern auf eigene Rechnung legt der Intermediär die Ein- und Verkaufspreise sowie -konditionen fest. Er unterstützt damit die Vereinbarungsphase und – aus Perspektive des Gesamtmarktes – den Preisfindungsprozess eines Marktes. Bis zum Verkaufszeitpunkt gehen Verfügungsrechte sowie Risiken auf den Intermediär über.

- **Zahlungsabwicklung**. Aus dem Ein- und Verkauf auf eigene Rechnung ergeben sich zwei Zahlungsströme, an denen der Intermediär zwingend beteiligt ist: eine von Intermediär zu Anbieter und eine weitere von Abnehmer zu Intermediär. Da die Zahlungsströme über den Intermediär laufen, muss er diese verwalten und abwickeln. Die beiden Zahlungen fallen oftmals zeitlich auseinander.

---

[81] Natürlich entstehen auch bei Match-Makern Verträge, da diese eine Dienstleistung gegenüber dem Anbieter und/oder Abnehmer erbringen und die diesbezüglichen Bedingungen geregelt werden müssen. Diese Verträge werden jedoch im Folgenden vernachlässigt, da sie in keinem nennenswerten Bezug zum Mehrwert eines Intermediärs stehen.

- **Vertragsanpassungen.** In der Kontroll- und Anpassungsphase können sich wie grundsätzlich bei Markttransaktionen Vertragsanpassungen ergeben. Operiert ein Intermediär als Market-Maker, ist er an diesen Anpassungen direkt beteiligt.

- **Garantiezahlungen.** Neben Vertragsanpassungen können in der Kontroll- und Anpassungsphase auch Garantiezahlungen auftreten, an denen der Intermediär beteiligt ist – z. B. falls das Gut Mängel aufweist und er in diesem Falle gesetzlich oder vertraglich zu teilweiser oder vollständiger Erstattung des Kaufpreises oder zur Übernahme von Reparaturkosten verpflichtet ist. Garantiezahlungen können auch die Anbieterseite betreffen, denn ggf. ergeben sich Rückerstattungen vom Anbieter an den Intermediär.

3.2.4 Physische Intermediationsaktivitäten

Die physische Ebene ist nur bei materiellen Gütern relevant, also z. B. nicht bei Dienstleistungen oder Informationsprodukten. Wesentliche Aktivitäten sind die folgenden:

- **Physische Produktpräsentation.** Durch die Aggregation und Präsentation von Gütern an einem zentralen Ort wird dem Abnehmer die Möglichkeit verschafft, Produkte vor dem Kauf zu inspizieren und ihre Eigenschaften zu prüfen (z. B. im Supermarkt). Die physische Produktpräsentation erleichtert somit die Anbahnungsphase und stellt das Pendant zur Aktivität Matching auf der informationellen Ebene dar. Bei vorliegender Verbundnachfrage ist neben der Präsentation eine Sortierung der Güter vorteilhaft.

- **Reguläre Logistik.** Von der Präsentation der Güter sind Transport- und Lagerungsaktivitäten zu unterscheiden, die unter dem Begriff Logistik zusammengefasst werden können. Obwohl die Logistik letztlich die Abwicklungsphase unterstützt, können Beschaffung und Lagerung zeitlich vor Beginn der Suche durch den Abnehmer stattfinden. Dies ist durchaus gewünscht, denn Sinn und Zweck der Lagerung ist meist die Verkürzung der Abwicklungsphase durch Immediacy (kein Warten auf das Produkt). Insbesondere im Warenhandel bietet es sich zudem an, die logistischen Aktivitäten mit der Produktpräsentation zu verbinden. Es muss daher beachtet werden, dass die Darstellung in Abbildung 8 nicht zwingend der zeitlichen Reihenfolge der Aktivitäten entspricht.

- **Logistik zwecks Produktanpassung.** Nach Abschluss der regulären Logistik können weitere logistische Aktivitäten auftreten, und zwar falls das Produkt angepasst werden muss (z. B. Reparatur). Erforderliche Teilaktivitäten umfassen die Annahme des Produkts vom Kunden, den Hin- und Rücktransport zwischen Intermediär und Anbieter und ggf. zwischenzeitliche Lagerungen.

3.3 Referenzmodell Teil 2 – Gründe für die Existenz von Intermediation

3.3.1 Einleitung

Nachfolgend sollen die ausgesprochen vielschichtigen Gründe für die Existenz von Intermediation erfasst und dargestellt werden. In der Literatur wurde zwar bereits eine Vielzahl von Gründen genannt (siehe Abschnitt 2.2.2), es ist jedoch trotzdem notwendig, an dieser Stelle ein eigenes Referenzmodell zu schaffen, da die in der Literatur genannten Gründe für die Existenz von Intermediation in einer Vielzahl von Beiträgen verstreut sind. Es mangelt bis dato an einer umfassenden, systematischen und in sich stimmigen Darstellung dieser Gründe.[82]

Es lassen sich zwei grundlegend verschiedene Gründe für die Existenz von Intermediation unterscheiden:

- Die Schaffung von wohlfahrtsökonomischem Mehrwert durch gesteigerte Intermediationseffizienz oder -effektivität (z. B. eine Senkung der Transaktionskosten oder Überwindung von Informationsasymmetrien)
- Unternehmensindividuelle Vorteile aus Sicht der in der Wertschöpfungskette vor- oder nachgelagerten Unternehmung (z. B. Marktmacht-Überlegungen)

Während der erste Punkt eine *volkswirtschaftliche* Perspektive einnimmt und daher v. a. die Vorteile für die Konsumenten betrachtet, werden beim zweiten Punkt *betriebswirtschaftliche* Gründe für die Existenz von Intermediation betrachtet. Auf Grund der unterschiedlichen Natur dieser Gründe wird eine separate Betrachtung vorgenommen (Abschnitte 3.3.2 und 3.3.3).

Wie bereits im Rahmen der Diskussion der Grundlagen zur Intermediation (siehe Abschnitt 2.2.2) deutlich wurde, muss für eine ganzheitliche Betrachtung auf eine Vielzahl verschiedener theoretischer Ansätze zurückgegriffen werden (vgl. Jin/Robey 1999, S. 26f.). Neben den ersten Ansätzen zu einer allgemeinen Theorie der Intermediation (siehe Abschnitt 2.2.2.4) umfasst dies v. a.

---

[82] Selbst umfassende Monographien wie die von *Spulber* enthalten nicht sämtliche Argumente, so werden dort z. B. praktisch keine wettbewerbsstrategischen Gründe für die Existenz von Intermediären diskutiert (vgl. Spulber 1999).

- die *Neue Institutionenökonomik*, v. a. Transaktionskosten- und Principal-Agent-Ansatz (siehe Abschnitt 2.1.3),
- den *informations- und wissensbasierten Ansatz* (siehe Abschnitt 2.1.4),
- die *Handelsbetriebslehre* (siehe Abschnitt 2.2.2.1) sowie
- die Literatur zur *Finanzintermediation* (siehe Abschnitt 2.2.2.2).

Diese Ansätze sind v. a. für die volkswirtschaftliche Sicht entscheidend. Für die betriebswirtschaftliche Sicht werden zudem v. a. die industrieökonomischen Erkenntnisse zu *vertikaler Integration* und Erkenntnisse aus dem *Marketing* herangezogen.

3.3.2 Wohlfahrtsökonomischer Mehrwert durch Effizienz und Effektivität

In einer Welt ohne Transaktionskosten oder Informationsasymmetrien könnten nicht-produzierende Unternehmen wie Intermediäre keinerlei Mehrwert stiften (vgl. Churchill 1998, S. 366; Hellwig 1991, S. 35; Rubinstein/Wolinsky 1987, S. 581; Schoder 2000, S. 45; Winkler 1989, S. 300).[83] Dementsprechend beruhen die meisten Untersuchungen auf dem Grundgedanken, dass Intermediäre Marktunvollkommenheiten wie positive Transaktionskosten oder Informationsasymmetrien vermindern können, um auf diese Weise die Leistungsfähigkeit des Marktes und damit das Marktergebnis und die Wohlfahrt zu steigern (siehe Abschnitt 2.2.2). Im Folgenden gilt es, die in der Literatur erarbeiteten Erkenntnisse (siehe Abschnitt 2.2.2) zwecks Schaffung eines ganzheitlichen Modells zu konsolidieren und systematisieren.

Wie erläutert, unterstützt ein Intermediär Transaktionen zwischen Anbietern und Abnehmern. Weshalb kann er dadurch Marktunvollkommenheiten beseitigen und wohlfahrtsökonomischen Mehrwert schaffen? Der wesentliche Ursprung ist, dass Intermediäre Intermediationsaktivitäten auf andere Art und Weise ausüben können als Anbieter bzw. Abnehmer selbst. Wie *Schär* bereits im Jahre 1924 feststellte, kann ein Intermediär dabei die Aktivitäten entweder *effizienter* und/oder *effektiver* ausführen (vgl. Schär 1923, S. 194, weiterhin Weiber 2002c, S. 150). Diese Unterscheidung kann als Grundlage für die

---

[83] Als Ausnahme müssen hier Transportaktivitäten angesehen werden, da deren Reduktion auch bei vollkommenen Märkten eine Daseinsberechtigung für Intermediäre begründen kann. Des weiteren üben Intermediäre in der Realität neben ihrer Hauptaktivität Intermediation oftmals auch Produktionsaktivitäten aus, wodurch sich auch ein Mehrwert ergeben kann. Dieser kann jedoch nur industriespezifisch untersucht werden und wird im Folgenden nicht berücksichtigt. Dies muss bei der Betrachtung bestimmter Industrien oder Unternehmungen natürlich nachgeholt werden.

Differenzierung zweier verschiedener positiver Effekte hinsichtlich der Optimalität der Marktprozesse dienen:

1. Die Unterstützung der Transaktion durch den Intermediär resultiert in *effizienteren Transaktionen* und damit einer Senkung der Transaktionskosten bzw. einer Steigerung der Transaktionseffizienz (die entsprechende Frage lautet demnach: "Finden die Transaktionen *effizient* statt?").

2. Die Unterstützung der Transaktion durch den Intermediär resultiert in wohlfahrtsökonomisch *besseren Transaktionsergebnissen bzw. Tauschergebnissen* und damit in einer verbesserten Allokationseffizienz (die entsprechende Frage lautet demnach: "Finden die *'richtigen'* Transaktionen statt?").[84]

Während der zweite Punkt auf die *Effektivität der Transaktionen* abzielt, adressiert der erste Punkt, zu welchen *Kosten* bzw. mit welcher *Effizienz* das Tauschergebnis erreicht wird. Um den wohlfahrtsökonomischen Mehrwert von Intermediation vollständig zu erfassen, muss die Perspektive jedoch erweitert werden. Denn über die Effizienz und das Ergebnis der Markttransaktionen hinaus müssen auch Produktion und Logistik berücksichtigt werden. Dass Intermediäre die Effizienz der Logistik steigern können, ergibt sich unmittelbar aus ihren logistischen Aktivitäten auf der physischen Ebene. Intermediation kann sich aber auch vorteilhaft auf die Produktion auswirken, obwohl reine Intermediäre selbst keine Produktionsaktivitäten durchführen. Dies lässt sich damit begründen, dass die informationelle Ebene mit der Ebene der physischen Leistungserstellung verknüpft ist (vgl. Weiber 2002c, S. 146). Da sich auch hinsichtlich Produktion und Logistik wieder eine Effizienz- von einer Ergebnisbetrachtung unterscheiden lässt, ergeben sich zwei weitere Kategorien von Mehrwert:

3. Die Unterstützung der Transaktion durch den Intermediär resultiert in einer Steigerung der *Produktions- und Logistikeffizienz* (die entsprechende Frage lautet demnach: "Finden Produktion und Logistik *effizient* statt?").

4. Die Unterstützung der Transaktion durch den Intermediär resultiert in wohlfahrtökonomisch *besseren Produktionsergebnissen*[85], indem diese stärker mit den

---

[84] Zudem können auch Informations- und Bewertungseffizienz als Kriterien herangezogen werden, denn sie sind eine Voraussetzung für Allokationseffizienz (siehe Abschnitt 2.3.2).

[85] Auf eine Betrachtung der "Optimalität der Transportergebnisse" wird auf Grund der in der Regel geringen Bedeutung von Qualitätsunterschieden verzichtet.

Präferenzen des Abnehmers übereinstimmen (die entsprechende Frage lautet demnach: "Wird das '*richtige*' produziert?").

		Art des Mehrwerts	
		Kosten/ Effizienz	Ergebnis/ Effektivität
Art der Aktivität	Transaktion/ Tausch	**Transaktions-effizienz** Finden die Markttrans-aktionen *effizient* statt?	**Transaktions-ergebnis** Finden die *„richtigen"* Transaktionen statt?
	Produktion/ Logistik	**Produktions-/ Logistikeffizienz** Finden Produktion und Logistik *effizient* statt?	**Produktions-ergebnis** Wird das *„Richtige"* produziert?

Abbildung 9: Kategorien wohlfahrtsökonomischen Mehrwerts

(Quelle: Eigene Darstellung)

Die vier Kategorien können anhand einer Matrix abgebildet werden (siehe Abbildung 9). Die in der Literatur untersuchten wohlfahrtsökonomischen Effekte von Intermediation können stets einem der vier Felder bzw. Kategorien zugeordnet werden. Im Folgenden werden diese sukzessive erläutert (Abschnitte 3.3.2.1 bis 3.3.2.4). Nach einer anschließenden Zusammenfassung des Mehrwerts (Abschnitt 3.3.2.5) erfolgt eine Diskussion von Zielkonflikten zwischen den verschiedenen Arten des Mehrwerts (Abschnitt 3.3.2.6) sowie von möglichen Effizienz- und Effektivitätsnachteilen von Intermediation (Abschnitt 3.3.2.7).

3.3.2.1 Steigerung der Transaktionseffizienz

Um beurteilen zu können, ob Intermediation hinsichtlich der Transaktionseffizienz vorteilhaft ist, müssten im Sinne von *Coase* (siehe Abschnitt 2.1.3) die beiden Strukturalternativen mit und ohne Intermediär gegenübergestellt werden. Generell formuliert ist dabei Intermediation dann vorteilhaft, wenn die Kosteneinsparungen seitens Anbieter und Abnehmer die gesamten Kosten des Intermediärs übersteigen (vgl. Picot 1986, S. 4). Es muss also wie in Abbildung 10 dargestellt ein "Netto-Effizienzgewinn" entstehen.

Eine Quantifizierung des Netto-Effizienzgewinns ist in der Praxis auf Grund der schwierigen Berechnung der Transaktionskosteneinsparungen seitens Anbieter und Abnehmer allerdings kaum möglich. Hinzu kommt, dass die Transaktionskostenreduktion für einen Konsumenten auch eingesparte Mühe und Zeit bedeuten kann. Der daraus resultierende Nutzen ist erstens schwierig monetär bewertbar und unterscheidet sich zweitens zwischen verschiedenen Konsumenten. Auf Grund dieser Schwierigkeiten wird, wie üblich, darauf zurückgegriffen, Vor- und Nachteile gegenüberzustellen.

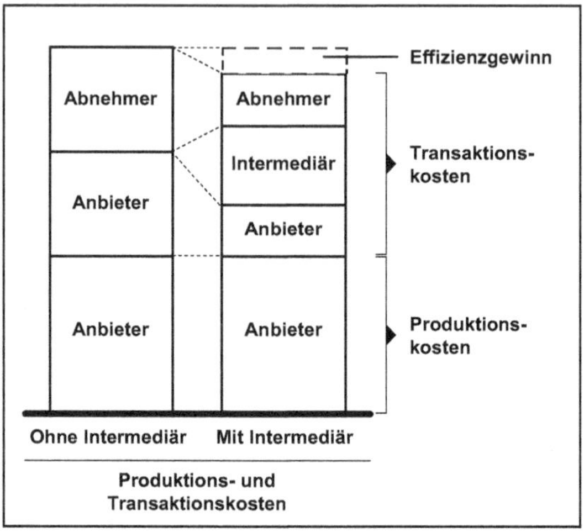

Abbildung 10: Netto-Effizienzgewinn durch Intermediation

(Quelle: Eigene Darstellung in Anlehnung an Picot 1986, S. 3f.)

Geringere Transaktionskosten durch Intermediation ergeben sich dadurch, dass ein Intermediär die ansonsten von Anbieter und Abnehmer durchgeführten Transaktionsaktivitäten effizienter ausüben kann. Grundlage für die Effizienzvorteile sind dabei v. a. der Baligh-Richartz-Effekt, aber auch Effizienzvorteile durch Koordination, Standardisierung, Skaleneffekte sowie Spezialisierung und Erfahrung des Intermediärs (siehe Abbildung 11). Über die genannten Effizienzquellen hinaus existieren weitere Effizienzquellen, die jedoch nur durch Market-Maker genutzt werden können: eine Senkung der Risiko- oder Kapitalkosten durch Risikostreuung/-diversifikation sowie ein besserer Zugang zu Kapital (siehe Abbildung 12).

Baligh-Richartz-Effekt/ Kontaktreduktion	Koordination	Standardisierung	Skaleneffekte bei Technologien/materiellen Ressourcen	Spezialisierung/ Erfahrung des Intermediärs

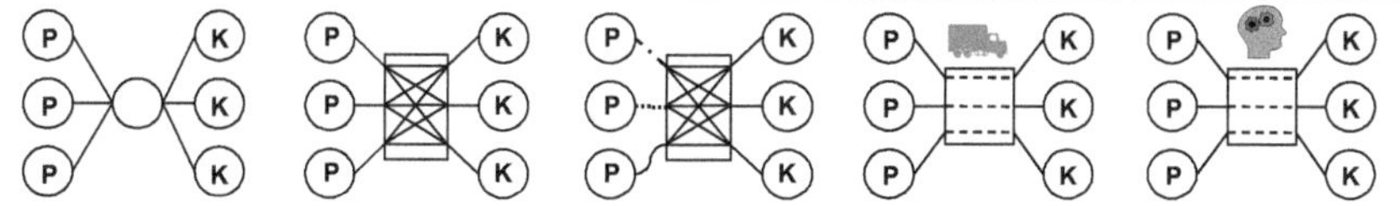

Baligh-Richartz-Effekt/ Kontaktreduktion	Koordination	Standardisierung	Skaleneffekte bei Technologien/materiellen Ressourcen	Spezialisierung/ Erfahrung des Intermediärs
Reduzierung der Anzahl der Transaktionen durch Aggregation	Reduzierung der Kosten je Transaktion durch Koordinierung	Reduzierung der Kosten je Transaktion durch Standardisierung des Transaktionsprozesses	Reduzierung der Kosten je Transaktion durch Investition in effizienzsteigernde Technologien oder materielle Ressourcen	Reduzierung der Kosten je Transaktion durch Fähigkeiten od. andere immaterielle Ressourcen
(Bsp.: Supermarkt)	(Bsp.: Shopping mall)	(Bsp.: GDS)	(Bsp.: Einzelhandel)	(Bsp.: Reisebüro)
Voraussetzungen für Mehrwert durch Intermediation				
• Hohe Anzahl Anbieter und Abnehmer • Skaleneffekte bei anbieterseitiger und abnehmerseitiger Aggregation • Geringe Anzahl Intermediäre	• Hohe Anzahl Anbieter und Abnehmer • Hohe Kostenreduktion je Transaktion durch Koordination • Geringe Anzahl Intermediäre	• Hohe Anzahl Anbieter und Abnehmer • Produkte/Prozesse ursprünglich unterschiedlich je Anbieter, aber Standardisierbarkeit gewährleistet	• Hohe Investitionen oder Fixkosten für effizienzsteigernde Technologien/materielle Ressourcen • Betriebsgröße Anbieter/Abnehmer zu gering, um Technologie selbst effizient zu nutzen	• Fähigkeiten/immaterielle Ressourcen bedeutend für Effizienz • Starke Lerneffekte/ hohe Investitionen • Betriebsgröße Anbieter/Abnehmer zu gering, um Ressourcen selbst aufzubauen

Abbildung 11: Steigerung der Transaktionseffizienz durch Intermediäre

(Quelle: Eigene Darstellung)

Risikoreduktion			
Risikostreuung (Gesetz d. großen Zahl)	**Risikodiversifikation**	**Geringere Risikoaversion des Intermediärs**	**Geringere Kapitalkosten des Intermediärs**
Reduzierung der Risikokosten durch Verteilung des Risikos auf viele Güter und Versicherung der Anbieter oder Abnehmer	Reduzierung der Risikokosten durch Übernahme von Risiken für verschiedene Güter mit negativ korrelierten Absatzrisiken	Reduzierung der Risikokosten durch Risikotransfer von risikoaversen Anbietern zu risikofreudigerem Intermediär	Reduzierung der Kapitalkosten durch Finanzierung der Wartezeit (zwischen Produktion und Konsumtion) mit geringeren Kapitalkosten
(Bsp.: Übernahme von Qualitätsgarantien gegenüber Konsument)	(Bsp.: Handel mit Sonnenbrillen und Regenmänteln)	(Bsp.: Transfer des Auslastungsrisikos von risikoaversem Hotelier zu risikoneutralem Reiseveranstalter)	(Bsp.: Vorauszahlungen des Großhandels an Bauern)
Voraussetzungen für Mehrwert durch Intermediation			
• Anbieter/Abnehmer mit geringer Risikostreuung (auf Grund von Spezialisierung) • Risikoaversion der Anbieter/Abnehmer	• Negative Korrelation zwischen Nachfrage der gehandelten Güter • Mehrere spezialisierte Anbieter, welche Risikodiversifikation selbst nicht genauso gut ausnutzen können	• Risikoaversion des Anbieters größer als die des Intermediärs	• Kapitalkosten des Anbieters/Abnehmers größer als die des Intermediärs

Abbildung 12: Steigerung der Transaktionseffizienz durch Market-Maker

(Quelle: Eigene Darstellung)

Baligh-Richartz-Effekt und Koordination

Der Baligh-Richartz-Effekt beschreibt die Transaktionskostenreduktion durch eine Verringerung der notwendigen Kontakte zwischen Anbieter und Abnehmer auf Grund eines Intermediärs (siehe Abschnitt 2.2.2.4). Was sind die Bedingungen für das Auftreten des Baligh-Richartz-Effektes? Zunächst kann festgestellt werden, dass ein Mehrwert nur dann entsteht, falls mehrere Anbieter mit mehreren Abnehmern in Kontakt treten wollen, da sich ansonsten keine Kontaktreduktion ergibt (vgl. Picot 1986, S. 6). Klassisches Beispiel dafür ist der Sortimentshandel, bei dem eine Verbundnachfrage vorliegt (vgl. Picot 1986, S. 8). Eine weitere Voraussetzung ist, dass der Intermediär in der Lage ist, mehrere abnehmerseitige Transaktionen zu einer anbieterseitigen Transaktion zu aggregieren und umgekehrt. Dazu müssen die Transaktionen hinreichend standardisierbar (also mit geringer Spezifität behaftet) sein (vgl. Picot 1986, S. 6). Außerdem müssen bei dieser Aggregation *Skaleneffekte* auftreten, d. h. (1) für den Intermediär muss ein anbieterseitiger Kontakt "im Namen zweier Abnehmer" weniger als doppelt so aufwändig sein wie zwei einzelne Kontakte und (2) für den Abnehmer muss ein Kontakt mit dem Intermediär für den Kauf (oder Vergleich) zweier Güter weniger aufwändig sein als zwei einzelne Kontakte.[86] Im Sortimentshandel sind z. B. beide Bedingungen erfüllt, da (1) die Käufe mehrerer Kunden zu einer Bestellung zusammengefasst werden können und (2) der Kunde durch die Kontaktreduktion erhebliche Anbahnungskosten für Suche und Anfahrt spart. Auf Grund der praktisch kostenlosen Wiederverwendbarkeit und Lagerung von Informationen dürften die Skaleneffekte v. a. auf der informationellen Ebene (z. B. bei der Inspektion/Klassifikation) groß sein. Der Baligh-Richartz-Effekt ist umso größer, je geringer die Anzahl der Intermediäre ist (optimalerweise genau einer).

Eine dem auf Kontaktreduktion und Skaleneffekten basierenden Baligh-Richartz-Effekt sehr ähnliche Kostenreduktion lässt sich durch eine verbesserte *Koordination* erzielen. Dazu muss der Intermediär unter Umständen noch nicht einmal Aktivitäten auf der Ebene einer einzelnen Transaktion übernehmen. Z. B. reicht es aus, wenn ein Intermediär Märkte initiiert und organisiert, die zu bestimmten Zeiten und an bestimmten Orten stattfinden und auf denen sich potenzielle Transaktionspartner treffen können (z. B. Wochenmärkte, Messen oder Einkaufszentren). Es ergibt sich dabei zwar keine Kontaktreduktion wie beim Baligh-

[86] Eine Effizienzsteigerung durch den Baligh-Richartz-Effekt ist auch dann möglich, falls die Kosten pro Kontakt bei Intermediation höher sind als ohne Intermediation; dann ist es allerdings notwendig, dass der positive Effekt durch die Kontaktreduktion die möglicherweise höheren Kosten pro Kontakt überkompensiert (vgl. Gümbel 1985, S. 114).

Richartz-Effekt, aber auf Grund der Koordinationsleistung des Intermediärs sind die Kosten pro Transaktion geringer. Trotz des konzeptionellen Unterschieds der beiden Effekte kann die Wirkung in der Praxis sehr ähnlich sein. Z. B. dürfte ein Kunde die Art und Weise der Transaktionskostenersparnis bei einem Gang in ein Einkaufszentrum einerseits und einem Gang in ein Kaufhaus andererseits als sehr ähnlich wahrnehmen.[87]

Standardisierung

Ähnlich einer Koordinierung kann auch eine *Standardisierung* effizienzsteigernd wirken, denn die Vorgabe von Standards und Regeln für den Ablauf des Transaktionsprozess oder die Form der gehandelten Produkte kann die Anbahnung (Suche oder Inspektion), Vereinbarung oder Abwicklung vereinfachen (vgl. Alderson 1954, S. 14f.; Bosch 2001, S. 7; Picot 1986, S. 5). Wie bei der Koordinierung werden durch Standardisierung die Kosten je Transaktion gesenkt (also ohne Kontaktreduktion). Letztlich ist Intermediation fast immer mit einer Standardisierung verbunden, da ein Intermediär für die Produkte aller Anbieter in der Regel die gleichen Prozesse aufbauen wird.[88] Die Anbieter und Abnehmer "gewöhnen" sich an diese Prozesse und lernen daher, Transaktionen effizient mit dem Intermediär durchzuführen (z. B. auch bei einem Internetauftritt). Eine Interaktion mit unterschiedlichen Anbietern würde diesen Lernprozess jedes Mal aufs Neue erfordern. Ein Vorteil durch Standardisierung kann auch durch technische Standards für den Informationsaustausch entstehen (z. B. verringern Protokollstandards für die Kommunikation im Internet Transaktionskosten).

Ein Vorteil durch Standardisierung ergibt sich wie beim Baligh-Richartz-Effekt oder bei Koordination nur dann, falls Abnehmer mit mehreren Anbietern Kontakt aufnehmen wollen oder umgekehrt. Im Gegensatz zu den beiden anderen Effekten kann Standardisierung allerdings auch dann Mehrwert stiften, wenn die Transaktionen zeitlich nicht zusammenfallen. Es reicht aus, wenn aus Sicht eines Anbieters oder Abnehmers Transaktionen wiederholt auftreten (z. B. wenn eine Familie einmal im Jahr eine Reise bucht).

---

[87] Die beiden Effekte können in allen vier Markttransaktionsphasen auftreten. Z. B. kann der Intermediär in der Anbahnungsphase Vorteile durch den Baligh-Richartz-Effekt oder durch Koordination ausnutzen, falls die Abnehmer Vergleiche anstellen wollen und sich die Suche und Informationsbeschaffung je potenziellem Transaktionspartner als kostspielig, mühsam oder zeitaufwendig erweist. In der Vereinbarungsphase tritt dann ein Effekt auf, falls die Marktteilnehmer mit mehreren potenziellen Partnern verhandeln wollen. Analog treten in der Abwicklungsphase Effizienzvorteile auf, falls mehrere Anbieter zur gleichen Zeit mit mehreren Abnehmern Transaktionen abwickeln möchten (vgl. Baligh/Richartz 1967, S. 118ff.). Dies ist beim Lebensmittelhandel oder Kaufhaus der Fall, beim Immobilienmakler oder Wochenmarkt dagegen z. B. nicht. In der Kontroll- und Anpassungsphase können sich Effizienzvorteile ergeben, falls mehrere Anbieter gleichzeitig mehrere Abnehmer überwachen möchten (vgl. Diamond 1984, S. 407ff.).

Skaleneffekte bei Technologien und anderen Ressourcen

Neue Technologien können zwar effizienzsteigernd wirken, sind jedoch oftmals mit signifikanten Startinvestitionen und/oder mit Fixkosten verbunden. In beiden Fällen kann ein Intermediär auf Grund einer Vergrößerung des Handelsvolumens diese Kosten auf eine höhere Anzahl von Transaktionen verteilen und damit die Effizienz steigern (vgl. Brousseau 2002, S. 358; Gümbel 1985, S. 108; Picot 1986, S. 8). Auf der informationellen Ebene sind Informations- und Kommunikationstechnologien relevant, auf der rechtlich-finanziellen Ebene Systeme zur Zahlungsabwicklung und auf der physischen Ebene Lager- und Transporttechnologien. Es handelt sich dabei im Grunde um Infrastrukturen, wie sie z. B. auch von öffentlichen Verkehrsbetrieben, der Post, spezialisierten Lagerhäusern oder Telekommunikationsdienstleistern zur Verfügung gestellt werden (vgl. Tietz 1993a, S. 21). Neben Technologien tritt der gleiche Effekt auch bei anderen materiellen Ressourcen (z. B. bei Verkaufsgeschäften) oder immateriellen Ressourcen (z. B. bei Aufbau und Pflege von Marken oder Geschäftsbeziehungen) auf. So kann der Aufbau einer Marke zur Signalisierung von hoher Qualität für einen kleinen Anbieter z. B. zu kostspielig sein.

Ein Intermediär kann hier nur dann Mehrwert stiften, falls Anbieter und Abnehmer die Skaleneffekte auf Grund ihrer geringen Größe nicht erschließen können (ansonsten können die Marktteilnehmer ebenso effizient selbst in die Technologie oder die Ressource investieren). Voraussetzung für die Erschließung von Skaleneffekten, v. a. bei effizienzsteigernden Technologien, ist eine ausreichende Standardisierbarkeit der Transaktionen. Da der Vorteil durch Skaleneffekte bei effizienzsteigernden Technologien und anderen Ressourcen nicht auf einer Kontaktreduktion basiert, kann im Gegensatz zum Baligh-Richartz-Effekt auch dann ein Mehrwert entstehen, falls jeder Anbieter mit nur genau einem Abnehmer interagiert.[89]

Spezialisierung und Erfahrung des Intermediärs

Wie bei der Ausnutzung von Skaleneffekten durch Technologien oder anderen Ressourcen handelt es sich bei den Vorteilen durch Spezialisierung oder Erfahrung um die Steigerung der

---

[88] Ausnahmen können z. B. individualisierte, persönliche Dienstleistungen sein.

[89] Z. B. entsteht durch ein Autobahnnetz auch dann ein Effizienzvorteil, wenn jeder Fahrer weiterhin seinen eigenen PKW benutzt und nicht etwa einen Bus. Dieses Beispiel lässt sich auch auf Informations- und Kommunikationssysteme wie das Internet übertragen. Allerdings treten Vorteile durch effizienzsteigernde Technologien in der Praxis oftmals in Verbindung mit einer Kontaktreduktion oder mit Koordination auf. Dies ist z. B. in der Logistik der Fall, wenn mehrere kleinere Transporte an einem "Umschlagplatz" zu einem großen Transport zusammengefasst werden.

Effizienz einzelner Transaktionen (keine Kontaktreduktion). Hier wird jedoch eine bestimmte Ressource adressiert: die organisationalen Fähigkeiten und Kompetenzen des Intermediärs. Die bereits im Rahmen des wissensbasierten Ansatzes (siehe Abschnitt 2.1.4.2) erläuterte Grundidee ist dabei, dass ein Intermediär auf Grund der häufigeren Durchführung bestimmter Aktivitäten (also seiner Erfahrung) spezielle Fähigkeiten oder Kenntnisse aufbaut – z. B. in der Interpretation von Informationen – und er deshalb in der Lage ist, diese Aktivitäten effizienter auszuführen (vgl. Bhattacharya/Thakor 1993, S. 8).[90] Vorteile durch Spezialisierung oder Erfahrung können in allen vier Markttransaktionsphasen auftreten.[91]

Risikodiversifikation, -streuung und -aversion

Market-Maker übernehmen durch den Ein- und Verkauf von Gütern auf eigene Rechnung Absatz- bzw. Auslastungsrisiken vom Anbieter und erfüllen damit auch eine Versicherungsfunktion (vgl. Brousseau 2002, S. 357; Schmitz 2000, n. p.). Gleichermaßen kann dies auch abnehmerseitig erfolgen, denn auch für den Kunden bestehen Risiken, nämlich falls unsicher ist, ob aus der Transaktion der von ihm erwartete Nutzen resultiert (vgl. Sarkar/Butler/Steinfield 1995, n. p.). Ein Intermediär kann dann durch die vertragliche Vereinbarung von Garantien eine Versicherungsfunktion übernehmen. Mögliche Zahlungsausfälle stellen ein weiteres Risiko dar, welches Intermediäre (Market-Maker) übernehmen (vgl. Resnick/Zeckhauser/Avery 1995, S. 5). Aus der Übernahme von Risiken durch den Intermediär kann sich eine Reduktion der Risikokosten und damit auch eine Erhöhung der Transaktionseffizienz ergeben, da Risikokosten der Marktteilnehmer als Teil der Transaktionskosten angesehen werden können (vgl. Bienert 1996, S. 29; Clemons/Reddi/Row 1993, S. 15). Es können drei Quellen für eine Risikoreduktion durch Intermediation identifiziert werden:

---

90 Eine Abgrenzung zum Mehrwert durch Skaleneffekte kann sich in Einzelfällen als schwierig erweisen. Denn neben "learning by doing" können organisationale Fähigkeiten auch durch Investitionen in Fortbildungen und Wissensaufbau erlangt werden (vgl. z. B. Brousseau 2002, S. 360f.). Diese Investitionen rentieren sich unter Umständen nur für einen Intermediär, nicht aber für einen Produzenten oder Konsumenten.

91 So kann z. B. ein Gebrauchtwagenhändler auf Grund seiner Erfahrung eine Inspektion in der Regel effizienter durchführen als ein Konsument (Anbahnungsphase). Ebenso kann sich eine Investition in Marktforschung z. B. weniger für einen mittelständischen, spezialisierten Produzenten lohnen als für ein großes Handelsunternehmen. Ein Intermediär kann die Verhandlung beschleunigen, indem er Fähigkeiten in der Moderation von Verhandlungen (vgl. Casson 1997, S. 88) oder der Vertragsdokumentation aufbaut (Vereinbarungsphase). Letzteres ist z. B. relevant, falls Anbieter und Abnehmer in Ländern mit unterschiedlichen Sprachen und Rechtssystemen ansässig sind (vgl. Picot 1986, S. 7). Logistikkosten lassen sich durch den Aufbau von Kompetenzen in Design, Aufbau und Steuerung von Logistiknetzen senken (Abwicklungsphase). Und auch in der Kontroll- und Anpassungsphase können Fähigkeiten eine wichtige Rolle spielen – im Wesentlichen analog zur Aktivität Inspektion (für das Monitoring) bzw. zur Vereinbarungsphase (für die Vertragsanpassung).

- **Risikostreuung ("Gesetz der großen Zahl").** Oftmals handelt ein Intermediär mit einer Vielzahl verschiedener Produkte oder auf mehreren Märkten, so dass sich eine Risikostreuung basierend auf dem "Gesetz der großen Zahl" ergibt (vgl. Alderson 1954, S. 25; Brousseau 2002, S. 359f.; Picot 1986, S. 7; Spulber 1999, S. xviii; Varian 2004, S. 230; Wimmer/Townsend/Chezum 2000, S. 409).
- **Risikodiversifikation.** Aus dem Handel mit verschiedenen Produkten oder auf verschiedenen Märkten kann sich neben der Risikostreuung auch eine Risikodiversifikation ergeben (vgl. Spulber 1999, S. xix). Sie entsteht, wenn negative Korrelation zwischen der Nachfrage nach den verschiedenen Produkten bestehen, wie z. B. bei Sonnenbrillen und Regenmänteln (vgl. Varian 2004, S. 230).
- **Geringere Risikoaversion des Intermediärs.** Anbieter und Intermediär können unterschiedliche Risikopräferenzen aufweisen (vgl. Casson 1997, S. 89). Falls die Risikoaversion des Anbieters stärker ausgeprägt ist als die des Intermediärs, ergeben sich durch eine Übertragung des Risikos auf den Intermediär eine verbesserte Allokation des Risikos und niedrigere Risikokosten bzw. Transaktionskosten.[92]

Geringere Kapitalkosten

Ein- und Verkauf auf eigene Rechnung kann nicht nur mit einer Versicherungsfunktion verbunden sein, sondern auch mit einer Finanzierungsfunktion. Gegenüber dem Anbieter ist dies der Fall, falls die Zahlung des Intermediärs an den Anbieter früher geschieht als die Zahlung des Abnehmers an den Intermediär, was besonders dann der Fall sein kann, falls die Produktion bzw. dessen Finanzierung der Konsumtion zeitlich vorgelagert sein muss (wie z. B. bei Anbauprodukten, vgl. Alderson 1954, S. 10; Baligh/Richartz 1967, S. 74ff.). Auch abnehmerseitig kann der Intermediär eine Finanzierungsfunktion erfüllen, etwa durch einen Kredit bei einem Autokauf auf Raten (vgl. Myers 1986, S. 46; Zikmund/D'Amico 1986, S. 320). Damit aus der Finanzierung durch den Intermediär eine Effizienzsteigerung resultiert, müssen die Kapitalkosten des Intermediärs geringer als die des Anbieters bzw. des Abnehmers sein (im umgekehrten Fall ergibt sich ein Effizienzverlust).

---

[92] Dies ergibt sich z. B. aus einer Übertragung der Erkenntnisse von *Blair* und *Kaserman*, die bei einer Risikoaversion des Anbieters Effizienzvorteile von vertikaler Integration abgeleitet haben (vgl. Blair/Kaserman 1978, S. 271; Blair/Kaserman 1983, S. 93ff.). Die Übernahme von Verfügungsrechten und Auslastungsrisiken durch Einkauf hat in diesem Fall den gleichen Effekt wie vertikale Integration. Nach der gleichen Argumentationslogik können natürlich auch Nachteile durch Intermediation entstehen, nämlich falls die Risikoaversion des Intermediärs höher ist als die des Anbieters.

3.3.2.2 Steigerung der Produktions- und Logistikeffizienz

Durch Intermediation kann nicht nur die Effizienz der Transaktion, sondern auch die der Produktion und Logistik (Transport und Lagerung) gesteigert werden.

Reduktion der Produktionskosten

Obwohl Intermediation per Definition keinerlei Produktionsaktivitäten umfasst, können Intermediäre die Produktionskosten senken:

- **Zwischenbetriebliche Koordination**. Durch zwischenbetriebliche Koordination können Effizienzvorteile in der Produktion erreicht werden, z. B. im Falle einer Verbundnachfrage. So müssen beispielsweise für eine Urlaubsreise die beiden Leistungen Transport und Unterkunft aufeinander abgestimmt werden. Ein Pauschalreiseveranstalter reduziert die Produktionskosten dabei dadurch, dass er den Bustransfer zwischen Flughafen und Hotel organisiert (statt individueller Fahrten). Diese Effizienzsteigerung kann erreicht werden, ohne dass er die Bustransfers selbst durchführt, sondern sie ergibt sich alleine aus der Koordinationsleistung des Intermediärs. Diese Koordinationsleistung kann der Aktivität Matching zugeordnet werden.[93]
- **Verbesserte Kenntnis der Nachfrage**. Im Rahmen der Matching-Aktivitäten betreibt ein Intermediär Marktforschung. Auf Grund seiner Größe, seiner Spezialisierung und seiner Erfahrung kann er dies oftmals effektiver als die Anbieter selbst. Stellt ein Intermediär dem Anbieter Informationen bezüglich der Nachfrage (Zeit, Menge etc.) zur Verfügung, kann dieser darauf aufbauend seine Produktion optimieren und damit die Effizienz steigern (vgl. Picot 1986, S. 7). Eine Weiterleitung dieser Information kann auch implizit im Rahmen der Aktivität Einkauf/Verkauf durch die Bestellung erfolgen.

Reduktion der Transportkosten

Durch die logistische Abwicklung und die zugehörige Informationsabwicklung kann ein Intermediär die Transportkosten senken (vgl. Gümbel 1985, S. 106ff.; Tietz 1993a, S. 17ff.). Dies beruht v. a. auf dem Baligh-Richartz-Effekt (Zusammenfassung kleiner Transporte zu einem Großtransport) in Verbindung mit Skaleneffekten auf Grund effizienzsteigernder

---

93 Das Beispiel zeigt auf, dass ein Trade-off bzw. eine Substitutionsbeziehung zwischen Produktions- und Transaktionskosten bestehen kann (vgl. Gümbel 1985, S. 171).

Technologien (z. B. die Nutzung eines großen LKWs anstatt eines Kleintransporters).[94] Die Transportkosten können auch ohne eigene logistische Aktivitäten des Intermediärs gesenkt werden (vgl. Gümbel 1985, S. 108). Denn es reicht aus, dass der Intermediär lediglich die Koordinierung der Logistik übernimmt, wie es bereits heute oftmals der Fall ist (vgl. Picot/Heger 2001, S. 132).[95] Die Koordinierungsleistung des Intermediärs kann der Aktivität "Informationsabwicklung" und damit der Abwicklungsphase und der informationellen Aktionsebene zugeordnet werden.

Reduktion der Lagerkosten

Ein Intermediär kann die Lagerkosten senken, falls er die Lagerung für viele Anbieter ausübt und dadurch Skaleneffekte ausnutzen und/oder effizientere Technologien anwenden kann (vgl. Gümbel 1985, S. 108). Durch Intermediation kommt es allerdings nicht immer zu einer Reduktion der Lagerkosten, da ggf. eine zusätzliche Zwischenlagerung erfolgt (vgl. Baligh/Richartz 1967, S. 46ff.). Ob sich durch Intermediation ein Anstieg oder eine Reduktion von Lagerkosten ergibt, hängt daher maßgeblich vom Alternativszenario ab. Würde der Anbieter in einer Welt ohne Intermediäre selbst Zwischenlager aufbauen, kann sich durch Intermediation eine Reduktion von Lagerkosten ergeben. Würde der Anbieter jedoch ansonsten auf diese Lager verzichten (z. B. auch im Rahmen einer Just-in-time-Produktion), dürfte sich eher eine Steigerung der Lagerkosten ergeben.

3.3.2.3 Verbesserung des Transaktionsergebnisses

Neben der Reduktion von Transaktions- und Produktionseffizienz kann ein Intermediär auch das Ergebnis der stattfindenden Transaktionen, also das Tauschergebnis, verbessern. Als Kriterium für die Optimalität des Tauschergebnisses kann v. a. die Allokationseffizienz sowie die damit verbundene Bewertungs- und Informationseffizienz herangezogen werden (siehe zu diesen Effizienzbegriffen Abschnitt 2.3.2). Bevor aufgezeigt wird, auf welche Weise *effektivere* Intermediation Allokations-, Bewertungs- und Informationseffizienz steigern

---

[94] Es kann sich also ein Trade-off zwischen Vorteilen durch Kontaktreduktion einerseits und geringen Abwicklungszeiten sowie Lagerkosten andererseits ergeben. Es ist zu beachten, dass eine Aggregation von Kontakten nur erfolgen kann, wenn der Transport im gleichen Zeitraum stattfindet. Außerdem ist die Senkung von Transportkosten schwierig, falls produktspezifische Transportmittel benötigt werden und damit keine Standardisierung möglich ist (vgl. Rangan/Menezes/Maier 1992, S. 73).

[95] Dabei existieren wiederum zwei Möglichkeiten, denn der Intermediär kann entweder (1) selbst die Planung und Steuerung der Transportaktivitäten durchführen oder (2) ähnlich dem oben beschriebenen "Baligh-Richartz-Effekt durch Koordination" (siehe Abschnitt 3.3.2.1) einen zentralen Umschlagplatz organisieren und den Transport den Anbietern und Abnehmern überlassen.

kann, wird der Zusammenhang zwischen Tauschergebnis und *effizienterer* Intermediation erläutert.

Verbessertes Tauschergebnis durch Transaktions-/Produktionseffizienz

Es besteht ein enger Zusammenhang zwischen der bereits betrachteten Transaktionseffizienz und dem Transaktionsergebnis. Die Steigerung der Transaktionseffizienz stellt auf Grund der dadurch möglichen Kostensenkung zwar für sich genommen bereits einen wohlfahrtsökonomischen Mehrwert dar, kann aber – neben oder statt einer Transaktionskostensenkung – auch eine höhere Leistungsfähigkeit des Marktes und ein besseres Tauschergebnis im Sinne einer Bewertungs-, Informations- oder Allokationseffizienz ermöglichen (vgl. Bienert 1996, S. 31f.; Peiseler 1990, S. 94). So führt eine höhere Effizienz bei der Suche nach Informationen (bei gleich bleibender "Investition" in die Suche) zu einer höheren Informations- und damit auch Bewertungseffizienz. Eine höhere Sucheffizienz steigert bei gleichem "Suchaufwand" die Chance, den am besten geeigneten Transaktionspartner mit vertretbarem Aufwand zu finden, so dass man sich einer Pareto-Effizienz annähert (als Beispiel kann hier der Immobilienmarkt dienen, siehe dazu z. B. Bartlett 1981 und Yinger 1981).[96]

Ergibt sich eine Senkung der unternehmensinternen oder kundenseitigen Transaktionskosten, führt dies in der Regel zu einer Steigerung des Handelsvolumens. Im Falle der in Abbildung 13 dargestellten typischen Nachfragekurve scheitern stets einige Transaktionen an prohibitiven Transaktionskosten. Eine Senkung der Transaktionskosten bewirkt bei ausreichendem Wettbewerb eine Senkung des Gesamtpreises und damit eine Steigerung der Anzahl der Transaktionen (dabei wird angenommen, dass die Kostensenkung auf Grund eines funktionsfähigen Wettbewerbs zu einer entsprechenden Preisreduktion führt).

[96] Die Beispiele zeigen auf, dass eine Substitutionsbeziehung zwischen der Senkung von Transaktionskosten und der Verbesserung des Tauschergebnisses besteht. Welcher der beiden Vorteile durch eine höhere Transaktionseffizienz entsteht, hängt davon ab, ob die Transaktionspartner mit geringeren "Investitionen in Transaktionsaktivitäten" reagieren oder nicht.

Für das Scheitern von Transaktionen an prohibitiven Transaktionskosten lassen sich viele plausible Beispiele finden. So können beispielsweise die Inspektionskosten sehr hoch sein, falls das zu inspizierende Gut örtlich weit entfernt ist (wie im Falle von Hotels). Bei seltenen, spezifischen Handelsobjekten können die Suchkosten zu hoch sein, um einen geeigneten Transaktionspartner zu finden (z. B. bei Immobilien oder Antiquitäten). Bei Lebensmitteln können z. B. die zu hohen Wartekosten zu einem Verzicht auf Transaktionen führen (falls "gerade etwas ausgegangen" ist). Ein Intermediär kann in diesen Fällen einen Mehrwert stiften, indem er durch seine Aktivitäten die Transaktionskosten (und damit den Preis) senkt und somit die Anzahl der Konsumenten erhöht, die gewillt sind, die Leistung für diesen Preis in Anspruch zu nehmen. Im letzten Beispiel (zu hohe Wartzeit bei Lebensmitteln) tut er dies, z. B. indem er das Produkt lagert und damit Transaktionskosten im Sinne von Wartezeit senkt (vgl. Spulber 1999, S. 48ff.).

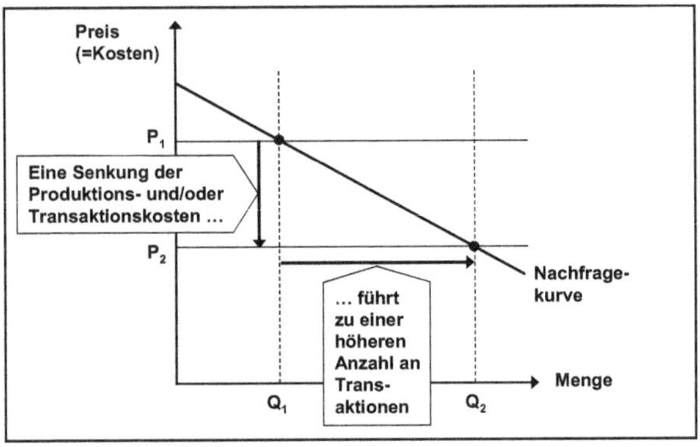

Abbildung 13: Zusammenhang zwischen Transaktionseffizienz und -anzahl

(Quelle: Eigene Darstellung)

Verbessertes Tauschergebnis durch effektivere Intermediation

Verbesserte Transaktionsergebnisse lassen sich nicht nur durch *effizientere*, sondern v. a. auch durch *effektivere* Intermediation realisieren. Durch effektivere Intermediation wird zwar nicht die Effizienz einer Transaktion erhöht, dafür werden aber andere Marktunvollkommenheiten beseitigt und somit das Marktergebnis verbessert. Es lassen sich zwei wesentliche Marktunvollkommenheiten bzw. Effekte durch Intermediation differenzieren: effektivere Verhandlung bzw. Neutralisierung von Marktmacht sowie die Beseitigung von Informationsasymmetrien (eine Zusammenfassung liefert Abbildung 14).

Ein Intermediär kann die Wohlfahrt steigern, indem er Marktmacht reduziert bzw.

neutralisiert und auf diese Weise etwaige Monopolrenten minimiert. Dazu aggregiert er die Nachfrage und nutzt die dadurch gestiegene Verhandlungsmacht beim Einkauf aus (vgl. Bailey 1998, S. 36f.; Bose/Pingle 1995, S. 251ff.).[97] Einkaufsgemeinschaften stellen Beispiele für Intermediäre dar, die speziell aus diesem Grund gegründet werden. Allerdings entsteht dieser Mehrwert auch bei vielen anderen Intermediären, v. a. bei Market-Makern wie dem Handel. Interessant ist eine Transaktion über Intermediäre für Abnehmer mit geringer Verhandlungsmacht, während Marktteilnehmer mit hoher Marktmacht diesbezüglich keinen Vorteil durch Intermediation erlangen (vgl. Bose/Pingle 1995, S. 251).

Marktunvollkommenheit	**Transaktionsphase**	**Beschreibung**	**Quellen der Effektivitätssteigerung**
Marktmacht	**Vereinbarung**	Reduktion von Monopolrenten durch Übernahme der Verhandlung	**Aggregation** von Angebot/Nachfrage
Informationsasymmetrien	**Anbahnung**	Vermeidung von adverser Selektion/ **Hidden characteristics** (v. a. durch effektivere Inspektion/Klassifikation)	• Überlegene **Fähigkeiten und Kenntnisse** bei der Informationsbeschaffung durch Erfahrung/ Spezialisierung • Höhere **Vertrauens- und Glaubwürdigkeit** in kommunizierte Informationen durch Neutralität/Objektivität und Reputation
	Vereinbarung	Preisliche Abstimmung von **Angebot und Nachfrage** durch Moderation von Verhandlungen oder Einkauf/Verkauf	
	Abwicklung	Entschärfung von **Hidden intentions** durch Übernahme der Abwicklung	
	Kontrolle/ Anpassung	Vermeidung von Moral hazard bzw. **Hidden information/actions** durch Übernahme des Monitoring/Reporting	

Abbildung 14: Verbessertes Tauschergebnis durch effektivere Intermediation

(Quelle: Eigene Darstellung)

Neben Marktmacht stellen Informationsasymmetrien einen potenziellen Grund für Marktversagen dar (vgl. Pindyck/Rubinfeld 2003, S. 741f). Die möglichst effiziente Überbrückung von Informationsasymmetrien wurde bereits in Abschnitt 3.3.2.1 untersucht, in dem die transaktionskostensenkende Wirkung von Intermediären im Mittelpunkt stand. Wie beschrieben können die auftretenden Transaktionskosten sogar prohibitiv sein, so dass wünschenswerte Transaktionen nicht stattfinden. Obwohl die wohlfahrtsökonomische Wirkung letztlich ähnlich und eine Abgrenzung in der Praxis schwierig sein kann, ist davon konzeptionell der Fall zu trennen, dass Informationsasymmetrien für Anbieter oder Abnehmer *überhaupt nicht* überwindbar sind, z. B. auf Grund privater Informationen. Um dieses Transaktionsproblem zu beseitigen, reicht eine reine Effizienzsteigerung nicht aus,

97 Daraus kann sich auch eine Rückwirkung auf die Produktionseffizienz ergeben, da der Anbieter einem höheren Kostendruck ausgesetzt ist.

vielmehr muss die Effektivität gesteigert werden.[98] Um Informationsasymmetrien effektiver beseitigen zu können, muss ein Intermediär zwei Fähigkeiten haben:

- **Effektivere Informationsbeschaffung**: Ein Intermediär muss Informationen effektiver als ein "normaler Transaktionspartner" beschaffen können, etwa durch überlegene *Fähigkeiten, Kompetenzen* und *Kenntnisse*, welche ihm durch *Spezialisierungsvorteile* und/oder *Lerneffekte* verliehen werden.
- **Effektivere Kommunikation**: Ein Intermediär muss diese Informationen effektiver kommunizieren können (ansonsten wird die Informationsasymmetrie nicht behoben, sondern nur "verschoben"). Dies ist möglich, da die Transaktionspartner den Informationen von Intermediären oftmals ein größeres *Vertrauen* schenken. Diese höhere *Vertrauens- und Glaubwürdigkeit* ergibt sich aus seiner *neutralen Marktstellung* (und der damit verbundenen *Objektivität*) und aus seiner besseren Möglichkeit und seinem höherem Anreiz zu Aufbau und Wahrung von *Reputation.*

Um Informationsasymmetrien zu beseitigen, müssen beide Voraussetzungen erfüllt sein. Wie nachfolgend erläutert wird, können Intermediäre auf Grund dieser Vorteile in allen Markttransaktionsphasen bestimmte Probleme durch Informationsasymmetrien beheben:

- **Anbahnungsphase (Vermeidung von adverser Selektion).** Ein Intermediär unterstützt die Anbahnungsphase durch die Aktivitäten Matching, Inspektion/Klassifikation und Produktpräsentation. Hinsichtlich sämtlicher dieser drei Aktivitäten kann ein Intermediär im Laufe der Zeit auf Grund seiner Spezialisierung und Erfahrung besondere Fähigkeiten entwickeln und damit die Effektivität erhöhen.[99] Besonders oft wird in der Literatur die Bedeutung von Intermediären bei der Inspektion/Klassifikation adressiert. Denn ein Intermediär kann auf Grund von Spezialisierung und Erfahrung besondere Fähigkeiten in der Qualitätsprüfung aufbauen und so zum "Experten" werden (vgl. Biglaiser 1993, S. 212). Darüber hinaus besitzt ein Intermediär häufigere Kontakte mit ein und demselben Anbieter und kann deshalb auch Erfahrungsgüter beurteilen (dies ist z. B. auch möglich, indem er die Zufriedenheit vorheriger Kunden erhebt) (vgl. Biglaiser 1993, S. 212;

---

[98] Es ist zu beachten, dass auch eine Behebung von Informationsasymmetrien theoretisch als Reduktion von Transaktionskosten aufgefasst werden könnte, nämlich im Sinne einer Reduktion der durch die Informationsasymmetrie entstehenden Risiken für Anbieter oder Abnehmer.

[99] Ein Immobilienmakler oder ein Reisebüro lernt z. B. mit der Zeit, die oftmals komplexen Bedürfnisse der Transaktionspartner zu identifizieren, geeignete Tauschpartner zu finden und auf diese Weise das Matching zu optimieren (Casson 1997, S. 88).

Resnick/Zeckhauser/Avery 1995, S. 290). Neben der aus diesen Gründen möglichen effektiveren Erhebung der wahren Produkteigenschaften kann ein Intermediär die Produkteigenschaften mit einer größeren Glaub- und Vertrauenswürdigkeit kommunizieren: erstens auf Grund seiner *Neutralität* (durch die spezifische Marktstellung zwischen Anbieter und Abnehmer), zweitens durch seinen Anreiz und seine Möglichkeit zum Aufbau von *Reputation* (durch häufigere und langfristigere Kundenkontakte) (vgl. Bartlett 1981, S. 85; Bailey 1998, S. 39; Biglaiser 1993, S. 212; Picot 1986, S. 7).[100] Durch die effektivere Prüfung und vertrauenswürdigere Kommunikation der wahren Produktqualität (Inspektion und Klassifikation) kann ein Intermediär Bewertungs- und Informationseffizienz erhöhen sowie Marktversagen durch adverse Selektion verhindern, falls es sich um einen Markt mit ausgeprägten Hidden characteristics handelt (vgl. Bailey 1998, S. 39f.; Biglaiser 1993, S. 212ff.; Garella 1989, S. 395ff.; Leland/Pyle 1977, S. 383f.; Richter/Bindseil 1995, S. 140; Spulber 1999, S. 171ff.).[101]

- **Vereinbarungsphase (Vermeidung von Verhandlungsabbrüchen).** In unvollkommenen Märkten kann der Preisfindungsprozess auf Grund von Intransparenz von Angebot und Nachfrage erfolglos verlaufen (vgl. Bailey 1998, S. 37; Spulber 1999, S. 27ff.).[102] Durch Intermediation kann die Effektivität des Preisfindungsprozesses erhöht werden, so dass Transaktionen gefördert werden (vgl. Bailey 1998, S. 37; Brousseau 2002, S. 362; Spulber 1999, S. 117ff.; Wimmer/Townsend/Chezum 2000, S. 409). Ein Intermediär hat dabei zwei grundsätzliche Möglichkeiten: (1) die Unterstützung von Verhandlungen zwischen Anbieter und Abnehmer (als Match-Maker) oder (2) den Ein-

---

100 Die Neutralität verleiht den von Intermediären erstellten Qualitätsklassifikationen mehr Glaubwürdigkeit, da sie nicht ihr eigenes Produkt vermarkten. Reputation kann ein Intermediär einfacher aufbauen als ein Anbieter auf Grund der intensiveren und dauerhafteren Kundenbeziehungen, die er wegen seines in der Regel breiteren Produktportfolios besitzt. Darüber hinaus besteht auch ein starker Anreiz für den Intermediär, seine Reputation nicht zu gefährden und deshalb die wahre Produktqualität zu kommunizieren, da sich eine Unzufriedenheit des Kunden auch auf seine anderen Produkte negativ auswirken könnte. Die Glaubwürdigkeit des Intermediärs kann auch dadurch unterstützt werden, dass er ein Garantieversprechen abgibt.

101 Neben Produkteigenschaften können auf Basis der gleichen Argumentationslogik auch Eigenschaften des Transaktionspartners selbst – z. B. seine Zahlungsfähigkeit – effektiver aufgedeckt werden. Diese können z. B. auch über eine Vergabe von Zertifikaten kommuniziert werden (vgl. Schoder 2000, S. 60).

102 Falls den Anbietern die maximale Zahlungsbereitschaft der Abnehmer und umgekehrt den Abnehmern die Opportunitätskosten der Anbieter nicht transparent sind, haben Abnehmer bzw. Anbieter einen Anreiz, eine zu niedrige Zahlungsbereitschaft bzw. zu hohe Opportunitätskosten zu signalisieren, so dass es zu einem nicht adäquaten Preis oder sogar einem Scheitern von Verhandlungen kommen kann (vgl. Spulber 1999, S. 119; Wimmer/Townsend/Chezum 2000, S. 409). Dieses Problem kann z. B. im Rahmen von Verhandlungen bei einzigartigen und maßgeschneiderten Produkten oder bei Informationsprodukten (oder anderen Produkten mit hohen Fixkosten) entstehen (vgl. Resnick/Zeckhauser/Avery 1995; S. 291).

und Verkauf auf eigene Rechnung (als Market-Maker). Als Match-Maker führt der Intermediär selber keine Verhandlung durch, sondern unterstützt diese nur. Zu diesem Zweck kann ein Intermediär eine Moderationsrolle übernehmen und damit die Erfolgswahrscheinlichkeit der Verhandlung erhöhen, falls direkte Verhandlungen mit Schwierigkeiten behaftet sind (vgl. Picot 1986, S. 7).[103] Darüber hinaus kann ein Intermediär Preisfindungsmechanismen einsetzen, die bei direktem Handel zwischen Anbieter und Abnehmer nicht immer möglich sind (ein Beispiel stellt die Auktionsplattform eBay dar) (vgl. Bakos 1998, S. 36; Resnick/Zeckhauser/Avery 1995, S. 291). Ein Market-Maker kann den Preisfindungsprozess unterstützen, indem er auf eigene Rechnung ein- und verkauft und auf diese Weise eine Preissetzungsfunktion übernimmt (vgl. Spulber 1999, S. 27ff.). Auf Grund seiner Spezialisierung, Erfahrung und Marktkenntnis kann ein Intermediär Angebot und Nachfrage oftmals besser einschätzen, die Preise entsprechend festlegen bzw. verhandeln und somit den Preisfindungsprozess verbessern.[104]

- **Abwicklungsphase (Entschärfung von Hidden intentions)**. Durch die Unterstützung der Abwicklungsphase kann ein Intermediär Probleme durch Hidden intentions – also unbekannte Absichten des Transaktionspartners – vermeiden (siehe zu Hidden intentions Abschnitt 2.1.3.4). So kann es z. B. geschehen, dass der Anbieter seine Leistung trotz der (Voraus-)Zahlung des Abnehmers nicht erbringt, oder umgekehrt der Abnehmer eine bereits erbrachte Leistung nicht bezahlt. Ein Intermediär kann einen Spezialisierungs- oder Erfahrungsvorteil haben (z. B. falls er häufig mit den gleichen Anbietern oder Abnehmern zusammenarbeitet und diese daher besser kennt) und daher Informationen über die Transaktionspartner glaubwürdiger kommunizieren. Darüber hinaus kann ein Intermediär z. B. auch eine Treuhandfunktion einnehmen.[105] Neben diesem Problem der Nichterfüllung von Verträgen können weitere Probleme durch Hidden intentions

---

[103] Dabei spielt wie bei der Vermeidung adverser Selektion die Neutralität des Intermediärs und das damit einhergehende Vertrauen eine wichtige Rolle, aber es sind oftmals auch bestimmte Fähigkeiten notwendig (z. B. allgemeine Moderationsfähigkeiten oder spezielle Fähigkeiten wie Sprachübersetzung).

[104] Durch die Publikation der (unverhandelbaren) Verkaufspreise kann ein Market-Maker zudem Verhandlungsabbrüche vermeiden (vgl. Gehrig 1993, S. 98). Dies ist v. a. dann der Fall, wenn der Käufer davon ausgeht, dass es sich dabei tatsächlich annähernd um Marktpreise handelt.

[105] Möchte der Käufer die Gefahr minimieren, dass eine bezahlte Ware nicht geliefert wird, kann er dem Intermediär den Kaufbetrag überreichen und diesen damit beauftragen, die Weiterleitung des Geldes erst nach Erhalt der Ware zu veranlassen. Dies funktioniert natürlich nur, falls sowohl Verkäufer als auch Käufer Vertrauen zum Intermediär besitzen (vgl. Schoder 2000, S. 57). Bei der Wahrnehmung einer solchen Treuhandfunktion ist eine effektivere Informationsbeschaffung nicht notwendig.

entstehen, die ebenfalls durch Intermediation gelöst werden können. So kann z. B. die Gefahr bestehen, dass ein Transaktionspartner Informationen, die für die Vertragserfüllung preisgegeben werden müssen (z. B. Kreditkarteninformationen), unsachgemäß verwendet oder weitergibt (vgl. Schoder 2000, S. 61). Ein Intermediär kann auch hier als vertrauenswürdige dritte Partei agieren und diese Gefahr durch die Übernahme der Informationsabwicklung minimieren.

- **Kontroll- und Anpassungsphase (Vermeidung von Moral hazard).** Moral hazard entsteht durch Hidden actions und Hidden information (siehe Abschnitt 2.1.3.4) und kann durch einen Intermediär bekämpft werden, indem er die Effektivität des Monitoring/Reporting steigert (vgl. Diamond 1984, S. 393; Spulber 1999, S. 256ff.). Die Gründe, weshalb ein Intermediär das Monitoring von Transaktionspartnern effektiver ausführen kann als die Transaktionspartner selbst, entsprechen dem bereits oben beschriebenen Mechanismus durch effektivere Informationsbeschaffung in Kombination mit effektiverer Kommunikation. Ebenso kann ein Intermediär hier erneut seine Vertrauenswürdigkeit durch Garantien weiter fördern.[106]

3.3.2.4 Verbesserung der Produktionsergebnisse

Vervollständigt wird die Darstellung des wohlfahrtsökonomischen Mehrwerts durch Effizienz und Effektivität, wenn auch eine Verbesserung des *Produktionsergebnisses* durch Intermediation in Betracht gezogen wird. Mehrwert dieser Art durch Intermediation wurde in der Literatur bis dato nur wenig betrachtet. Es lassen sich zwei potenzielle Effekte identifizieren:

- **Steigerung des Qualitätsdrucks.** Wie im vorangegangenen Abschnitt bereits diskutiert wurde, kann durch Intermediation adverse Selektion vermieden werden, da ein Intermediär besser in der Lage ist, die wahren Produkteigenschaften zu identifizieren und zu kommunizieren. Daraus resultiert neben der höheren Bewertungseffizienz auch ein verstärkter Anreiz für den Anbieter, Qualitätsprodukte anzubieten, so dass die durchschnittliche Qualität der im Markt angebotenen Güter steigt (vgl. Biglaiser/Friedman 1994, S. 510).

---

[106] Die Vertrauensschaffung dürfte durch Market-Maker unter Umständen effektiver sein als durch Match-Maker, da ein Market-Maker auf Grund des Ein- und Verkaufs auf eigene Rechnung ggf. weitergehenden rechtlichen Verpflichtungen unterliegt. Dies dürfte z. B. relevant sein, falls es sich um eine internationale Transaktion handelt und eine Vertragsdurchsetzung deshalb schwierig sein kann.

- **Verbesserte Ermittlung der Kundenbedürfnisse**. Insbesondere in der Marketing-Literatur wird darauf eingegangen, dass Intermediäre im Rahmen ihrer Tätigkeiten auch Marktforschung betreiben (vgl. Churchill 1998, S. 367; Kotler et al. 1999, S. 896).[107] Wie bereits erwähnt kann ein Intermediär dies auf Grund seiner höheren Anzahl von Kundenkontakten oftmals besser als ein Produzent, insbesondere wenn der Produzent klein ist oder seine Produkte auf einer Vielzahl heterogener Märkte absetzt.[108] Stellt ein Intermediär den Produzenten seine Informationen bezüglich der Kundenpräferenzen zur Verfügung, können diese ihre Produktion nicht nur hinsichtlich der Effizienz sondern auch des Ergebnisses optimieren (vgl. Picot 1986, S. 7).

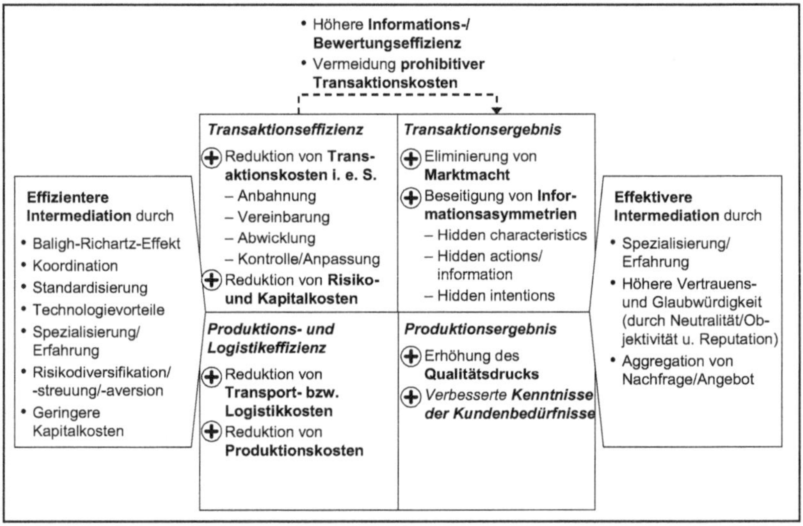

Abbildung 15: Quellen und Kategorien des Mehrwerts durch Intermediation

(Quelle: Eigene Darstellung)

3.3.2.5 Zusammenfassung des Mehrwerts durch Effizienz und Effektivität

In Abbildung 15 wird zusammenfassend dargestellt, auf welche Weise die effizientere und effektivere Ausführung von Intermediationsaktivitäten durch einen Intermediär Mehrwert stiftet. Während eine *effizientere* Intermediation durch den Baligh-Richartz-Effekt, Koordination, Standardisierung, Technologien, Spezialisierung/Erfahrung, Risiko-

[107] Diese Tätigkeit fällt im Referenzmodell unter die Aktivität "Matching".

[108] Es ergibt sich also ein Skalenvorteil daraus, dass in der Intermediation eine höhere horizontale Integration vorherrscht als in der Produktion.

diversifikation und -streuung sowie geringere Kapitalkosten ermöglicht wird, entsteht eine *effektivere* Intermediation durch Spezialisierung/Erfahrung, eine höhere Vertrauens- und Glaubwürdigkeit sowie durch Aggregation von Angebot oder Nachfrage. Intermediation kann dabei in vier Arten wohlfahrtsökonomischen Mehrwerts resultieren: durch (1) die Steigerung der Transaktionseffizienz, (2) die Steigerung der Produktions- und Logistikeffizienz, (3) die Verbesserung der Tauschergebnisse und (4) die Verbesserung des Produktionsergebnisses.[109]

3.3.2.6 Zielkonflikte zwischen Mehrwertkategorien

Die vorangegangenen Ausführungen haben gezeigt, dass sich die wohlfahrtssteigernde Wirkung durch effizientere oder effektivere Intermediation in vier Kategorien einteilen lässt. Dabei ist zu beachten, dass sich Zielkonflikte ergeben können. Die wesentlichen werden im Folgenden diskutiert.[110]

"Mühe und Zeit" der Transaktionspartner vs. objektive Intermediationskosten

Wie oben bereits erwähnt, ergibt sich bei unsicherer Nachfrage eine Substitutionsbeziehung zwischen den Logistikkosten (v. a. den Lagerkosten) einerseits und Wartekosten der Konsumenten andererseits, denn zur Schaffung der sofortigen Verfügbarkeit (Immediacy) von Produkten müssen diese in der Nähe des Kunden gelagert werden (vgl. Demsetz 1968, S. 35ff.; Spulber 1999, S. 48ff.).[111] Dieser Trade-off stellt ein prominentes Beispiel für einen grundlegenden Zielkonflikt dar, nämlich zwischen einer möglichst geringen Transaktionsdauer bzw. hohen "Bequemlichkeit" aus Sicht eines Transaktionspartners einerseits und möglichst geringen monetär anfallenden Intermediationskosten andererseits. Die Reduktion der aufzubringenden "Mühe und Zeit" für die Transaktionspartner erfordert zusätzliche Anstrengungen seitens des Intermediärs. So kann z. B. auch die Bündelung von

---

[109] Auf Grund der Vielschichtigkeit der Thematik handelt es sich dabei um eine vereinfachte Darstellung. Nicht oder nur teilweise abgebildet sind (1) die im nachfolgenden Abschnitt 3.3.2.6 erläuterten Zielkonflikte, (2) positive Zusammenhänge zwischen den vier Kategorien (z. B. zwischen Transaktionseffizienz und Tauschergebnis) sowie (3) der Einfluss einer effektiveren Intermediation auf die Produktions- /Logistikeffizienz (z. B. durch Abstimmung zwischen Produzenten, siehe Abschnitt 3.3.2.2).

[110] Über die erörterten Zielkonflikte hinaus sind weitere Trade-offs denkbar, z. B. zwischen monetär anfallenden Transaktionskosten und Transaktionsrisiken.

[111] Dadurch ergibt sich neben den Lagerkosten auch eine Erhöhung der Kapitalkosten.

Produkten im Falle eines Nachfrageverbunds die Bequemlichkeit für den Konsumenten steigern, erfordert aber eben auch zusätzliche Aktivitäten.[112]

Geringe Transaktionskosten vs. hohe Effektivität der Intermediation

Der soeben beschriebene Trade-off besteht zwischen verschiedenen Kostenarten innerhalb der Transaktionskosten. Ein weiterer grundsätzlicher Zielkonflikt kann zwischen der *effizienten* Ausführung und der *effektiven* Ausführung von Intermediationsaktivitäten bestehen.[113] Denn eine Steigerung der Effektivität erfordert natürlich oftmals eine "intensivere" Ausführung von Aktivitäten (oder sogar zusätzliche Aktivitäten), so dass Mehrkosten entstehen (z. B. für die Aufdeckung privater Informationen oder den Aufbau von Reputation). Der Nutzen durch die gesteigerte Effektivität muss daher den zusätzlichen Transaktionskosten gegenübergestellt werden.[114]

Transaktionseffizienz vs. Produktionseffizienz und -effektivität

Das Ziel geringer Transaktionskosten kann nicht nur in einem konfliktären Verhältnis zu einer hohen Transaktionseffektivität stehen, sondern auch zu einer effizienten und effektiven Produktion und Logistik. Wie oben beschrieben existieren Koordinierungsleistungen des Intermediärs, welche die Produktionseffizienz oder -effektivität steigern können (z. B. die Abstimmung zwischen Produzenten bei Verbundnachfrage oder die Ermittlung und Weiterleitung von Kundenbedürfnissen). Diese zusätzlichen Aktivitäten des Intermediärs sind natürlich nicht kostenlos, so dass sich ein weiterer Trade-off ergeben kann (vgl. Gümbel 1985, S. 171).

---

112 Eine Bewertung dieses Trade-offs gestaltet sich als schwierig, denn abgesehen von der ohnehin schwierigen monetären Bewertung von "Mühe und Zeit" unterscheidet sich diese zudem zwischen verschiedenen Marktteilnehmern. Nicht jeder Transaktionspartner ist gleichermaßen gewillt, für eine Reduktion der Wartezeit (bzw. Steigerung der Bequemlichkeit) objektive Mehrkosten in Kauf zu nehmen. Ebenso wird das Produkt eine Rolle spielen: Auf ein Möbelstück dürfte ein Konsument in der Regel eher gewillt sein zu warten als auf Lebensmittel. Dies bedeutet auch, dass eine bestimmte Form von Intermediation unter Umständen nur in bestimmten Kunden- oder Produktsegmenten als vorteilhaft angesehen wird, abhängig von der jeweiligen Zahlungsbereitschaft für geringere "Mühe und Zeit".

113 Dieser Zielkonflikt wurde bereits angesprochen bei der Diskussion des Zusammenhangs zwischen höherer Transaktionseffizienz und verbessertem Tauschergebnis, siehe Abschnitt 3.3.2.3.

114 Eine quantitative Gegenüberstellung dürfte sich auch hier als schwierig erweisen, denn es entsteht wieder das Problem, dass der Effektivitätsvorteil nicht bei allen Abnehmern den gleichen Nutzen hervorrufen muss. Als Beispiel können hier Informationsasymmetrien in der Tourismusbranche dienen. Für manche Kunden stellt es einen Mehrwert dar, wenn der Intermediär (z. B. der Reiseveranstalter) die Qualität des Produkts prüft und auf diese Weise Hidden characteristics beseitigt. Dagegen besteht für andere Kunden eventuell gar keine Informationsasymmetrie, z. B. weil sie das Hotel bereits kennen. Ein weiteres Beispiel stellen Einkaufsgemeinschaften dar, denn diese bieten nur für Transaktionspartner mit geringer Verhandlungsmacht einen Vorteil (siehe oben).

Transaktionseffizienz vs. Ausdifferenzierung von Intermediationsstrukturen

An mehreren Stellen wurde bereits deutlich, dass Intermediation unter Umständen nur für bestimmte Marktteilnehmer einen Vorteil darstellt, z. B. wenn verschiedene Abnehmer eine unterschiedlich hohe Verhandlungsmacht besitzen oder gesparte "Mühe und Zeit" bei verschiedenen Konsumenten einen unterschiedlichen Nutzen hervorruft. Ähnlich verhält es sich z. B. mit einer durch den Intermediär vorgenommenen Standardisierung, denn der gesetzte Standard entspricht nicht unbedingt den Präferenzen jedes Abnehmers. Die Beispiele zeigen auf, dass es bei einer Heterogenität der Nachfrager keine Intermediationsstruktur gibt, welche für alle Marktteilnehmer optimal ist. Dies spricht für eine Entstehung verschiedener, paralleler Strukturen mit unterschiedlicher Ausgestaltung von Intermediation. Jeder Transaktionspartner kann dann die für ihn am besten geeignete Option auswählen. Dabei ist allerdings zu beachten, dass sich dadurch auch einige Vorteile wie etwa durch den Baligh-Richartz-Effekt reduzieren können, da dort eine Struktur mit wenigen Intermediären (idealerweise nur einem) optimal ist (siehe Abschnitt 3.3.2.1). Ebenso ergibt sich daraus in der Regel eine Duplizierung von Aktivitäten. Es ergibt sich also ein Trade-off zwischen einer möglichst hohen Transaktionseffizienz einerseits und den Vorteilen einer Ausdifferenzierung von Intermediationsstrukturen andererseits.

3.3.2.7 Effizienz- und Effektivitätsnachteile durch Intermediation

Die bisherigen Ausführungen konzentrierten sich auf die positiven Effekte von Intermediation im Sinne einer effizienteren und effektiveren Intermediation. Allerdings kann es auch erhebliche Nachteile geben, die den Vorteilen gegenübergestellt werden müssen, um ein ganzheitliches Bild vom "Netto-Nutzen" zu erhalten. Diese sind in der Literatur zu Intermediation zwar bisher kaum untersucht worden, es lassen sich jedoch einige Argumente aus der Theorie der Firma – v. a. der NIÖ und dem informations- und wissensbasierten Ansatz – ableiten, da diese einige Argumente für vertikale Integration und damit potenziell gegen Intermediation entwickelt haben. Einige Nachteile sind implizit bereits im Rahmen der Zielkonflikte diskutiert worden (z. B. höhere Lagerkosten). Im Folgenden werden weitere wesentliche Punkte erläutert. Eine Zusammenfassung liefert vorab Abbildung 16. Wie stark die Effizienzverluste durch die genannten Nachteile sind, muss wie bei den Vorteilen im Einzelfall untersucht werden.

Hohe Marktmacht des Intermediärs

Ein Intermediär hat oftmals die Möglichkeit, eine große Marktmacht aufzubauen. Häufig liegt ein natürliches Monopol vor, da der Effizienzgewinn durch Intermediation bei einer Industriestruktur mit genau einem Intermediär am größten ist (z. B. beim Baligh-Richartz-Effekt oder bei Technologien mit hohen Fixkosten) (vgl. Demsetz 1968, S. 42; Gehrig 1993, S. 113; Peiseler 1990, S. 110; Picot/Reichwald/Wigand 2001, S. 378f.). Bei der Intermediationsaktivität Matching – v. a. bei einem Marktplatzansatz – können zudem signifikante Netzeffekte bestehen, da der Nutzen mit steigender Anzahl von Teilnehmern zunimmt. Dies verleiht den Marktführern auf Grund der damit verbundenen Markteintrittsbarrieren Marktmacht. Weiterhin können für den Kunden eines Intermediärs signifikante Wechselkosten entstehen, z. B. dadurch, dass bei einem Wechsel des Abnehmers zu einem anderen Intermediär oder einem Produzenten erneut zunächst Vertrauen und Reputation aufgebaut werden muss. Zudem gewöhnen sich die Abnehmer an die intermediärsspezifischen Prozesse, so dass bei einem Wechsel Lernkosten anfallen. Dies ist bei Intermediären besonders relevant, da auf Grund des oftmals breiten Produktangebots eine Kundenbindung besonders gut möglich ist. Hat ein Intermediär Marktmacht aufgebaut, kann er diese zur Steigerung seiner Gewinne einsetzen, so dass es zu Monopolrenten und einer suboptimalen Transaktionseffizienz kommt.

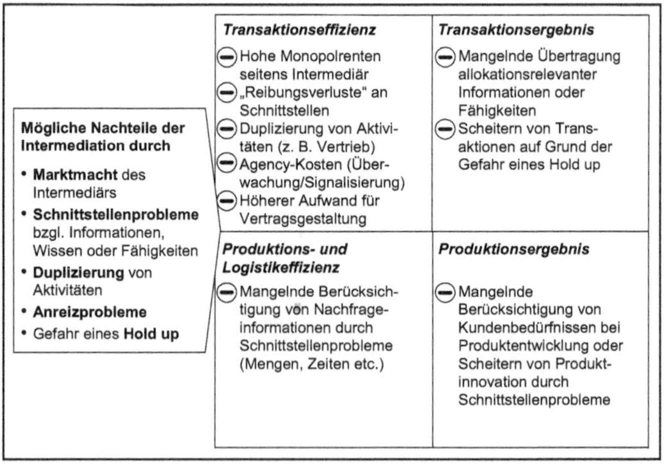

Abbildung 16: Effizienz- und Effektivitätsnachteile von Intermediation

(Quelle: Eigene Darstellung)

Mangelnde Übertragung von Wissen und Fähigkeiten an Schnittstellen

Durch Intermediation vergrößert sich die Anzahl der unternehmensübergreifenden Schnittstellen entlang des vertikalen Wertschöpfungssystems. Über diese Schnittstellen hinweg müssen Informationen, Wissen und Fähigkeiten übertragen werden (siehe dazu den wissensorientierten Ansatz in Abschnitt 2.1.4.2). So ist die Übertragung von Wissen wie z. B. Produkt-Know-how essenziell für die Funktionsfähigkeit des Marketing- und Vertriebskanals (vgl. Alderson 1954, S. 23). Umgekehrt ist auch die Übertragung von Marktwissen vom Intermediär an den Produzenten von entscheidender Bedeutung für dessen Produktion (ebd.). Eine Abstimmung aller Elemente des Wertschöpfungssystems kann auch für die Einführung von Produkt- oder Prozessinnovationen essenziell sein. Treten Probleme an den Schnittstellen zwischen Anbieter bzw. Abnehmer und Intermediär auf, können sich die Vorteile der Intermediation reduzieren, v. a. bez. Transaktionseffizienz[115] sowie Produktionseffizienz und -ergebnis.[116]

Duplizierung von Aktivitäten

Obwohl Intermediäre gewisse Tätigkeiten von Anbietern und Abnehmern übernehmen, müssen diese Tätigkeiten innerhalb der Organisation des Anbieters oder Abnehmers nicht unbedingt komplett entfallen. Dies ist v. a. dann der Fall, wenn direkter Handel und Intermediation parallel bestehen. In diesem Fall muss ein Anbieter eine Vielzahl der Intermediationsaktivitäten wie Vertrieb und Marketing weiterhin ausführen. Falls die Ausführung der entsprechenden Aktivitäten mit hohen Fixkosten verbunden ist (z. B. der Vertrieb via

---

[115] Da sich die Übertragung von Informationen und Wissen über Unternehmensgrenzen hinweg als aufwändiger gestalten kann als unternehmensintern, kann es zu steigenden Transaktionskosten und damit zu einer geringeren Transaktionseffizienz kommen. Dies dürfte v. a. bei komplexen Produkten der Fall sein. Z. B. muss auch bei neuen Produkten oder Marketingkonzepten Überzeugungsarbeit geleistet werden.

[116] Hat ein Produzent keinen direkten Kundenzugang und herrscht eine mangelnde Übertragung von Nachfrageinformationen vom Intermediär an den Produzenten vor, kann dies in einer ineffizienteren Produktion und einer ineffektiveren Produktentwicklung resultieren (vgl. Fell 2000, S. 111ff.; Jallat/Capek 2001, S. 56). Auch auf Grund von Abstimmungsproblemen kann die Innovationsfähigkeit bzw. der technische Fortschritt (und damit das Produktionsergebnis) leiden, da bei der Einführung einer Innovation Anbieter und Intermediär kooperieren müssen (analog wird die höhere Innovationsfähigkeit oftmals als Vorteil einer vertikalen Integration genannt, vgl. z. B. Grant 1998, S. 321f.).

Internet), kann dies die Effizienzvorteile von Intermediation reduzieren oder sogar zunichte machen.[117]

Anreizprobleme

Die Zusammenarbeit zwischen Anbieter und Intermediär (bzw. Abnehmer und Intermediär) kann auch als Auftraggeber-Auftragnehmer-Beziehung aufgefasst werden (vgl. Schmitz 2000, n. p.; Spulber 1999, S. 319ff.). Der Anbieter beauftragt den Intermediär z. B. mit der Vermarktung seiner Produkte. Ein Anbieter oder Abnehmer kann das Verhalten des Intermediärs allerdings nur begrenzt beobachten und sich daher nicht sicher sein, dass der Intermediär die delegierten Funktionen wie gewünscht erfüllt (vgl. Blair/Kaserman 1983, S. 37ff.; Fell 2000, S. 109f.). Dies kann in erhöhten Agency-Kosten (siehe Abschnitt 2.1.3.4) resultieren, so dass sich die Transaktionseffizienz verringert. Denn durch die Delegation von Aufgaben an den Intermediär entstehen seitens des Anbieters (bzw. Abnehmers) Kosten für die Überwachung und Kontrolle des Intermediärs und seitens des Intermediärs Kosten für die Signalisierung gegenüber dem Anbieter (bzw. Abnehmer). Anreizprobleme sind v. a. bei komplexen und schlecht kontrollierbaren Aktivitäten zu erwarten, z. B. dem Verkauf komplexer, spezifischer Produkte, der Erbringung von Dienstleistungen wie Installationen oder der Kundenbetreuung (vgl. Sharma/Dominguez 1992, S. 6).

Hold up

Im Rahmen der NIÖ – insbesondere des Transaktionskostenansatzes von *Williamson* – wurde die Gefahr des Hold up als Grund für vertikale Integration angeführt (siehe Abschnitt 2.1.3.2). Es kann demnach die Frage gestellt werden, ob sich auch durch Intermediation die Gefahr eines Hold up ergibt. Dies ist der Fall, falls Intermediation mit transaktionsspezifischen Investitionen verbunden ist. Seitens des Intermediärs können diese zwar nicht ausgeschlossen werden, dürften jedoch eher selten auftreten. Denn wie bereits aus den obigen Ausführungen hervorgeht, basieren die Effizienzvorteile durch Intermediation oftmals gerade auf einer Zusammenführung von Transaktionen bei Vorhandensein vieler Anbieter und Abnehmer, so dass die internen Abläufe in der Regel eher nicht auf wenige, spezifische

---

[117] Im Falle eines Market-Makers werden einige Intermediationsaktivitäten sogar immer dupliziert, z. B. die Preisverhandlung und die Zahlungsabwicklung. Denn während bei direktem Handel nur eine Verhandlung mit nur einer Zahlung stattfindet, ergeben sich durch einen Market-Maker jeweils zwei Transaktionen. Sowohl beim Match- als auch beim Market-Maker werden neben direkten Transaktionsaktivitäten in der Regel auch indirekte Transaktionsaktivitäten wie allgemeine Managementfunktionen dupliziert.

Transaktionspartner ausgelegt sein werden. Seitens der Anbieter oder Abnehmer sind transaktionsspezifische Investitionen eher denkbar, z. B. Investitionen in Schulungen der Mitarbeiter des Intermediärs (bei komplexen Produkten) oder in proprietäre, zwischenbetriebliche Informations- und Kommunikationssysteme, welche nur für die Zusammenarbeit mit einem bestimmten Intermediär ausgelegt sind. In diesem Falle besteht eine Gefahr des Hold up, so dass sich entweder eine Erhöhung der Transaktionskosten (wegen einer aufwändigeren Vertragsgestaltung) oder Nachteile dadurch ergeben, dass die eigentlich wünschenswerte Investition nicht getätigt wird (wegen des verbleibenden Risikos) und Intermediation trotz wohlfahrtsökonomischer Vorteile nicht entsteht.

3.3.3 Betriebswirtschaftliche/firmenindividuelle Vor- und Nachteile von Intermediation

Im vorangegangenen Abschnitt wurde eine Vielzahl von Gründen für die Existenz von Intermediation aus volkswirtschaftlicher Perspektive erläutert. Auf Grund der Fokussierung auf die Wohlfahrt können diese Gründe v. a. erklären, weshalb Intermediation vorteilhaft für Konsumenten bzw. Abnehmer ist. Intermediäre können jedoch nur dann existieren, falls die entsprechenden Upstream- und Downstream-Unternehmen dies zulassen und mit Intermediären zusammenarbeiten. Das primäre Ziel dieser Unternehmen ist jedoch nicht die Steigerung der Wohlfahrt, sondern die Maximierung des eigenen Gewinns.

Das Ziel der Wohlfahrtssteigerung kann sich kongruent, neutral oder konfliktär zum Ziel der Gewinnmaximierung von Upstream- oder Downstream-Unternehmen verhalten. Eine hohe Transaktionseffizienz, Produktionseffizienz sowie Produktionseffektivität dürften dabei stets auch im Interesse von Up- und Downstream-Unternehmen sein, da alle drei Effekte einen Wettbewerbsvorteil gegenüber Konkurrenten und eine höhere Produzentenrente ermöglichen. Anders verhält es sich bei einer Verbesserung des Transaktionsergebnisses, denn diese ist nicht immer zum Vorteil der beteiligten Unternehmen. Besonders deutlich wird dies daran, dass eine Aufgabe des Intermediärs sein kann, die Marktmacht des Upstream-Unternehmens durch eine Aggregation der Nachfrage zu reduzieren (siehe Abschnitt 3.3.2.3). Dass dies nicht im Interesse des jeweiligen Upstream-Unternehmens liegt, ist selbstverständlich. Aber auch die Beseitigung von Informationsasymmetrien bzw. eine Erhöhung von Informations- und Bewertungseffizienz ist nicht unbedingt im Interesse von Upstream- oder Downstream-Unternehmen. Z. B. hat ein Anbieter, welcher Produkte mit minderwertiger Qualität oder zu nicht konkurrenzfähigen Preisen anbietet, kein Interesse an vollkommener Transparenz. Genauso verhält es sich bei Marktteilnehmern mit Hidden intentions. Das Ziel der

Verbesserung der Transaktionsergebnisse kann sich also konfliktär zum Ziel der Gewinnmaximierung verhalten und aus Sicht der entsprechenden Unternehmen einen Nachteil von Intermediation darstellen.

Es ist zu erwarten, dass aus betriebswirtschaftlicher Sicht über die erläuterten wohlfahrtsökonomisch relevanten Effizienz- und Effektivitätsaspekte hinaus zahlreiche weitere Argumente für oder gegen die Zusammenarbeit mit Intermediären bestehen. In der Literatur zu Intermediation werden diese Aspekte kaum beachtet. Lediglich die Marketing-Literatur liefert diesbezüglich einige Hinweise, da sie sich mit der Entscheidung von Produzenten für oder gegen die Nutzung von Intermediären für den Vertrieb ihrer Produkte befasst. Weitere Vor- und Nachteile lassen sich jedoch durch eine Übertragung von Erkenntnissen zu vertikaler Integration ableiten, da es sich bei Intermediation um ein "vertikales Phänomen" handelt.[118] Nachfolgend werden die Vor- und Nachteile von Intermediation zusammengefasst, welche sich teilweise aus der Analyse der angesprochenen Literatur ergeben und teilweise einen Eigenbeitrag des Autors darstellen.[119] Für eine differenzierte Darstellung ist es notwendig, zwischen einer lang- und kurzfristigen Zusammenarbeit mit Intermediären zu unterscheiden, da sich unterschiedliche Vor- und Nachteile ergeben.

3.3.3.1 Vorteile der langfristigen Zusammenarbeit mit Intermediären

Im Folgenden werden Gründe diskutiert, die für eine langfristige Zusammenarbeit mit Intermediären sprechen.

Höhere Transaktions- und Produktionseffizienz/-effektivität

Wie oben beschrieben stellen eine hohe Transaktionseffizienz, Produktionseffizienz und Produktionseffektivität (und teilweise auch eine hohe Transaktionseffektivität) Wettbewerbsvorteile dar, die eine höhere Profitabilität ermöglichen können. Dementsprechend bestehen natürlich Anreize für einen Produzenten zur Zusammenarbeit mit Intermediären, falls ein Vertrieb über Intermediäre effizienter bzw. effektiver ist (der

---

118 Im Rahmen der industrieökonomischen Grundlagen (siehe Abschnitt 2.1) wurden bereits Anreize zu vertikaler Integration diskutiert, jedoch ausschließlich unter Effizienzgesichtspunkten. An dieser Stelle sind die nicht effizienzorientierten Gründe für vertikale Integration relevant.

119 Dabei wird angenommen, dass für den Anbieter bzw. Abnehmer Wahlfreiheit zwischen der Zusammenarbeit mit Intermediären und der eigenen Ausführung der Intermediationsaktivitäten besteht. Dies ist nicht unbedingt der Fall, denn in einigen Märkten (z. B. in Japan) kann der Aufbau einer eigenen Verkaufsorganisation nicht oder nur schwer möglich sein – z. B. auf Grund rechtlicher oder kultureller Rahmenbedingungen (vgl. Churchill 1998, S. 385f.; Kotler et al. 1999, S. 909 u. S. 921f.; Zikmund/D'Amico 1986, S. 331).

umgekehrte Fall kann natürlich auch zutreffen, dann wäre es ein Grund gegen Intermediation). Bestehen Eigenvertrieb und Intermediation parallel (also bei einer ergänzenden Zusammenarbeit mit Intermediären), dürften diese Effizienzvorteile jedoch vermindert werden, da es zu einer Duplizierung von Tätigkeiten kommt.

Höhere Flexibilität/geringere Marktaustrittskosten

Ein wichtiges Kriterium bei der Beurteilung verschiedener Vertriebsstrukturen stellt die Flexibilität dar, denn ein Anbieter sollte seine Vertriebsstruktur an neue Rahmenbedingungen anpassen können (vgl. Kotler et al. 1999, S. 921). Vertikale Integration kann diese Flexibilität mindern (vgl. z. B. Grant 1998, S. 323). Analog dazu dürfte diese Flexibilität bei einer Zusammenarbeit mit Intermediären in der Regel höher sein als beim Aufbau einer eigenen Verkaufsorganisation (dabei sind natürlich die jeweils vereinbarten Vertragsbedingungen mit dem Intermediär zu beachten, denn ggf. müssen langfristige Verträge abgeschlossen werden). Ein wichtiges Beispiel für eine solche Flexibilität stellt die Möglichkeit dar, nach einem Eintritt in einen neuen Markt oder der Einführung eines neuen Produkts zu geringen Kosten wieder aus dem Markt auszutreten.

Verbesserte Möglichkeit zur Preisdifferenzierung/Preisdiskriminierung

Nach der üblichen Definition liegt Preisdifferenzierung vor, wenn das gleiche Gut zu verschiedenen Preisen verkauft wird (vgl. Tirole 1995, S. 291; Varian 1989, S. 598).[120] Für Preisdifferenzierung ist eine Abgrenzung verschiedener Teilmärkte erforderlich, was z. B. durch die Nutzung verschiedener Absatzkanäle bzw. Abnehmer erreicht werden kann – allerdings muss sichergestellt werden, dass der Abnehmer mit den günstigeren Konditionen das Gut nicht an die anderen Abnehmer weiterverkauft (vgl. Carlton/Perloff 2000, S. 394; Varian 1989, S. 599). Vertikale Integration mit einem der Abnehmer stellt eine der Möglichkeiten dar, diesen Arbitrage-Handel zu unterbinden (vgl. Blair/Kaserman 1983, S. 120ff.; Fell 2000, S. 113; Perry 1989, S. 193). Diese Überlegungen lassen den Schluss zu, dass auch durch eine Zusammenarbeit mit einem Intermediär Preisdifferenzierung betrieben werden kann, falls über den Intermediär ein anderes Kundensegment angesprochen wird als

---

[120] Diese Definition ist vereinfacht und spiegelt nicht immer den genauen Gedanken von Preisdifferenzierung wider. So werden in der Regel Preisunterschiede, welche aus unterschiedlichen Kosten (z. B. Transportkosten) resultieren, nicht als Preisdifferenzierung verstanden (vgl. z. B. Tirole 1995, S. 291). Dies ist z. B. in der Definition von *Stigler* berücksichtigt, nach der Preisdifferenzierung dann vorliegt, falls ein gleiches oder ähnliches Gut zu Preisen verkauft wird, die in unterschiedlichem Verhältnis zu den entstandenen Grenzkosten stehen (vgl. Varian 1989, S. 598).

über den eigenen Vertrieb (vgl. Brousseau 2002, S. 362). Ein Arbitrage-Handel kann in diesem Fall auf Grund der Kontrolle über den Eigenvertrieb ausgeschlossen werden (schwieriger wird dies, falls die Preisdifferenzierung durch die Zusammenarbeit mit mehreren Intermediären angestrebt wird). Da Einkaufs- und Verkaufspreise beim Market-Maker nicht identisch sind, ist eine Preisdiskriminierung über Market-Maker nicht so offensichtlich wie bei einem Direktvertrieb oder bei Match-Makern. Dies ist v. a. auch dann der Fall, wenn der Market-Maker die Leistung mit anderen Produkten bündelt und der Preis der Einzelkomponenten dabei nicht mehr transparent ist (z. B. bei Pauschalreisen) (vgl. Bailey 1998, S. 38). Zudem besteht die Möglichkeit, dass der Intermediär den Namen des Produzenten nicht preisgibt bzw. der Produzent beim Vertrieb über Intermediäre einen anderen Markennamen verwendet (vgl. Brousseau 2002, S. 362). Um Preisdifferenzierung betreiben zu können, müssen mehrere Vertriebskanäle parallel existieren – entweder mehrere Intermediäre oder ein Intermediär plus Direktvertrieb. Daher kann Preisdifferenzierung auch umgekehrt ein Argument für den Aufbau eines Direktvertriebs sein, falls der Verkauf bisher nur über Intermediäre erfolgte.

3.3.3.2 Nachteile der langfristigen Zusammenarbeit mit Intermediären

Den Vorteilen einer Zusammenarbeit mit Intermediären müssen natürlich die Nachteile gegenübergestellt werden. Diese werden nachfolgend erörtert.

Potenziell hohe Marktmacht des Intermediärs

Wie bereits beschrieben (siehe Abschnitt 3.3.2.7) hat ein Intermediär die Möglichkeit, Marktmacht aufzubauen. Diese kann er im Rahmen der Preisverhandlung bzw. Preisfestlegung ausnutzen, um seinen Gewinn auf Kosten der Anbieter (und Abnehmer) zu maximieren (vgl. Anderson/Day/Rangan 1997, S. 60). Die Anbieter haben daher einen Anreiz, den Machtzuwachs des Intermediärs nicht zuzulassen oder – falls bereits geschehen – den Intermediär zu umgehen, da durch die Existenz des direkten Handels die Marktmacht des Intermediärs reduziert wird (vgl. Fingleton 1997, S. 554).[121] Bei bereits aufgebauter Marktmacht des Intermediärs ist ein Anbieter allerdings in der Regel kurz- oder mittelfristig

---

[121] Diese Erkenntnis lässt sich auch aus der Literatur zur vertikalen Integration ableiten, denn dort wird argumentiert, dass ein Unternehmen durch vertikale Integration die auf einer vorgelagerten oder nachgelagerten Wertschöpfungsstufe vorhandene Marktmacht reduzieren kann (vgl. Carlton/Perloff 2000, S. 394f.). So kann z. B. ein Downstream-Unternehmen die Marktmacht eines Upstream-Monopolisten reduzieren, indem es die Leistung des Monopolisten selbst erbringt und in die Wertschöpfungsstufe des Monopolisten eintritt (vgl. Neumann 1994, S. 282).

vom Intermediär abhängig. Dies verschafft dem Intermediär die Möglichkeit, Disintermediationsaktivitäten von Anbietern oder Abnehmern zu bestrafen und auf diese Weise eine Disintermediation zu verhindern oder zumindest hinauszuzögern, obwohl sie wohlfahrtsökonomisch und aus Sicht der Anbieter wünschenswert wäre (vgl. Fingleton 1997, S. 555; Sarkar/Butler/Steinfield 1995, n. p.; Sarkar/Butler/Steinfield 1998, S. 219; Westerfield 1915, S. 127).

Gefahr der Rationierung/Benachteiligung von Anbietern

Bestehen Unsicherheiten bezüglich Angebot oder Nachfrage und ist der Preis nicht das einzige Kriterium für die Allokation von Ressourcen, kann dies in Rationierung resultieren, so dass für einige Marktteilnehmer die Gefahr besteht, keinen Zugang zu notwendigen Ressourcen zu erhalten (vgl. Blair/Kaserman 1983, S. 85ff.; Carlton/Perloff 2000, S. 383; Perry 1989, S. 206ff.). In der Literatur zur vertikalen Integration wird dies als Grund für eine vertikale Integration genannt, da sich dadurch die Gefahr der Rationierung eliminieren lässt (ebd.). Auch wenn dies in der Literatur meist als Argument für eine Rückwärtsintegration vorgebracht wird, lässt sich dies auch auf den Fall der Vorwärtsintegration anwenden, nämlich falls der Zugang zu Absatzkanälen nicht dauerhaft gewährleistet ist. Diese Argumentationslogik kann auf Intermediation übertragen werden und stellt einen Grund gegen die Zusammenarbeit mit Intermediären dar. Denn im Falle eines Nachfragerückgangs ist es nicht unwahrscheinlich, dass ein Intermediär die Zusammenarbeit mit bestimmten Anbietern abbricht. Ist der betroffene Anbieter auf den Intermediär angewiesen, birgt dies für ihn ein hohes Risiko. Auch wenn der Intermediär bei seinen Marketing- und Vertriebsmaßnahmen bestimmte Produkte bzw. Anbieter bevorzugt, stellt dies eine Form der Rationierung dar. Zudem ist es auch möglich, dass der Intermediär das Produkt eines Anbieters erst gar nicht in sein Programm aufnimmt (vgl. Kotler et al. 1999, S. 907). Auf Grund der Gefahr einer Rationierung oder Benachteiligung hat der Anbieter einen Anreiz, einen Direktvertrieb zumindest zusätzlich aufzubauen, um so das Risiko zu begrenzen.

Aufbau eines potenziellen Konkurrenten/Abbau von Markteintrittsschranken

Im Rahmen der Zusammenarbeit mit Intermediären müssen Anbieter und Abnehmer gegenüber dem Intermediär Informationen und Wissen über das eigene Geschäft preisgeben. Dies kann dazu führen, dass der Intermediär zunehmend zum potenziellen Konkurrenten wird und damit drohen kann, in die Branche des Anbieters oder Abnehmers einzutreten (vgl. Anderson/Day/Rangan 1997, S. 61). Durch die Zusammenarbeit mit Intermediären können also die Markteintrittsbarrieren für den Intermediär gesenkt werden.[122] Dies spricht aus Sicht der Anbieter und Abnehmer für die Ablehnung jeglicher Zusammenarbeit mit Intermediären, denn auch eine parallele Existenz eines Direktvertriebs kann kaum zu einer Entschärfung dieser Gefahr führen.

Preisgabe sensibler Informationen

Im vorangegangenen Punkt wurde festgestellt, dass für die Kooperation mit Intermediären die Übertragung von Informationen und Wissen über das eigene Geschäft notwendig ist. Dabei kann es sich auch um unternehmenskritische und sensible Informationen handeln. Eine Preisgabe dieser Informationen birgt nicht nur die Gefahr, einen potenziellen Konkurrenten aufzubauen, sondern auch, dass diese Informationen auf Grund eines nicht vertraulichen Umgangs in die Hände eines Konkurrenten geraten.

Eingeschränkte Möglichkeit zur Steuerminimierung/Umgehung von Regulierung

In der Literatur zu vertikaler Integration werden auch rechtliche Aspekte berücksichtigt. Die drei folgenden genannten positiven Effekte von vertikaler Integration (vgl. z. B. Carlton/Perloff 2000, S. 386f. und Fell 2000, S. 114f.) stellen potenzielle Nachteile von Intermediation dar:

- **Umgehung von Preisregulierung.** Da nur zwischenbetriebliche Transaktionen Preisregulierungen unterliegen, können diese durch eine Internalisierung der Transaktionen – also durch vertikale Integration – umgangen werden.
- **Umgehung von Gewinnregulierung.** Durch eine Internalisierung der Transaktionen ergibt sich auch die Möglichkeit, über eine entsprechende Anpassung der Transferpreise Gewinne von einer Geschäftseinheit zur anderen zu verschieben. Falls eine dieser Geschäftseinheiten einer Gewinnregulierung unterliegt, kann das Unternehmen also den

[122] Eine Übertragung von Erkenntnissen aus der Literatur zur vertikalen Integration lässt zudem den Schluss zu, dass die Markteintrittsschranken generell (also nicht nur für Intermediäre als potenzielle Konkurrenten) durch die Zusammenarbeit mit Intermediären sinken können (vgl. Blair/Kaserman 1983, S. 43f.; Fell 2000, S. 65; Scherer/Ross 1990, S. 526; Shepherd 1997, S. 275). Dies lässt sich damit begründen, dass potenzielle Marktteilnehmer in den Markt eintreten können, ohne im gleichen Zuge die Aktivitäten des Intermediärs übernehmen zu müssen. Dies ist mit einem geringeren Aufwand und Kapitalbedarf verbunden als in einer Situation, in der ein gleichzeitiger Eintritt in beide Wertschöpfungsstufen notwendig ist. Zudem ergibt sich durch die Existenz von Intermediären auch dann eine Erleichterung des Markteintritts, falls die Branche der Intermediäre mit höheren Markteintrittsbarrieren verbunden ist als die des Anbieters. In einer vertikal integrierten Industriestruktur ohne Intermediäre würde sich die hohe Markteintrittsschranke für Intermediation auf die Wertschöpfungsstufe des Anbieters übertragen (vgl. Blair/Kaserman 1983, S. 43f.; Scherer/Ross 1990, S. 526).

Gesamtgewinn maximieren, indem sie die in dieser Einheit erwirtschafteten unerlaubten Überschüsse verschiebt und damit "legalisiert".

- **Steueroptimierung durch Gewinnverschiebungen.** Anhand der optimalen Festlegung von Transferpreisen lässt sich auch die Gesamtsteuerbelastung eines vertikal integrierten Unternehmens reduzieren, und zwar falls verschiedene Geschäftseinheiten unterschiedlich hohen Steuern unterliegen (z. B. weil sie in verschiedenen Ländern ansässig sind).

Diese Argumente lassen sich grundsätzlich auch auf den Fall der Disintermediation anwenden. Wie gewichtig die Argumente sind, unterscheidet sich jedoch stark von Fall zu Fall.

Kannibalisierung des Eigenvertriebs

Eine ergänzende Zusammenarbeit mit Intermediären birgt aus Sicht des Anbieters die Gefahr, dass sich ungewollt Transaktionen vom Eigenvertriebskanal zum Vertrieb über Intermediäre verschieben und damit der Eigenvertrieb kannibalisiert wird. Dies ist dann ein Nachteil, wenn der Eigenvertrieb profitabler oder in anderer Hinsicht vorteilhafter ist (z. B. durch den direkten Kundenkontakt). Die Kannibalisierungsgefahr ist die Kehrseite der Vorteile einer besseren Auslastungsoptimierung und einer schnelleren Marktpenetration.

3.3.3.3 Vorteile einer kurzfristigen Zusammenarbeit mit Intermediären

In den vorangegangenen Abschnitten wurden Argumente diskutiert, die für oder gegen die *langfristige* Zusammenarbeit mit Intermediären sprechen. Nachfolgend werden Gründe genannt, die für eine *zeitlich befristete* Zusammenarbeit mit Intermediären sprechen.

Schnellerer Markteintritt/schnellere Marktpenetration

Es ist denkbar, dass Intermediationsaktivitäten auf Grund von Eintrittsbarrieren nur mittel- oder langfristig selbst aufgebaut werden können, z. B. falls es sich um einen kleinen Anbieter handelt und erhebliche Kapitalaufwendungen notwendig sind. In diesem Fall muss ein Anbieter in der Anfangsphase auf Intermediäre zurückgreifen (vgl. Churchill 1998, S. 380; Kotler et al. 1999, S. 909). Ebenso kann mit Hilfe von Intermediären ggf. schneller eine hohe Marktpenetration erreicht werden, wenn sie zusätzlich zum Direktvertrieb genutzt werden (vgl. Churchill 1998, S. 380f.).

Verbesserte kurzfristige Auslastungssteuerung

Wie oben festgestellt begibt sich ein Anbieter durch die Zusammenarbeit mit einem Intermediär in die Gefahr, bei unsicherer Nachfrage Opfer einer Rationierung zu werden. Umgekehrt kann ein Intermediär einem Anbieter jedoch auch helfen, erfolgreicher mit unsicherer Nachfrage umzugehen, nämlich falls der Anbieter den Intermediär als zusätzlichen Vertriebskanal einschalten kann, z. B. im Falle vorübergehender Auslastungsschwierigkeiten bzw. Produktionsüberschüsse. Der Anbieter kann dann seine Auslastung optimieren. Hier spielt erneut die bereits im Rahmen der Preisdifferenzierung beschriebene Möglichkeit des Intermediärs eine Rolle, andere Kundensegmente anzusprechen zu können, den Preis einer Einzelkomponente durch Bündelung zu verstecken oder die Leistung unter einer anderen Marke zu vertreiben (siehe Abschnitt 3.3.3.1).

3.3.3.4 Nachteile einer kurzfristigen Zusammenarbeit mit Intermediären

Die Gegenüberstellung von nicht effizienz- oder effektivitätsorientierten Vor- und Nachteilen wird vervollständigt, indem potenzielle Nachteile einer *kurzfristigen* Zusammenarbeit mit Intermediären identifiziert werden. Dazu lohnt ein Rückblick auf die bereits diskutierten Nachteile einer *langfristigen* Kooperation (siehe Abschnitt 3.3.3.2). Welche davon können hier ebenso relevant sein? Es kann davon ausgegangen werden, dass sich ein Anbieter durch eine zeitlich befristete Kooperation mit einem Intermediär nicht in eine starke Abhängigkeit begibt, so dass die Gefahr einer Rationierung oder Verhandlungsnachteile durch eine hohe Marktmacht des Intermediärs eher nicht auftreten dürften. Ebenso dürfte der Aufbau eines Konkurrenten durch die Übertragung von Wissen nur selten von heute auf morgen möglich sein. Auch steuerliche oder regulatorische Nachteile dürften eher die Ausnahme sein. Damit wurden alle Nachteile bis auf die Preisgabe sensibler Informationen und die Gefahr der Kannibalisierung des Eigenvertriebs ausgeschlossen – diese beiden Nachteile können auch bei einer zeitlich befristeten Zusammenarbeit auftreten (letzteres nur bei einer ergänzenden Zusammenarbeit).

3.3.3.5 Zusammenfassung

Zusammenfassend können folgende Schlussfolgerungen gezogen werden:

- Eine langfristige und ausschließliche Zusammenarbeit mit Intermediären birgt – insbesondere auf Grund der potenziell hohen Marktmacht von Intermediären – signifikante Risiken und erscheint daher (bei gegebener Wahlfreiheit) nur sinnvoll, wenn entweder die Effizienz- oder Effektivitätsvorteile von Intermediären gegenüber einem Direktvertrieb sehr hoch sind oder eine hohe Flexibilität bzw. die Option eines preiswerten Marktaustritts gewahrt bleiben soll.

- Viele der Nachteile entfallen, falls die Zusammenarbeit mit Intermediären nur eine verzichtbare Ergänzung zum eigenen Direktvertrieb darstellt. Ein wesentlicher Vorteil der Parallelität von Intermediation und Direktvertrieb kann die bessere Möglichkeit zur Preisdifferenzierung darstellen.
- Ebenso entfallen viele Nachteile bei einer zeitlich befristeten Zusammenarbeit mit Intermediären. Eine Ausnahme besteht dann, wenn auch im Rahmen einer kurzfristigen Kooperation sensible Informationen an den Intermediär weitergeleitet werden müssen.

Abbildung 17 liefert eine Zusammenfassung der firmenindividuellen bzw. betriebswirtschaftlichen Vor- und Nachteile einer Zusammenarbeit mit Intermediären aus Sicht der Abnehmer oder Anbieter. Dabei wird zwischen einer kurz- und langfristigen Kooperation unterschieden. Zudem wird nach dem Ausmaß der Zusammenarbeit differenziert. Denn es macht einen Unterschied, ob ein Anbieter Intermediäre nur als Ergänzung zum eigenen Direktvertrieb nutzt oder auf den eigenen Vertrieb verzichtet.

Zusammenfassend können folgende Schlussfolgerungen gezogen werden:

- Eine langfristige und ausschließliche Zusammenarbeit mit Intermediären birgt – insbesondere auf Grund der potenziell hohen Marktmacht von Intermediären – signifikante Risiken und erscheint daher (bei gegebener Wahlfreiheit) nur sinnvoll, wenn entweder die Effizienz- oder Effektivitätsvorteile von Intermediären gegenüber einem Direktvertrieb sehr hoch sind oder eine hohe Flexibilität bzw. die Option eines preiswerten Marktaustritts gewahrt bleiben soll.
- Viele der Nachteile entfallen, falls die Zusammenarbeit mit Intermediären nur eine verzichtbare Ergänzung zum eigenen Direktvertrieb darstellt. Ein wesentlicher Vorteil der Parallelität von Intermediation und Direktvertrieb kann die bessere Möglichkeit zur Preisdifferenzierung darstellen.
- Ebenso entfallen viele Nachteile bei einer zeitlich befristeten Zusammenarbeit mit Intermediären. Eine Ausnahme besteht dann, wenn auch im Rahmen einer kurzfristigen Kooperation sensible Informationen an den Intermediär weitergeleitet werden müssen.

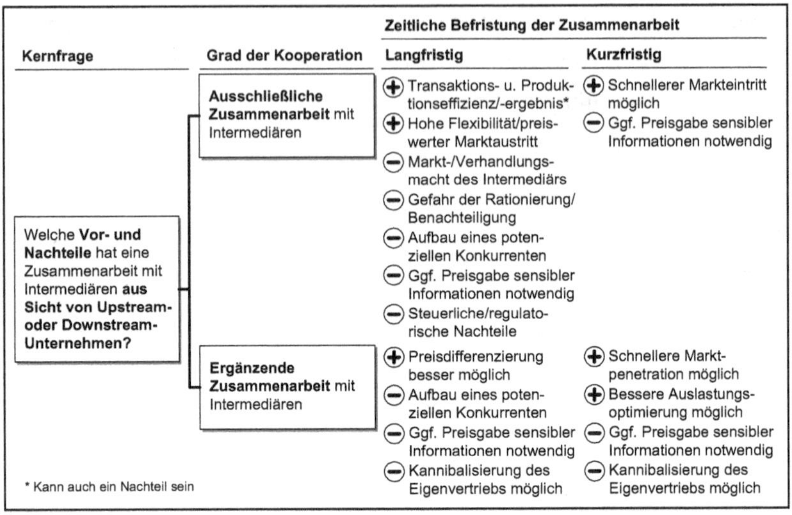

Abbildung 17: Firmenindividuelle/betriebswirtschaftliche Vor- und Nachteile von Intermediation

(Quelle: Eigene Darstellung)

Es ist zu beachten, dass durch eine Parallellösung oder eine zeitlich befristete Zusammenarbeit zwar viele Nachteile entfallen, sich aber auch eventuelle Effizienz- und Effektivitätsvorteile durch Intermediation vermindern dürften (z. B. auf Grund der notwendigen Duplizierung von Tätigkeiten, siehe Abschnitt 3.3.2.7).

3.4 Analysemethodik zum Einfluss von E-Commerce auf Intermediation

3.4.1 Einleitung und Überblick

Ziel ist es nun, eine Vorgehensweise im Sinne eines Leitfadens zu entwickeln, mit dessen Hilfe sich ableiten lässt, welche Veränderungen der Intermediationsstruktur in einem konkreten Anwendungsfall durch E-Commerce zu erwarten sind. Der Leitfaden soll die entscheidenden Fragen, die für die zu untersuchende Industrie beantwortet werden müssen, in einer sinnvollen und zielführenden Reihenfolge aufwerfen. Soweit industrieübergreifend möglich wird dabei auch bereits darauf eingegangen, bei welchen Intermediationsaktivitäten und -funktionen Veränderungen zu erwarten sind und bei welchen nicht.

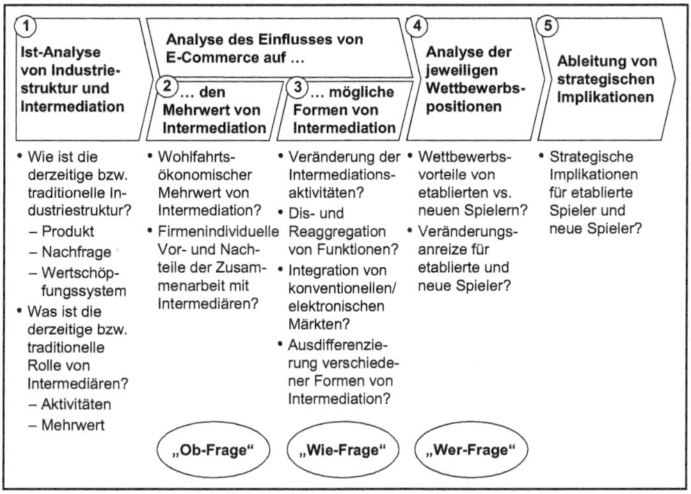

Abbildung 18: Leitfaden zum Einfluss von E-Commerce auf Intermediation

(Quelle: Eigene Darstellung)

Basis für die Vorgehensweise bzw. Schrittfolge sind die drei in Abschnitt 2.4.5 eingeführten Kernfragen: die Ob-Frage, die Wie-Frage und die Wer-Frage. Im Leitfaden wird jeder Frage jeweils ein Analyseschritt mit entsprechenden Teilschritten bzw. Unterfragen gewidmet (Schritte 2 bis 4). Bevor mit den Kernfragen begonnen wird, muss jedoch eine Ist-Analyse für die spezifische Industrie erfolgen (Schritt 1). Nach der Analyse der drei Kernfragen erfolgt als letzter Schritt die Ableitung strategischer Implikationen für die jeweiligen Marktteilnehmer (Schritt 5). Abbildung 18 stellt den fünfstufigen Leitfaden im Überblick dar. Die Unterschritte werden in den folgenden Abschnitten erläutert.

3.4.2 Schritt 1: Ist-Analyse

Um Veränderungen von Industriestrukturen untersuchen zu können, muss ein Verständnis hinsichtlich der derzeitigen Industriestruktur gewonnen werden (vgl. Giaglis/Klein/O'Keefe 2002, S. 240). Dies betrifft zunächst allgemeine Charakteristika der Industrie wie Produktcharakteristika, Nachfragestruktur und Wertschöpfungsstruktur, da diese Faktoren die Struktur der Intermediation beeinflussen (vgl. Bailey 1998, S. 54; Giaglis/Klein/O'Keefe 2002, S. 240; Scott 2000, n. p.). Weiterhin müssen Aktivitäten sowie Mehrwert bestehender Intermediäre untersucht werden. Hierfür ist das entwickelte Referenzmodell die Basis.

3.4.2.1 Analyse der Industriestruktur im Allgemeinen

Struktur und Rahmenbedingungen einer Industrie determinieren den möglichen Mehrwert durch Intermediation. Die wesentlichen Einflussbereiche stellen Produktcharakteristika, die Nachfragestruktur und das Wertschöpfungssystem dar:

- **Produktcharakteristika**. Eine Analyse der Eigenschaften des Produktes ist bedeutend, da sie beeinflussen, auf welche Weise Intermediäre Mehrwert stiften können und auf welche Weise nicht. Z. B. können Intermediäre Logistikkosten nur bei materiellen, transportfähigen Produkten senken. Eine physische Produktpräsentation ist v. a. bei Produkten relevant, welche der Kunde vor der Kaufentscheidung fühlen, schmecken oder riechen möchte (vgl. Jin/Robey 1999, S. 5f.). Mehrwert durch Inspektion und Klassifikation kann ein Intermediär v. a. bei Produkten mit Hidden characteristics stiften.

- **Nachfragevolumen und -struktur**. Die Struktur der Nachfrage beeinflusst ebenso den potenziellen Mehrwert von Intermediären. Eine Verbundnachfrage vergrößert z. B. das Potenzial einer Transaktionskostensenkung durch die Aggregation von Produkten verschiedener Produzenten (im Rahmen der Aktivitäten Matching bzw. physische Produktpräsentation). Die Transaktionshäufigkeit bestimmt, bis zu welchem Grad Vorteile durch den Baligh-Richartz-Effekt oder durch Koordination auftreten (da nur zeitlich zusammenfallende Transaktionen aggregiert werden können). Weiterhin bestimmt die Erfahrung der Nachfrager das Ausmaß von Informationsasymmetrien sowie die Frage, ob die Abnehmer gegenüber Intermediären Spezialisierungsnachteile haben. Zudem ist die Heterogenität der Nachfrage relevant dafür, inwiefern verschiedene, parallel existierende Intermediationsstrukturen sinnvoll sind.

- **Wertschöpfungssystem und Marktteilnehmer**. Eine fundierte Kenntnis des derzeitigen Wertschöpfungssystems und der Marktteilnehmer ist ebenso zwingend erforderlich. Z. B. kann eine Steigerung der Transaktionseffizienz nur bei einer hohen Anzahl von Anbietern und Nachfragern erzielt werden. Ob Intermediäre einen Mehrwert durch Risikostreuung und -diversifikation oder geringere Kapitalkosten stiften, hängt von der Risikoaversion und dem Kapitalzugang der Produzenten ab. Geringe Kompetenzen in Vertrieb und Marketing oder eine mangelnde Kenntnis der Nachfrage seitens der Anbieter können ebenso Gründe für Intermediation darstellen.

3.4.2.2 Analyse von Aktivitäten und Mehrwert derzeitiger Intermediäre

Einen Teil der derzeitigen Wertschöpfungsstruktur können Intermediäre darstellen, die genauer analysiert werden müssen - sowohl hinsichtlich ihrer Aktivitäten als auch der Gründe für ihre Existenz. Die derzeit von Intermediären ausgeführten Aktivitäten können entlang des in Abschnitt 3.2 entwickelten ersten Teils des Referenzmodells für Intermediationsaktivitäten identifiziert werden, indem es als "Checkliste" herangezogen wird und geprüft wird, welche der Aktivitäten von den zu betrachtenden Intermediären ausgeübt werden.

Darauf aufbauend können die Gründe für die Existenz der bestehenden Intermediäre bestimmt werden. Dazu bietet es sich an, den in Abschnitt 3.3 erarbeiteten zweiten Teil des Referenzmodells heranzuziehen. Dabei müssen zunächst für jede mögliche Art von wohlfahrtsökonomischem Mehrwert zwei Fragen untersucht werden: erstens ob die bestehenden Intermediäre diejenigen Tätigkeiten wahrnehmen, die für die entsprechende Art von Mehrwert erforderlich ist; zweitens ob die Rahmenbedingungen hinsichtlich Produktcharakteristika, Nachfragestruktur und Wertschöpfungssystem in der entsprechenden Industrie derart sind, dass ein Intermediär diese Aktivität tatsächlich effizienter oder effektiver ausführen kann. Werden beide Fragen bejaht, entsteht durch Intermediation ein wohlfahrtsökonomischer Mehrwert. Daneben müssen natürlich auch die Nachteile von Intermediation untersucht werden sowie die firmenindividuellen/betriebswirtschaftlichen Gründe für die Existenz der bestehenden Intermediäre. Grundlage dazu ist ebenfalls der zweite Teil des Referenzmodells.

3.4.3 Schritt 2: Prüfung der "Ob-Frage"

Im Folgenden geht es darum, die Existenzberechtigung von Intermediären in elektronischen Märkten, also die Frage der Disintermediation, zu untersuchen. Es ist zu beachten, dass es dabei nicht um einen Vergleich zwischen konventionellen und elektronischen Märkten geht, sondern um die Frage "Intermediation vs. keine Intermediation" in elektronischen Märkten. Zur Beantwortung dieser "Ob-Frage" wird das erarbeitete Referenzmodell hinsichtlich der Gründe für die Existenz von Intermediären herangezogen. Mit dessen Hilfe wird untersucht, ob

- Intermediäre in elektronischen Märkten wohlfahrtsökonomischen Mehrwert stiften können (Abschnitt 3.4.3.1), sowie ob

- für Up- und Downstream-Unternehmen firmenindividuelle/betriebswirtschaftliche Anreize zur Zusammenarbeit mit Intermediären in elektronischen Märkten bestehen (Abschnitt 3.4.3.2).

Auf dieser Basis können dann Schlussfolgerungen für die Ob-Frage gezogen werden (Abschnitt 3.4.3.3).

3.4.3.1 Einfluss auf den wohlfahrtsökonomischen Mehrwert

Disintermediation ist nur zu erwarten, falls der Mehrwert von Intermediation durch die veränderten Rahmenbedingungen in elektronischen Märkten weitgehend verschwindet. Zudem ist einer potenziellen Verminderung des *Mehrwerts* eine eventuell gleichzeitig auftretende Verringerung der wohlfahrtsökonomischen *Nachteile* von Intermediation gegenüberzustellen.

Um den potenziellen Mehrwert von Intermediären in elektronischen Märkten zu untersuchen, bietet es sich an, den zweiten Teil des Referenzmodells als Grundlage heranzuziehen, in dem verschiedene Arten wohlfahrtsökonomischen Mehrwerts strukturiert wurden. Es wird davon ausgegangen, dass Intermediäre sowohl in konventionellen als auch elektronischen Märkten Mehrwert nur auf die im Referenzmodell dargestellte Art und Weise schaffen können. In der Ist-Analyse wurde bereits untersucht, welche dieser Möglichkeiten Intermediäre in der zu untersuchenden Industrie derzeit ausnutzen (siehe Abschnitt 3.4.2.2). Nun muss untersucht werden, ob dieser Mehrwert in elektronischen Märkten gleichermaßen gestiftet werden kann und ob andere Arten von Mehrwert gestiftet werden können, die in konventionellen Märkten nicht relevant waren. Dabei muss bereits berücksichtigt werden, dass manche Intermediationsaktivitäten in elektronischen Märkten eventuell nicht oder anders ausgeführt werden können bzw. müssen.

Nachfolgend wird – soweit industrieübergreifend möglich – der Einfluss von E-Commerce auf die verschiedenen Arten von Mehrwert diskutiert. Da eine Quantifizierung des Mehrwerts problematisch ist (siehe Abschnitt 2.1.3.2), erfolgt eine indirekte Analyse der relevanten Einflussfaktoren. Für jede Art von Mehrwert wird also die Frage gestellt, inwiefern die veränderten Rahmenbedingungen in elektronischen Märkten die Möglichkeit, Mehrwert zu schaffen, einschränken oder erweitern. Eine Zusammenfassung liefert vorab Abbildung 19.

	Art des Mehrwerts	Allgemeine Gründe für eine... Höhere Bedeutung	Niedrigere Bedeutung
Trans-aktions-effizienz	• Baligh-Richartz-Effekt/ Koordination	↑ Größere Anzahl von Marktteilnehmern	↓ Verringerung der Such- und Informationskosten
	• Standardisierung	↑ Größere Anzahl von Marktteilnehmern	↓ Einheitliche Protokollstandards im Internet
	• Skaleneffekte bei Technologien/Ressourcen	-	↓ Keine Investitionen in physische Geschäfte, eigene IT-Anbindung etc. notwendig
	• Spezialisierung/ Erfahrung	-	↓ Keine Beratung/persönlichen Kontakte möglich
	• Risikostreuung/-diversifikation	-	-
	• Geringere Kapitalkosten	-	-
Produk-tions- und Logistik-effizienz	• Produktionskosten	-	↓ Anbieter mit besserem Zugang zu Nachfrageinformationen
	• Transportkosten	-	↓ Bei digitalisierbaren Produkten nahezu keine Transportkosten
	• Lagerkosten	-	-
Trans-aktions-ergebnis	• Eliminierung von Marktmacht	-	↓ Anbieter evtl. mit geringerer Markt-/Verhandlungsmacht
	• Reduktion von Informations-asymmetrien	↑ Keine physische Inspektion möglich ↑ Kein persönlicher Kontakt ↑ Höhere Transaktions-unsicherheit	↓ Verringerung der Such- und Informationskosten ↓ Verbesserte Kommunikation von Produkteigenschaften
Produk-tions-ergebnis	• Erhöhung des Qualitätsdrucks	-	-
	• Verbesserung der Nachfragekenntnisse	-	↓ Anbieter mit besserem Zugang zu Nachfrageinformationen

Abbildung 19: Einfluss von E-Commerce auf den Mehrwert von Intermediation

(Quelle: Eigene Darstellung)

Steigerung der Transaktionseffizienz

Die Steigerung der Transaktionseffizienz ist eine der am häufigsten genannten Arten von Mehrwert durch Intermediation (siehe Abschnitte 2.2.2 und 3.3.2.1). Ebenso ist es dieser Bereich, auf den im Zusammenhang mit Disintermediation und dem potenziell schwindenden Mehrwert von Intermediären durch E-Commerce am häufigsten eingegangen wurde (siehe Abschnitt 2.4.2). Dies kann damit begründet werden, dass geringere oder sogar quasi nicht vorhandene Transaktionskosten intensiv als Charakteristikum elektronischer Märkte diskutiert wurden (siehe Abschnitt 2.3.2). Unter der Annahme nicht signifikanter Transaktionskosten ergibt sich für Intermediäre kein Spielraum mehr, Mehrwert durch die Steigerung von Transaktionseffizienz zu stiften. Allerdings sind Transaktionskosten auch in elektronischen Märkten keineswegs vernachlässigbar (siehe Abschnitt 2.3.2), so dass ein Intermediär auch zukünftig einen entsprechenden Mehrwert schaffen kann. Nichtsdestotrotz ist diese Thematik hochrelevant für Intermediation. Denn eine Verringerung der Transaktionskosten führt auch zu einer entsprechenden Verringerung dieses Mehrwerts (vgl. Toporowski 2000, S. 100). In einer Welt reduzierter Transaktionskosten müssen Intermediäre ihre internen Kosten reduzieren, um weiterhin Mehrwert durch Transaktionskostenreduktion zu stiften (vgl. Gehrig 1993, S. 98; Schmitz 2000, n. p.).

Als Effizienzquellen stehen dem Intermediär auch in elektronischen Märkten grundsätzlich die im Referenzmodell erläuterten Möglichkeiten zur Verfügung (siehe Abschnitt 3.3.2.1). Einige der Effizienzquellen sind direkt durch E-Commerce betroffen, andere weniger oder gar nicht. So kann z. B. festgestellt werden, dass Effizienzsteigerungen durch *Risikostreuung und -diversifikation* oder durch *geringere Kapitalkosten* in elektronischen Märkten genau so gut möglich sind wie in konventionellen Märkten, da kein Einfluss von IuK-Technologien auf die Unsicherheit der Nachfrage, die Risikoaversion von Marktteilnehmern oder deren Kapitalzugang zu erwarten ist (vgl. Brousseau 2002, S. 365; Palvia/Vemuri 1999, S. 124; Schmitz 2000, n. p.). Für die anderen Effizienzquellen ist eine differenziertere Betrachtung notwendig:

- **Baligh-Richartz-Effekt und Koordination**. Eine Effizienzsteigerung durch Koordination oder den Baligh-Richartz-Effekt lässt sich erreichen, falls eine hohe Anzahl von miteinander interagierenden Anbietern und Abnehmern vorliegt und Skaleneffekte bei der Aggregation von Kontakten auftreten (siehe Abschnitt 3.3.2.1). Diese Skaleneffekte wiederum hängen von der Höhe der Transaktionskosten ab und verringern sich in dem Maße, in dem sich die Transaktionskosten verringern. Insbesondere Such- und Informationskosten können in elektronischen Märkten deutlich geringer als in konventionellen Märkten sein, so dass der Mehrwert von Intermediation sinken kann. Andererseits kann sich durch elektronische Märkte eine Erweiterung des Marktes ergeben (siehe Abschnitt 2.3.2), so dass sich die Anzahl der potenziellen Anbieter und Abnehmer erhöht. Dies würde das Effizienzsteigerungspotenzial durch den Baligh-Richartz-Effekt und durch Koordination wiederum erhöhen.
- **Standardisierung**. Intermediäre können effizienzsteigernd wirken, indem sie Standards für den Ablauf des Transaktionsprozesses oder die Form der gehandelten Produkte vorgeben (siehe Abschnitt 3.3.2.1). Auch wenn durch das Internet einheitliche Protokollstandards entstanden sind und Anbieter und Abnehmer daher über eine einheitliche technologische Basis kommunizieren können, besteht auch in elektronischen Märkten noch die Möglichkeit, durch Standardisierung Mehrwert zu schaffen. So hat ein

elektronischer Intermediär z. B. die Möglichkeit, Transaktionsabläufe im Internet über verschiedene Anbieter hinweg zu standardisieren. Die Kunden gewöhnen sich an diese Prozesse und müssen für die nächste Transaktion keine neuen erlernen, selbst wenn es sich um einen anderen Produzenten handelt. Inwieweit dadurch ein Mehrwert entsteht, wird beeinflusst durch die Häufigkeit des Wechsels von Anbietern bzw. Abnehmern und den entstehenden Wechselkosten. Der Mehrwert durch Standardisierung kann durch eine durch E-Commerce verursachte Markterweiterung auch steigen.

- **Skaleneffekte bei Technologien und anderen Ressourcen.** Ein Intermediär kann die Effizienz steigern, indem er in Technologien oder notwendige Ressourcen investiert und die dafür anfallenden Fix- oder Investitionskosten auf Grund seiner Größe auf eine höhere Anzahl von Transaktionen verteilen kann (siehe Abschnitt 3.3.2.1). In diesem Bereich kann sich der bisherige Mehrwert von Intermediären stark reduzieren. Zum einen stellt das Internet eine IuK-Plattform dar, welche Investitionen in eigene Netzwerke teilweise überflüssig machen kann. Zum anderen sind in elektronischen Märkten materielle Ressourcen wie Verkaufsgeschäfte nicht notwendig, so dass sich die Investitions- und Fixkosten für den Vertrieb potenziell reduzieren. Die Betriebsgröße, die für einen Direktvertrieb mindestens notwendig ist, sinkt daher durch elektronische Märkte. Nichtsdestotrotz ist es möglich, dass Intermediäre auch in diesem Bereich in elektronischen Märkten Mehrwert stiften. Denn natürlich können auch in elektronischen Märkten signifikante Investitionen notwendig sein, die sich für einen einzelnen Anbieter auf Grund geringer Größe ggf. nicht lohnen. Dazu zählen v. a. Investitionen in Aufbau und Pflege einer Marke.

- **Spezialisierung/Erfahrung des Intermediärs.** Auf Grund von Erfahrung kann ein Intermediär personelle oder organisationale Fähigkeiten oder Kenntnisse aufbauen, die eine effizientere Ausführung von Intermediationsaktivitäten ermöglichen (siehe Abschnitt 3.3.2.1). Diese Möglichkeit besteht grundsätzlich auch in elektronischen Märkten. Z. B. dürfte ein Intermediär auch in elektronischen Märkten oftmals in einer besseren Position als ein Produzent sein, Kenntnisse über den lokalen Markt aufzubauen und effizient zu nutzen (vgl. Schmitz 2000, n. p.; Wimmer/Townsend/Chezum 2000, S. 412). So besitzt ein Intermediär auf Grund seiner breiteren Kundenbasis und seines breiteren Produktportfolios mehr Informationen über Kunden und kann daher z. B. One-to-one-Marketing oder Cross-selling erfolgreicher betreiben. Außerdem werden auch bei elektronischen Intermediären manuelle Tätigkeiten anfallen, bei denen Effizienzvorteile durch Spezialisierung auftreten können. Allerdings wird die Möglichkeit, Mehrwert durch Spezialisierung oder Erfahrung insofern eingeschränkt, als die Markttransaktionen per Definition elektronisch erfolgen und daher eine persönliche Unterstützung bei der Transaktionsdurchführung nur begrenzt möglich ist. Dies betrifft alle Fälle, bei denen der Kunde eine persönliche Beratung in Anspruch nimmt oder den Intermediär beauftragt, die Transaktion in seinem Namen durchzuführen. Z. B. kann ein elektronisches Reisebüro dem Kunden die Transaktionsabwicklung (Durchführung der Reservierung) nicht abnehmen und ihn auch nicht gleichermaßen beraten wie dies ein konventionelles Reisebüro kann. Dies kann den Mehrwert von Intermediären verglichen mit konventionellen Märkten reduzieren.

Steigerung der Produktions- und Logistikeffizienz

Auf die Möglichkeit für Intermediäre, Produktions-, Transport- und Lagerkosten zu senken, kann E-Commerce ebenfalls einen Einfluss ausüben:

- **Produktionskosten**. Intermediäre können die Produktionseffizienz durch überbetriebliche Koordination oder durch eine verbesserte Kenntnis der Nachfragestruktur senken (siehe Abschnitt 3.3.2.2). In beiden Bereichen dürften Intermediäre auch in elektronischen Märkten noch in einer guten Position sein, Mehrwert zu schaffen. Der für eine überbetriebliche Koordination notwendige Informationsaustausch wird durch E-Commerce zwar vereinfacht, aber es bedarf trotzdem noch eines Intermediärs als neutraler Koordinationsinstanz. Ebenso ist zwar denkbar, dass Produzenten auf Grund eines möglichen elektronischen Direktvertriebs Zugang zu besseren Nachfrageinformationen bekommen (vgl. Jallat/Capek 2001, S. 56). Wie oben bereits festgestellt dürften Intermediäre hierfür aber auch weiterhin auf Grund ihrer breiteren Präsenz in lokalen Märkten vielen, insbesondere den kleineren Anbietern gegenüber in einer überlegenen Position sein.
- **Transportkosten**. Intermediäre senken die Transportkosten v. a. durch den Baligh-Richartz-Effekt in Verbindung mit Skaleneffekten auf Grund effizienzsteigernder Technologien (siehe Abschnitt 3.3.2.2). Dies ist auch dann möglich, wenn der Intermediär die Durchführung der physischen Logistik auslagert. Da E-Commerce weder einen Einfluss auf die Höhe der Transportkosten noch auf die Anzahl der Marktteilnehmer ausübt, kann ein Intermediär auch in elektronischen Märkten einen Mehrwert durch den Baligh-Richartz-Effekt und effizienzsteigernde Transporttechnologien stiften (vgl.

Brousseau 2002, S. 364; Toporowski 2000, S. 111f.). Ein Ausnahme bilden digitale Güter (z. B. Informationen) oder digitalisierbare Güter (z. B. Musik), bei denen die Transportkosten in elektronischen Märkten sehr gering sind (vgl. Bakos 1998, S. 38; Giaglis/Klein/O'Keefe 2002, S. 238; Hoffman/Novak/Chatterjee 1996, n. p.; Lindemann 2000, S. 42; Picot/Reichwald/Wigand 2001, S. 373). Ähnlich verhält es sich beim Handel mit Verfügungsrechten wie z. B. im Flugmarkt (vgl. Picot/Heger 2001, S. 129), wobei die Transportkosten dort sowohl im konventionellem als auch im elektronischen Markt gering sind.

- **Lagerkosten**. Ein Intermediär kann die Lagerkosten senken, falls er die Lagerung für viele Anbieter ausübt und dadurch Skaleneffekte ausnutzen und/oder effizientere Technologien anwenden kann (siehe Abschnitt 3.3.2.2). Analog zu den Transportkosten ist zu erwarten, dass dieser Mehrwert bei einem Übergang zu elektronischen Märkten bestehen bleibt. Oftmals dürfte es durch Intermediäre auf Grund einer zusätzlichen Zwischenlagerung allerdings eher zu einer Steigerung der Lagerkosten kommen - wie in konventionellen Märkten so auch in elektronischen Märkten.

Zusammenfassend kann festgestellt werden, dass der Einfluss von E-Commerce auf den Mehrwert von Intermediation im Bereich der Produktions- und Logistikkosten eher begrenzt ist. Besteht ein solcher Mehrwert in konventionellen Märkten, wird dieser in elektronischen Märkten weitgehend weiter bestehen. Eine Ausnahme stellen digitalisierbare Produkte wie z. B. Musik dar.

Verbesserung des Transaktionsergebnisses

Neben der Steigerung der Transaktionseffizienz stellt eine Verbesserung des Transaktionsergebnisses die zweite intensiv diskutierte Kategorie von Mehrwert durch Intermediation dar (siehe Abschnitt 3.3.2.3). Dazu zählt zum einen die effektivere Verhandlung bzw. die Neutralisierung von Marktmacht, zum anderen die Beseitigung von Problemen durch Informationsasymmetrien.

Ob Intermediäre auch in elektronischen Märkten Mehrwert durch die Bündelung von Einkaufsmacht schaffen können, hängt davon ab, ob Anbieter dort weiterhin Marktmacht besitzen oder nicht. Davon ist im Allgemeinen auszugehen, da auch auf elektronischen Märkten keineswegs vollkommene Konkurrenz herrscht (siehe Abschnitt 2.3.2). Es ist also zu erwarten, dass Intermediäre diese Art von Mehrwert auch weiterhin stiften können (vgl. auch Brousseau 2002, S. 364). Allerdings führt eine eventuell auftretende teilweise Verringerung von Marktmacht auch zu einer entsprechenden Senkung des Mehrwerts.

Eine detailliertere Analyse ist für den zweiten Bereich, die Beseitigung von Informationsasymmetrien, notwendig. Intermediäre können Informationsasymmetrien v. a. effektiver beseitigen, indem sie bei der Beschaffung von Informationen Spezialisierungsvorteile oder Lerneffekte ausnutzen und die gewonnenen Informationen auf Grund ihrer neutralen Marktstellung oder ihrer Reputation vertrauenswürdiger kommunizieren können (siehe Abschnitt 3.3.2.3). Kernfrage ist es nun, ob auch in elektronischen Märkten Informationsasymmetrien und die Gefahr opportunistischen Verhaltens bestehen. Einerseits können Informationen auf elektronischen Märkten auf Grund einer tendenziell höheren Markttransparenz und geringerer Such- und Informationskosten leichter beschafft werden (siehe Abschnitt 2.3.2). Ebenso haben Anbieter ggf. die Möglichkeit, Informationen besser zu kommunizieren (z. B. durch Videos statt Fotos). Anderseits werden auch in elektronischen Märkten Marktteilnehmer opportunistisches Verhalten an den Tag legen und daher nur diejenigen Informationen preisgeben, die sie veröffentlichen möchten (vgl. Brousseau 2002, S. 362; Wimmer/Townsend/Chezum 2000, S. 415). Das betrifft grundsätzlich alle Formen von Informationsasymmetrien inklusive Hidden characteristics, Hidden intentions, Hidden actions und Hidden information. Es gibt sogar auch einige Gründe für eine Verstärkung von Problemen durch Informationsasymmetrien oder opportunistisches Verhalten. So kann sich z. B. die Qualitätsunsicherheit vergrößern (vgl. Bailey 1998, S. 54; Choi/Stahl/Whinston 1998, S. 20). Das kann u. a. damit begründet werden, dass eine physische Inspektion des Gutes nicht mehr möglich ist und potenzielle Fragen nicht im persönlichen Gespräch geklärt werden können (vgl. Picot/Reichwald/Wigand 2001, S. 380f.). Ebenso entstehen neue Formen von Unsicherheit wie eine Transaktionsunsicherheit, da die elektronische Übermittlung von Zahlungsinformationen Sicherheitsrisiken birgt und auf Grund des fehlenden persönlichen Kontaktes eine Authentifizierung schwieriger sein kann (vgl. Bailey 1998, S. 55; Jin/Robey 1999, S. 5; Picot/Reichwald/Wigand 2001, S. 380f.; Schoder/Müller 1999, S. 606; Toporowski 2000, S. 106). Probleme durch Informationsasymmetrien und opportunistisches Verhalten bestehen also auch in elektronischen Märkten, so dass Intermediäre auch dort als vertrauensvolle dritte Partei Mehrwert schaffen können (vgl. Bailey 1998, S. 54f.; Chircu/Davis/Kauffman 2000, S. 1; Giaglis/Klein/O'Keefe 2002, S. 238; Palmer/Bailey/Faraj 2000, n. p.; Schoder 2000, S. 57ff.; Schoder/Müller 1999, S. 603). Dementsprechend spielt auch der Aufbau von Reputation und Marken in elektronischen Märkten eine wichtige Rolle (vgl. z. B. Toporowski 2000, S. 106). Inwiefern Intermediäre Mehrwert schaffen können, hängt – wie in konventionellen Märkten – v. a. davon ab, inwieweit Qualitätsunterschiede zwischen den verschiedenen Produkten bestehen, Anbieter selbst Reputation aufbauen können, sowie von der Transaktionshäufigkeit (vgl. Palvia/Vemuri 1999, S. 124; Schmitz 2000, n. p.; Toporowski 2000, S. 105f.).

Verbesserung des Produktionsergebnisses

Intermediäre können das Produktionsergebnis verbessern, indem sie Qualitätstransparenz schaffen und damit den Qualitätsdruck auf die Produzenten erhöhen (siehe Abschnitt 3.3.2.4). Wie bereits festgestellt können auch in elektronischen Märkten Hidden characteristics auftreten. Dementsprechend können Intermediäre auch weiterhin auf die beschriebene Art und Weise den Qualitätsdruck erhöhen.

Eine weitere Möglichkeit, das Produktionsergebnis zu verbessern, besteht in der Ermittlung von Kundenbedürfnissen und deren Weiterleitung an die Produzenten (siehe Abschnitt 3.3.2.4). Wie oben bereits beschrieben ist zu erwarten, dass dieser Mehrwert in elektronischen Märkten zwar geringer sein kann, gegenüber vielen Anbietern jedoch oftmals weiterhin bestehen bleibt.

Wohlfahrtsökonomische Nachteile der Intermediation

Neben dem Einfluss von E-Commerce auf den Mehrwert von Intermediation muss auch der Einfluss auf die Nachteile untersucht werden. Dies betrifft die fünf im Referenzmodell erarbeiteten Effizienz- und Effektivitätsnachteile von Intermediation: (1) Marktmacht des Intermediärs, (2) Übertragungsprobleme an Schnittstellen, (3) Duplizierung von Aktivitäten, (4) Anreizprobleme und (5) Hold up (siehe Abschnitt 3.3.2.7). Eine hohe Marktmacht des Intermediärs, Anreizprobleme sowie die Gefahr eines Hold up können in elektronischen Märkten genauso bestehen wie in konventionellen Märkten, so dass E-Commerce keinen Einfluss auf diese Nachteile von Intermediation hat.

Eine etwas differenziertere Analyse ist für die Duplizierung von Tätigkeiten sowie Abstimmungsprobleme auf Grund von Schnittstellen erforderlich. Die durch eine Duplizierung entstehenden Zusatzkosten können in elektronischen Märkten geringer als in konventionellen sein, z. B. da ein Internetvertrieb mit geringeren Kosten verbunden ist als der Aufbau physischer Ladengeschäfte. Dieser Nachteil von Intermediation wäre in elektronischen Märkten dann nur abgeschwächt vorhanden. Zu welchem Grad dies zutrifft, muss natürlich im Einzelfall betrachtet werden. Das Gleiche gilt für potenzielle Übertragungsprobleme durch Intermediation, die durch die zusätzlichen Schnittstellen entlang des vertikalen Wertschöpfungssystems entstehen. Denn einerseits können sinkende Transaktionskosten zu einer effizienteren Übertragung von Informationen führen. Andererseits gibt es aber auch Gründe gegen eine solche Entwicklung. Denn auch Wissen, z. B. über Produkte oder Märkte, muss an diesen Schnittstellen übertragen werden und dieses ist nur begrenzt elektronisch und in Form strukturierter Informationen übertragbar. Darüber hinaus ist zu bedenken, dass durch neue Geschäftsmodelle wie Mass customization (siehe Abschnitt 3.4.4.1) die zu übertragenden Informationen komplexer und spezifischer werden können, so dass sich die Übertragungsprobleme potenziell sogar verstärken. Zusammenfassend lässt sich also feststellen, dass sowohl Gründe für als auch gegen eine Abschwächung der Übertragungsprobleme existieren, so dass eine Aussage nur im konkreten Anwendungsfall möglich ist.

Fazit

Die vorangegangene Diskussion zeigt auf, dass sich der Einfluss von E-Commerce auf die verschiedenen Arten von Mehrwert durch Intermediation stark unterscheidet. Während sich einige Arten von Mehrwert eher reduzieren können (z. B. die Nutzung von Skaleneffekten bei materiellen Ressourcen wie Ladengeschäften), dürften andere Arten eher bestehen bleiben (z. B. die Reduktion von Produktions- und Transportkosten) und wiederum andere können sich sogar vergrößern (z. B. die Überwindung von Informationsasymmetrien). Da nicht alle Arten von Mehrwert in allen Industrien gleichermaßen relevant sind, können Schlussfolgerungen für die Existenzberechtigung von Intermediation in elektronischen Märkten nur im konkreten Anwendungsfall gezogen werden. Ebenso ist es möglich, dass spezifische Einflussfaktoren bedeutsam sind, die hier nicht diskutiert wurden. Das Gleiche gilt für die Nachteile von Intermediation, die den Vorteilen gegenübergestellt werden müssen, um den "Netto-Mehrwert" zu ermitteln.

3.4.3.2 Einfluss auf firmenindividuelle Anreize für Intermediation

Im Referenzmodell wurden auch firmenindividuelle bzw. betriebswirtschaftliche Anreize für und gegen die Zusammenarbeit mit Intermediären aus Sicht von Up- oder Downstream-Unternehmen diskutiert (siehe Abschnitt 3.3.3). Ein potenzieller Einfluss von E-Commerce auf diese Gründe für die Existenz von Intermediation muss ebenso berücksichtigt werden. Es kann jedoch festgestellt werden, dass die meisten Aspekte bei einem Übergang zu elektronischen Märkten weitgehend unberührt bleiben. Denn für Up- bzw. Downstream-Unternehmen bestehen weiterhin die Gefahren, dass

- der Intermediär eine hohe Markt- und Verhandlungsmacht aufbaut,
- der Intermediär bestimmte Anbieter/Abnehmer benachteiligt (Rationierung),
- der Intermediär als potenzieller Konkurrent aufgebaut wird,
- sensible Informationen preisgegeben werden müssen und dies missbraucht wird,
- steuerliche/regulatorische Nachteile entstehen oder dass
- der Eigenvertrieb kannibalisiert wird.

Auch die Vorteile von Intermediation können in elektronischen Märkten bestehen bleiben, denn es ist aus Sicht des Anbieters weiterhin möglich, dass

- eine höhere Transaktions- oder Produktionseffizienz bzw. ein besseres Transaktionsergebnis erzielt werden kann,
- ein schnellerer Markteintritt möglich ist, da keine eigenen Marketing- und Vertriebseinheiten aufgebaut werden müssen,
- bei einem Verzicht auf eigene Vertriebsaktivitäten die Option eines Marktaustritts erleichtert wird,
- über Intermediäre bessere Möglichkeiten zur Preisdifferenzierung bestehen,
- die Auslastung kurzfristig besser gesteuert werden kann oder dass
- der Markt schneller durchdrungen werden kann.

Allerdings können sich einige der Vor- und Nachteile verstärken oder abschwächen. So ist es z. B. gut möglich, dass

- der durch Intermediation erzielte Effizienz- oder Effektivitätsvorteil in elektronischen Märkten geringer ist,
- die Möglichkeit der Preisdifferenzierung durch Intermediation auf Grund der höheren Markttransparenz geringer ist,
- ein eigener Markteintritt (bzw. Marktaustritt) bei elektronischen Märkten mit weniger Investitionskosten (bzw. sunk costs) verbunden ist als bei konventionellen Märkten oder
- die Gefahr der Kannibalisierung des Eigenvertriebs auf Grund geringerer Such- und Wechselkosten der Abnehmer größer ist.

Eine genaue Aussage kann zwar erst im Rahmen der Betrachtung einer bestimmten Industrie getroffen werden, die gelieferten Argumente zeigen jedoch bereits auf, dass sich die firmenindividuellen bzw. betriebswirtschaftlichen Gründe für die Zusammenarbeit mit Intermediären durch E-Commerce eher reduzieren (bzw. die Gründe dagegen verstärken).

3.4.3.3 Anreize zur Disintermediation und Beantwortung der Ob-Frage

In den vorangegangenen beiden Abschnitten wurde beschrieben, wie der Einfluss von E-Commerce auf die Gründe der Existenz von Intermediären anhand des Referenzmodells untersucht werden kann. Eine Interpretation dieser Ergebnisse erlaubt erste Schlussfolgerungen für die Frage, ob Intermediation in elektronischen Märkten existieren wird oder nicht. Disintermediation ist nur zu erwarten, wenn der bisherige wohlfahrtsökonomische Netto-Mehrwert und die bisherigen firmenindividuellen Anreize zur Zusammenarbeit mit Intermediären beim Übergang zu elektronischen Märkten weitgehend verschwinden. Dabei ist allerdings zu beachten, dass Gründe für die Existenz von Intermediation eventuell nur in bestimmten Anbieter-, Produkt- oder Kundensegmenten verschwinden. Es kann daher also auch zu einer partiellen Disintermediation kommen. Im konkreten Fall müssen diese Segmente identifiziert werden.

Auch wenn die Existenzberechtigung von Intermediären in elektronischen Märkten verschwindet, dürfen noch keine voreiligen Schlüsse gezogen werden. Denn Voraussetzung für Disintermediation ist letztlich, dass Up- bzw. Downstream-Unternehmen Disintermediation tatsächlich anstreben und durchsetzen. Es gibt Argumente dafür, dass dies nicht unbedingt geschieht. Für Up- und Downstream-Unternehmen können mit einer solchen Restrukturierung Änderungskosten oder -risiken einhergehen. Ein Anbieter muss für eine erfolgreiche Disintermediation die bisher vom Intermediär wahrgenommenen Aktivitäten selbst durchführen und die dafür notwendigen Ressourcen aufbauen. Dazu kann z. B. auch der Aufbau einer Marke gehören. Dafür sind neben Kapital auch Kompetenzen notwendig, so dass Markteintrittsbarrieren bestehen. Weiterhin muss beachtet werden, dass existierende Intermediäre auf Basis ihrer Marktmacht diejenigen Unternehmen bestrafen können, welche Disintermediation anstreben (vgl. Westerfield 1915, S. 127). Ebenso ist denkbar, dass Anbieter vor Disintermediation zurückschrecken, um einen potenziell höheren Preiswettbewerb in der gesamten Industrie zu vermeiden. Diese oder andere relevante Veränderungsbarrieren müssen im konkreten Anwendungsfall identifiziert werden. Zudem muss geprüft werden, ob Up- und Downstream-Unternehmen willens und in der Lage sind, diese zu überwinden und Disintermediation durchzusetzen. Falls dies nicht der Fall ist, ist es möglich, dass Intermediation trotz fehlender Existenzberechtigung auch in elektronischen Märkten zumindest zeitweise weiter besteht.

3.4.4 Schritt 3: Prüfung der "Wie-Frage"

Durch E-Commerce entstehen die Notwendigkeit und die Möglichkeit, neue Formen von Intermediation zu verwirklichen. Der "Lösungsraum für Intermediation" wird sowohl eingeschränkt als auch erweitert. Hinsichtlich der Form von Intermediation in elektronischen Märkten sind drei Fragen zu stellen:

- Verändern sich die Aktivitäten von Intermediären (Abschnitt 3.4.4.1)?
- Erfolgt eine Dis- oder Reaggregation von Intermediationsaktivitäten (Abschnitt 3.4.4.2)?
- Erfolgt eine Integration von konventionellem und elektronischem Markt (Abschnitt 3.4.4.3)?

Darauf basierend kann ein Fazit hinsichtlich der Wie-Frage gezogen werden, wobei berücksichtigt werden muss, dass unterschiedliche Formen von Intermediation parallel existieren können (Abschnitt 3.4.4.4).

3.4.4.1 Veränderung der Intermediationsaktivitäten

Für jede einzelne der im Referenzmodell dargestellten Intermediationsaktivitäten stellt sich die Frage, ob sie in elektronischen Märkten auf andere Art und Weise als in konventionellen Märkten erfüllt werden muss oder kann. Den größten Einfluss dürften IuK-Technologien bzw. E-Commerce auf die informationelle Aktionsebene von Intermediären ausüben (vgl. z. B. Palvia/Vemuri 1999, S. 124; Tapscott 1996, S. 78ff.; Schoder 2003a, S. 76; Weiber 2000, S. 16; Wimmer/Townsend/Chezum 2000, S. 415). Weiterhin kann angenommen werden, dass in der Regel sämtliche Aktivitäten auf der physischen Ebene nicht direkt betroffen sind, da sie weiterhin notwendig sind und IuK-Technologien die Art ihrer Durchführung nicht unmittelbar verändern können. Eine Ausnahme stellen allerdings digitale und digitalisierbare Güter dar, da in diesen Fällen die Distribution der Güter elektronisch erfolgen kann (vgl. Peterson/Balasubramanian/Bronnenberg 1997, S. 334; Tapscott 1996, S. 70). Dies betrifft v. a. Informationen, Software, Musik und Dienstleistungen (vgl. Choi/Stahl/Whinston 1997, S. 59ff.; Giaglis/Klein/O'Keefe 2002, S. 241f.; Merz 2002, S. 134f.; Picot/Reichwald/Wigand 2001, S. 353; Watson et al. 2000, S. 8f.; Wyckoff 1997, S. 6f.). Wie die physischen Intermediationsaktivitäten dürften die beiden finanziell-rechtlichen Aktivitäten Kapitalbeschaffung sowie Vertragsanpassung nicht unmittelbar von E-Commerce betroffen sein. Anders verhält es sich bei den Aktivitäten Einkauf/Verkauf und Zahlungsabwicklung, da sie eng mit der informationellen Ebene verknüpft sind. Diese beiden sowie alle Aktivitäten auf der informationellen Aktionsebene werden daher nachfolgend analysiert.

Matching

Das Matching hat den Zweck, potenzielle Anbieter und Abnehmer zusammenzuführen (siehe Abschnitt 3.2.2). Dem Intermediär stehen dabei zwei grundsätzlich verschiedene Ansätze zur Verfügung: Entweder er übernimmt selbst die Durchführung des Informationsaustausches (z. B. der Einzelhandel) oder er stellt lediglich eine Plattform zur Verfügung, auf der Anbieter und Abnehmer die relevanten Informationen bereitstellen können (z. B. Betreiber von Marktplätzen). Auch wenn sich das grundsätzliche Prinzip des Matchings nicht ändert, kann oder muss es in elektronischen Märkten teilweise anders ausgeführt werden:

- **Elektronischer und örtlich/zeitlich flexibler Informationsaustausch**. Im Gegensatz zu konventionellen Märkten erfolgt die Bereitstellung von Informationen über Produkte und Transaktionspartner in elektronischen Märkten naturgemäß elektronisch. Auf Grund der Auflösung örtlicher und zeitlicher Restriktionen kann dies rund um die Uhr und mit größerer Reichweite geschehen (vgl. Hoffman/Novak/Chatterjee 1996, n. p.; Jin/Robey 1999, S. 5; Schmid 1993, S. 8; Wamser 2001, S. 36). Außerdem ergeben sich neue Möglichkeiten der Darstellung, z. B. 360-Grad-Ansichten von Objekten. Dafür entfällt in elektronischen Märkten die Möglichkeit einer persönlichen Beratung.
- **Größerer Spielraum für Marktplätze**. Die Auflösung örtlicher und zeitlicher Restriktionen vergrößert den Spielraum für den "Marktplatz-Ansatz" im Rahmen von Intermediation. Bislang waren Marktplätze nur begrenzt praktikabel, da die Marktteilnehmer zu einer bestimmten Zeit physisch anwesend sein mussten. Auf elektronischen Marktplätzen dagegen ist dies nicht mehr zwingend erforderlich, so dass eine zunehmende Entwicklung hin zu Marktplätzen zu erwarten ist. Ein Beispiel für diese Entwicklung stellen die Global Distribution Systems (GDS) im Tourismus dar.
- **Mass customization und One-to-one-Marketing**. Mass customization bezeichnet die "Ablösung der klassischen Massenproduktion durch eine Leistungserstellung [...], die ganz auf die individuellen Wünsche und Bedürfnisse jedes einzelnen Nachfragers ausgerichtet ist" (Reichwald/Piller 2002, S. 471). Einige Autoren sprechen in diesem

Zusammenhang auch von Personalisierung (vgl. Bakos 1998, S. 3; Giaglis/Klein/O'Keefe 2002, S. 236) oder von durch den Kunden konfigurierten Produkten (vgl. Jin/Robey 1999, S. 6). Elektronische Märkte ermöglichen Mass customization auf Grund der gesteigerten Interaktivität zwischen Anbieter und Abnehmer und der teilweisen Auflösung des Konflikts zwischen Produktionsaufwand und Individualisierung. Allerdings wird dadurch das ggf. von Intermediären unterstützte Matching komplizierter und umfangreicher, da im Gegensatz zur Massenproduktion kundenindividuelle Informationen über Präferenzen und die entsprechenden Produktionsmöglichkeiten ausgetauscht werden müssen. Matching und Produktion sind also stärker verzahnt. Eng verbunden mit Mass customization ist das Konzept des One-to-one-Marketing, welches das Marketing-Pendant zu Mass customization darstellt und die Individualisierung der Kommunikation seitens des Kunden bezeichnet (vgl. Hunziker 2003, S. 89ff.).

Inspektion/Klassifikation

Die Aktivität Inspektion/Klassifikation bezeichnet die Verifizierung von Produkteigenschaften und eine darauf aufbauende Klassifizierung (siehe Abschnitt 3.2.2). Die klassische Methode stellt die persönliche Inspektion des Produktes dar. Es sind jedoch auch andere Mechanismen denkbar, deren Einsatz durch elektronische Märkte erleichtert wird. So können z. B. Scoring-Systeme eingesetzt werden, bei denen der Kunde nach dem Konsum selbst eine Bewertung vornimmt und diese anderen potenziellen Kunden zur Verfügung gestellt wird (vgl. Jallat/Capek 2001, S. 57). Ein Intermediär muss dann die dazu notwendige Koordinationsfunktion übernehmen. Ein Beispiel stellt der Internet-Buchhändler *Amazon* dar, auf dessen Internetseite Rezensionen anderer Käufer zu finden sind (vgl. www.amazon.de). Probleme dieser Scoring-Systeme können die mangelnde Qualität und Objektivität der Informationen sein (vgl. Brousseau 2002, S. 365). Es ist zu beachten, dass Scoring-Systeme prinzipiell auch in konventionellen Märkten möglich sind, die Interaktivität elektronischer Märkte ihren Einsatz jedoch erleichtert.

Verhandlungsunterstützung und Einkauf/Verkauf

Die Aktivität Verhandlungsunterstützung wird von Match-Makern wahrgenommen und umfasst die Moderation von Verhandlungen oder eine anderweitige Unterstützung einer Preisfindung (siehe Abschnitt 3.2.2). Market-Maker übernehmen den Ein- und Verkauf selbst und führen in eigenem Namen Verhandlungen (siehe Abschnitt 3.2.3). In beiden Fällen stehen verschiedene Preisfindungsmechanismen zur Auswahl, inklusive freie Verhandlungen, vom Anbieter festgelegte und unverhandelbare Preise, Auktionen etc. Durch E-Commerce wird eine Verschiebung zwischen diesen Mechanismen erwartet (vgl. Bakos 1998, S. 39; Gallaugher 2002, S. 92; Giaglis/Klein/O'Keefe 2002, S. 238; Skiera/Spann 2002, S. 689ff.). Freie Verhandlungen sind im elektronischen Markt auf Grund der meist asynchronen Kommunikation und der geringen Automatisierbarkeit wenig praktikabel. Auktionen sind dagegen auf Grund der Auflösung räumlicher und zeitlicher Restriktionen in elektronischen Märkten leichter einsetzbar als in konventionellen Märkten. Darüber hinaus ist in elektronischen Märkten mit einer höheren Preisdynamik und -flexibilität zu rechnen, da die Preisänderungskosten geringer sind (siehe Abschnitt 2.3.2). Es kann also angenommen werden, dass Intermediation zunehmend von einer dynamischen Preissetzung geprägt sein wird.

Informations- und Zahlungsabwicklung

Analog zum Matching erfolgt auch im Rahmen der Informations- und Zahlungsabwicklung die Kommunikation in elektronischen Märkten naturgemäß elektronisch. Es muss jedoch stärker als in konventionellen Märkten auf Sicherheitsrisiken geachtet werden, da sensible Daten (z. B. Kreditkarteninformationen) missbraucht werden können (vgl. z. B. Jin/Robey 1999, S. 5). Dementsprechend müssen Intermediäre geeignete Schutzmechanismen einsetzen.

Monitoring/Reporting

Es ist davon auszugehen, dass sich die Überprüfung der Erfüllung elektronisch abgeschlossener Verträge nicht maßgeblich von "konventionell" abgeschlossenen Verträgen unterscheiden. Allerdings kann das Reporting, also die Weiterleitung der entsprechenden Informationen, elektronisch erfolgen.

3.4.4.2 Dis- und Reaggregation von Aktivitäten

Nachfolgend stellt sich die Frage nach einer Dis- und/oder Reaggregation von Aktivitäten, also nach einer Rekonfiguration der Wertschöpfungskette und einer Verschiebung der Unternehmensgrenzen von Intermediären. Auf Basis der Theorie der Firma, v. a. der Transaktionskostentheorie, wird in der Literatur häufig argumentiert, dass sich Funktionen durch E-Commerce entbündeln (*Disaggregation*). Da die zwischenbetrieblichen Transaktions- bzw. Informations- und Kommunikationskosten abnehmen, würde eine höhere Anzahl von Unternehmungen vorteilhaft, welche jeweils stark spezialisiert sind und dadurch Skalen- oder Spezialisierungseffekte besser erschließen können (vgl. Buxmann/Gebauer 1998, S. 12; Gehrig 1993, S. 228ff.; Sarkar/Butler/Steinfield 1998, S. 217). Diese Logik spricht also dafür, dass entlang der vertikalen Wertschöpfungskette eine Vielzahl von stark fokussierten Intermediären entsteht, welche dafür global agieren (vgl. Buxmann/Gebauer 1998, S. 12). Wie oben bereits erläutert, sinken die überbetrieblichen Transaktionskosten jedoch nicht in allen Fällen, was gegen eine Disaggregation spricht. Es gibt sogar Gründe für eine *Reaggregation* bisher getrennter Aktivitäten, obwohl diese in der Literatur kaum Berücksichtigung finden. Denn durch die Aufhebung örtlicher Restriktionen in elektronischen Märkten verschwindet für den Anbieter die Notwendigkeit, seine Produkte oder Dienstleistungen in der räumlichen Nähe des Abnehmers anzubieten. Im Falle des Handels bedeutet dies z. B., dass ein gewichtiges Argument für die Trennung zwischen Groß- und Einzelhandel entfällt.

Welche Intermediationsaktivitäten sich in einer bestimmten Industrie entbündeln oder bündeln, kann nicht pauschal vorhergesagt werden. Der Trade-off zwischen höheren zwischenbetrieblichen Transaktionskosten einerseits sowie Skalen- und Spezialisierungseffekten andererseits muss im konkreten Fall untersucht werden. Trotzdem lassen sich auch bei einer industrieübergreifenden Perspektive einige Intermediationsaktivitäten identifizieren, welche sich besonders gut für eine Entbündelung bzw. Auslagerung eignen:

- **Auslagerung der Logistik**. Bereits heute lagern Intermediäre wie der Handel logistische Aktivitäten, insbesondere den Transport, oftmals an spezialisierte Logistikdienstleister aus (vgl. Picot/Heger 2001, S. 132; Zerdick/Picot/Schrape 2001, S. 229). Es ist zu erwarten und auch bereits zu beobachten, dass sich dieser Trend durch E-Commerce verstärkt (ebd.). Dies kann damit begründet werden, dass (1) in elektronischen Märkten Kaufzeitpunkt und Auslieferungszeitpunkt naturgemäß nicht zusammenfallen, (2) die dem Logistikdienstleister zu übertragenden Daten (Anschrift etc.) einfach und standardisiert abbildbar sind und (3) eine Auslagerung der Logistik keine wettbewerbsstrategischen Risiken mit sich bringt.

- **Entbündelung der Zahlungsabwicklung**. Eine zunehmende Auslagerung der Zahlungsabwicklung ist ebenso zu erwarten (vgl. Picot/Heger 2001, S. 132; Zerdick/Picot/Schrape 2001, S. 229). Um eine sichere Zahlungsabwicklung in elektronischen Märkten garantieren zu können, sind seitens des Anbieters Spezialkenntnisse notwendig. Der Kunde muss sensible Daten wie Kreditkartenfunktionen preisgeben, so dass Vertrauen gegenüber dem Anbieter notwendig ist. Aus diesen Gründen besteht die Möglichkeit für einen Intermediär, sich als vertrauenswürdiger Dritter (bzw. hier eher "Vierter") einzuschalten und die

Zahlungsabwicklung zu übernehmen (vgl. Toporowski 2000, S. 106f.). Die Abnehmer brauchen sensible Daten dann nur gegenüber dieser "vierten Partei" preiszugeben (siehe dazu die Diskussion über die Entschärfung von Hidden intentions durch Intermediäre in Abschnitt 3.3.2.3). Ein Beispiel für ein solches Geschäftsmodell stellt *PayPal* dar (vgl. www.paypal.com). Ein weiterer Vorteil einer Entbündelung können Effizienzvorteile auf Grund von Spezialisierung sein (vgl. Picot/Heger 2001, S. 132).

Je nachdem, welche Intermediationsaktivitäten selbst übernommen und welche ausgelagert werden, können verschiedene Geschäftsmodelle für Intermediäre entstehen. Dabei ist zu beachten, dass Funktionen auch an den Endkunden "ausgelagert" werden können.

3.4.4.3 Integration von konventionellem und elektronischem Markt

Entscheidend für die Sinnhaftigkeit einer Integration von Intermediationsaktivitäten in elektronischen und konventionellen Märkten sind potenzielle Synergien:

- **Skaleneffekte**. Agiert ein Intermediär sowohl in konventionellen als auch elektronischen Märkten, können Skalenvorteile ggf. besser erschlossen werden (vgl. Chircu/Kauffman 2000, S. 22; Giaglis/Klein/O'Keefe 2002, S. 244). Dies ist v. a. dann relevant, wenn der elektronische Markt relativ zum konventionellen Markt eher klein bleibt. Vor allem in der Logistik wird die Bedeutung von Skaleneffekten betont (vgl. Chircu/Kauffman 1999a, S. 11; Giaglis/Klein/O'Keefe 2002, S. 242).

- **Erhöhung des Kundennutzens durch Integration der Vertriebskanäle**. Durch die Integration des elektronischen und traditionellen Vertriebskanals und die Ausnutzung ihrer jeweiligen Stärken kann potenziell der Kundennutzen erhöht werden (vgl. Hunziker 2003, S. 53; Steinfield et al. 2000, S. 6f.). So können Kunden z. B. im Internet Bestellungen aufgeben, die Ware jedoch im Ladengeschäft abholen (vgl. Porter 2001, S. 73) und dort auch potenzielle Schwierigkeiten, z. B. bei defekter Ware, im persönlichen Kontakt lösen (vgl. Steinfield et al. 2000, S. 6). Ebenso kann das Online-Geschäft durch Papierkataloge gefördert werden (vgl. Porter 2001, S. 73).

Allerdings muss beachtet werden, dass auch negative Synergien bestehen können. Denn es entsteht eine höhere Komplexität, so dass sich ein zusätzlicher Koordinationsaufwand ergibt und reine Cybermediäre oftmals flexibler und schneller auf neue Marktbedingungen reagieren können. Zudem sprechen aus betriebswirtschaftlicher Sicht einige Gründe gegen Integration. Z. B. besteht bei einem Internetauftritt unter der gleichen Marke die Gefahr der

Kannibalisierung des traditionellen Geschäfts oder der Schwächung der Marke im traditionellen Geschäft, etwa da im Internet günstigere Preise angeboten werden (vgl. Corsten 2003, S. 206). Die Möglichkeiten zur Preisdifferenzierung werden also potenziell eingeschränkt.

3.4.4.4 Ausdifferenzierung von Intermediation und Beantwortung der Wie-Frage

Auf der Basis der in den vorangegangenen Abschnitten erläuterten Analysen lässt sich ableiten, welche Formen von Intermediation in elektronischen Märkten möglich sind. Der "Lösungsraum für Intermediation" wurde damit aufgespannt. Dieser kann sehr groß sein, so dass sich die Gestalt verschiedener Intermediäre stark unterscheiden kann. Die Frage, welche der möglichen Formen sich durchsetzen wird, ist nicht leicht zu beantworten. Wesentliches Kriterium muss hier der Mehrwert sein, den die einzelnen Formen von Intermediation stiften. Dabei muss – wie bereits bei der Diskussion der Ob-Frage – berücksichtigt werden, dass für verschiedene Marktsegmente auch verschiedene Formen von Intermediation adäquat sein können.

3.4.5 Schritt 4: Prüfung der "Wer-Frage"

An die Ob-Frage und die Wie-Frage knüpft sich die Wer-Frage an. Bei ihr geht es v. a. darum, welcher Marktteilnehmer die besten Voraussetzungen für die Besetzung der Position des Intermediärs im elektronischen Markt besitzt. Damit steht statt einer volkswirtschaftlichen nun eine betriebswirtschaftliche Fragestellung im Vordergrund.

3.4.5.1 Wettbewerbsvorteile von etablierten vs. neuen Marktteilnehmern

Die Marktteilnehmer lassen sich im Wesentlichen in zwei Gruppen einteilen: (1) in Unternehmen, die als Intermediär im konventionellen Markt aktiv und etabliert sind sowie (2) in branchenfremde bzw. neue Marktteilnehmer. Beiden Gruppen lassen sich typische Wettbewerbsvorteile zuordnen. Dabei wird zunächst analysiert, welcher Marktteilnehmer ursprünglich die beste Ausgangsposition besaß. Erst im nachfolgenden Abschnitt 3.4.5.2 erfolgt auch eine Berücksichtigung eventueller Wettbewerbsvorteile durch die aktuelle Positionierung im elektronischen Markt.

Wettbewerbsvorteile etablierter Intermediäre

Einige der Wettbewerbsvorteile etablierter Intermediäre sind letztlich bereits im Rahmen der Diskussion von Synergien zwischen elektronischen und konventionellen Märkten diskutiert worden (siehe Abschnitt 3.4.4.3). Es wurden zwei mögliche Synergiequellen vorgestellt: (1) Skaleneffekte durch die gemeinsame Abdeckung des elektronischen und konventionellen Marktes sowie (2) die Erhöhung des Kundennutzens durch die Integration von elektronischem und konventionellem Vertriebskanal. Bestehen solche Synergien, stellt dies automatisch einen Wettbewerbsvorteil für etablierte Spieler dar, denn neue Spieler können diese Synergien nicht erschließen, ohne auch in den konventionellen Markt einzutreten - und dies ist i. d. R. mit hohen Markteintrittsbarrieren verbunden. Zumindest kann ein etablierter Intermediär durch solche Synergien einen Startvorteil haben, während der elektronische Markt noch klein ist (vgl. Chircu/Kauffman 2000, S. 22; Giaglis/Klein/O'Keefe 2002, S. 244).

Selbst wenn derartige Synergien nicht vorhanden sind, kann ein etablierter Intermediär Wettbewerbsvorteile haben, und zwar durch überlegene Fähigkeiten, Ressourcen und Kompetenzen.[123] Auf Grund seiner langjährigen Erfahrung besitzt ein traditioneller Intermediär in der Regel bestimmte Fähigkeiten, Wissen, Kompetenzen oder andere Ressourcen, die sich zumindest teilweise auf die Aktivitäten im elektronischen Markt übertragen lassen. Falls der Aufbau dieser Ressourcen kostspielig oder zeitaufwändig ist, verschafft dies dem traditionellen Intermediär in der Anfangsphase einen Wettbewerbsvorteil gegenüber neuen Marktteilnehmern (vgl. Chircu/Kauffman 1999a, S. 9f.; Chircu/Kauffman 2000, S. 14; Giaglis/Klein/O'Keefe 2002, S. 240). Z. B. haben etablierte Intermediäre im konventionellen Markt meist bereits Vertrauen über eine Marke aufgebaut und verfügen über langfristige Beziehungen zu Anbietern und Abnehmern (vgl. Corsten 2003, S. 206; Giaglis/Klein/O'Keefe 2002, S. 242; Hunziker 2003, S. 52). Verwendet ein etablierter Intermediär im elektronischen Markt die gleiche Marke wie im konventionellen Markt, kann ein Kunde z. B. sicher sein, dass es sich nicht um eine "Scheinfirma" handelt (vgl. Steinfield et al. 2000, S. 6; Toporowski 2000, S. 106). Weiterhin verfügen etablierte Intermediäre bereits über Kenntnisse bezüglich Anbietern, Produkten, Nachfrage etc. (vgl. Toporowski 2000, S. 103).

Wettbewerbsvorteile branchenfremder Marktteilnehmer

Den Wettbewerbsvorteilen etablierter Intermediäre müssen die Wettbewerbsvorteile neuer Marktteilnehmer gegenübergestellt werden. Der Wettbewerbsvorteil, der neuen, branchen-

---

[123] Dies entspricht einer Anwendung des wissensbasierten Ansatzes bzw. der "Resource based view", die für die Untersuchung von Wettbewerbsvorteilen in elektronischen Märkten besonders geeignet ist (vgl. Heger 2003, S. 52ff.).

fremden Spielern am häufigsten zugeschrieben wird, ist eine höhere Kompetenz hinsichtlich der für elektronische Märkte notwendigen IuK-Technologien (vgl. z. B. Toporowski 2000, S. 103). Ob eine überlegene Technologiekompetenz einen dauerhaften Wettbewerbsvorteile darstellt, wird jedoch teilweise angezweifelt (vgl. Chircu/Kauffman 1999a, S. 11).

3.4.5.2 Veränderungsanreize, First-mover-Vorteile und Beantwortung der Wer-Frage

Die Wettbewerbsvorteile der jeweiligen Marktteilnehmer müssen im konkreten Anwendungsfall untersucht und gegenübergestellt werden. Allerdings muss auch die Frage geklärt werden, ob für die jeweiligen Marktteilnehmer überhaupt Anreize bestehen, in den elektronischen Markt einzutreten. Einen Grund, dies trotz guter Ausgangsposition nicht zu tun, können aus Sicht eines etablierten Intermediärs negative Synergien darstellen. Für einen etablierten Intermediär kann die Gefahr bestehen, durch eine Forcierung von E-Commerce das traditionelle Geschäft zu kannibalisieren (siehe Abschnitt 2.3.2). Dies kann für etablierte Marktteilnehmer ein Grund sein, sich zumindest nicht an die Spitze der Bewegung zu setzen oder sogar die Aktivitäten anderer Marktteilnehmer zu ver- oder behindern. Dabei ist das Machtgefüge innerhalb der Industrie zu berücksichtigen – nur Unternehmungen mit ausreichender Marktmacht können Marktentwicklungen maßgeblich beeinflussen.

Um die Wer-Frage abschließend beantworten zu können, muss auch die derzeitige Marktposition im elektronischen Markt berücksichtigt werden. Denn auf Grund von Wechselkosten, Lern- oder Netzeffekten können First-mover-Vorteile bestehen (siehe Abschnitt 2.3.2), so dass frühzeitig agierende Marktteilnehmer durch den dadurch erreichten Vorsprung einen Wettbewerbsvorteil erlangen können. In diesem Zusammenhang sind auch "strategische Commitments" zu berücksichtigen, die ggf. andere Marktteilnehmer von einem Markteintritt abhalten (vgl. z. B. Heger 2003, S. 50ff.).

3.4.6 Schritt 5: Ableitung strategischer Implikationen

In den vergangenen Abschnitten wurde die Veränderung der Struktur von Intermediation durch E-Commerce untersucht. Dabei wurde entlang der drei Kernfragen erörtert,

- unter welchen Bedingungen Intermediation in elektronischen Märkten Mehrwert stiftet und ob mit Disintermediation zu rechnen ist (Ob-Frage),
- welche Veränderungen bezüglich der Form von Intermediation zu berücksichtigen sind (Wie-Frage) und

- welche Aussichten und Anreize die verschiedenen Marktteilnehmer haben könnten, die Position des Intermediärs erfolgreich zu besetzen (Wer-Frage).

Angesichts der hohen Komplexität und Multikausalität von Industriestrukturveränderungen kann allerdings nicht davon ausgegangen werden, dass man mit Hilfe der Analysemethodik zukünftige Veränderungen mit Sicherheit vorhersagen kann.[124] Die Analysemethodik ermöglicht jedoch eine strukturierte Diskussion unter Berücksichtigung möglichst aller relevanten Aspekte und kann so die Unsicherheit reduzieren. Darauf aufbauend können strategische Implikationen für relevante Marktteilnehmer abgeleitet werden. Für potenzielle oder bestehende Intermediäre sind die Ergebnisse einer solchen Analyse strategisch höchst relevant. Die Ergebnisse ermöglichen einem Unternehmen, ein realistisches Ziel hinsichtlich der zukünftigen Rolle als Intermediär zu definieren. Das betrifft zum einen die Frage, ob überhaupt Aktivitäten im elektronischen Markt angestrebt werden sollten, zum anderen die angestrebte Form von Intermediation (bzw. das angestrebte Geschäftsmodell). Ist die Zielposition definiert, kann eine geeignete Strategie entwickelt werden. Für diesen Zweck können die Instrumente der strategischen Unternehmensführung bzw. Strategieentwicklung herangezogen werden. Da eine umfassende Darstellung den Rahmen dieser Arbeit sprengen würde, wird auf die einschlägige Literatur verwiesen (vgl. z. B. Macharzina 1999, S. 197ff.; Schertler 1995, S. 89ff.; Steinmann/Schreyögg 2000, S. 147ff.).

[124] Dies ergibt sich schon allein aus der Tatsache, dass als Einflussfaktor bisher nur E-Commerce betrachtet wurde, Industriestrukturveränderungen jedoch z. B. auch durch Änderungen der Nachfrage oder der regulatorischen Rahmenbedingungen hervorgerufen werden können.

4 Anwendung der Analysemethodik auf die Tourismusindustrie

4.1 Einleitung

4.1.1 Motivation für die Tourismusindustrie als Untersuchungsgebiet

Die in Kapitel 3.4 entwickelte Analysemethodik soll auf die Tourismusindustrie angewendet werden. Diese eignet sich als Untersuchungsgebiet aus mehreren Gründen:

- **Starke Präsenz von Intermediären.** Intermediäre wie Reiseveranstalter und Reisebüros spielen im Tourismus eine große Rolle (Buhalis 2001, S. 8; Cook/Yale/Marqua 2002, S. 68; Freyer 2001a, S. 86ff.; Morrison 2002, S. 342ff.; Werthner/Klein 1999a, S. 257). In 2003 lag der Anteil der über Reisebüro und/oder Reiseveranstalter gebuchten Reisen in Deutschland bei 44,1 Prozent (vgl. F.U.R 2004, S. 5).

- **Hohes Veränderungspotenzial von E-Commerce.** Da es sich bei einer Urlaubsreise um eine Dienstleistung handelt (vgl. z. B. Freyer 2001a, S. 247ff.; Kotler/Bowen/Markens 1999, S. 41ff.), erfolgt vor der Kaufentscheidung keinerlei physischer Austausch von Gütern (abgesehen von Trägermedien für Information). Dementsprechend agieren touristische Intermediäre nur auf der informationellen und rechtlich-finanziellen Ebene. Tourismus ist ein Informationsgeschäft (vgl. Schertler 1994a, S. 17ff.; Schertler 1994c, S. 20ff.; Sheldon 1997, S. 2ff.). Auf Grund dessen ist der potenzielle Einfluss von E-Commerce (und IuK-Technologien im Allgemeinen) auf Intermediation im Tourismus besonders hoch (vgl. Marti 2002, S. 97f.).

- **Volkswirtschaftliche Bedeutung der Tourismusindustrie.** Tourismus ist in vielen Gesellschaften zu einem bedeutenden Wirtschaftsfaktor geworden – nach der *WTTC* (*World Travel & Tourism Council*) werden direkt und indirekt ca. 10 Prozent des weltweiten Bruttoinlandsprodukts durch Tourismus erwirtschaftet und 8,1 Prozent aller Arbeitsplätze geschaffen (vgl. WTTC 2004c, S. 4).[125] Nach der *F.U.R* beträgt das Marktvolumen für mehrtägige Urlaubsreisen in Deutschland über 50 Mrd. Euro (vgl. F.U.R 2004, S. 5).

---

[125] Betrachtet man nur den direkten Einfluss, ergeben sich immer noch 3,8 Prozent des weltweiten Bruttoinlandsprodukts und 2,8 Prozent aller Arbeitsplätze (vgl. WTTC 2004c, S. 4).

4.1.2 Definition und Abgrenzung des Untersuchungsgebiets

Definition Tourismus

Bei einer sehr weiten Definition umfasst das Phänomen "Tourismus" sämtliche Erscheinungen[126], die mit dem vorübergehenden Verlassen des gewöhnlichen Aufenthaltsortes[127] von Personen und deren Aufenthalt am anderen Ort verbunden sind (vgl. Freyer 2000, S. 14).[128] Engere Definitionen schränken Tourismus meist hinsichtlich der drei folgenden Kriterien ein (vgl. Freyer 2000, S. 2):[129]

- Reisedauer (z. B. durch Ausschluss von Reisen ohne Übernachtung oder Reisen mit mehr als einem Jahr Aufenthaltsdauer)
- Reiseentfernung (z. B. durch Ausschluss von Ausflügen in die nahe Umgebung)
- Reisezweck bzw. Reisemotiv (z. B. durch Ausschluss von Geschäftsreisen)

Der Fokus dieser Arbeit soll auf dem Ferientourismus liegen, Geschäftsreisen und Besuchsreisen zu Freunden oder Bekannten sollen also ausgeschlossen werden. Darüber hinaus sollen auch Tagesausflüge ausgeschlossen werden, da man diese üblicherweise nicht mit dem Begriff "Ferien" assoziiert und sich die Industriestruktur stark unterscheidet. Zur Vereinfachung sollen die Begriffe Tourismus, Ferientourismus, Touristik und Fremdenverkehr in dieser Arbeit synonym verwendet werden.[130] Tourismus wird für diese Arbeit wie folgt definiert:

---

126 "Erscheinungen" werden in der Literatur zum Beispiel konkretisiert als die Aktivitäten der reisenden Person (einschließlich ihrer Interaktion während der Reise und deren Auswirkungen auf die Umwelt) oder auch als sämtliche das Reisebedürfnis befriedigende Einrichtungen (vgl. Cook/Yale/Marqua 2002, S. 5; Mill/Morrison 1985, S. xvii).

127 Unter dem "gewöhnlichen Aufenthaltsort" wird meist der hauptsächliche Wohn- und Arbeitsort verstanden (vgl. u. a. Cook/Yale/Marqua 2002, S. 5; Foster 1985, S. 1; Kaspar 1998, S. 17; Middleton/Clarke 2001, S. 9; Pompl 1997, S. 1).

128 Vgl. für Darstellungen von weiten Definitionen z. B. Bieger 2000, S. 19ff.; Cook/Yale/Marqua 2002, S. 5; Holloway 2002, S: 2f.; Kaspar 1998, S. 17; Middleton/Clarke 2001, S. 8ff.; Mill/Morrison 1985, S. xvii ff.; Pompl 1997, S. 1; Swarbrooke/Horner 1999, S. 4; WTO 1996, S. 7.

129 Darüber hinaus sind Einschränkungen möglich, indem das Phänomen Tourismus auf bestimmte wissenschaftliche Problemstellungen bzw. Disziplinen reduziert wird. Zum Beispiel umfasst die *ökonomische* Begriffsdefinition lediglich alle *ökonomischen* Erscheinungen, die mit der Reise von Personen verbunden sind (vgl. Freyer 2000, S. 15). Analog können auch soziologische, juristische oder andere Aspekte in den Mittelpunkt gerückt werden (ebd.). Diesem Beitrag soll die ökonomische Begriffsdefinition von Tourismus zugrunde liegen, da lediglich betriebs- und volkswirtschaftliche Aspekte von Interesse sind.

130 Siehe für eine Abgrenzung dieser Begriffe zum Beispiel Freyer 2000, S. 13ff.

> Unter ***Tourismus*** werden in dieser Arbeit sämtliche ökonomischen Erscheinungen verstanden, die mit dem mehrtägigen Verlassen des gewöhnlichen Aufenthaltsortes zu Urlaubszwecken und dem Aufenthalt am Urlaubsort verbunden sind.

Von besonderem Interesse sind hier natürlich diejenigen Marktsegmente, in denen Intermediäre eine wichtige Rolle spielen. Über 70 Prozent des Umsatzes der deutschen Reiseveranstalter wird durch Flugreisen erzielt, wobei der prozentuale Anteil bei den großen Veranstaltern wie *TUI* oder *Thomas Cook* sogar bei fast 90 Prozent liegt (vgl. Hildebrandt/Quandt 2003, S. 8ff.). Im Folgenden soll der Schwerpunkt daher auf dieses Segment gelegt werden.

Im Fokus dieser Arbeit liegt der deutsche Tourismusmarkt. Damit ist der "Quellmarkt" Deutschland gemeint, d. h. alle Reisen, die von Deutschen angetreten werden, sei es innerhalb Deutschlands oder ins Ausland (bei einer Betrachtung des "Zielmarktes" Deutschland wären alle Reisen mit dem Urlaubsziel Deutschland relevant, sei es von Deutschen oder von Ausländern). Auf Grund von teilweise signifikanten Unterschieden zwischen verschiedenen Ländern hinsichtlich Nachfragestruktur und Industriestruktur ist eine Übertragbarkeit der Erkenntnisse dieser Arbeit auf andere Quellmärkte nicht zwingend gewährleistet.

Definition Tourismusindustrie

Unter dem Begriff "Tourismusindustrie" können sämtliche Organisationen (und deren Beziehungen untereinander) zusammengefasst werden, die am Erstellungsprozess einer Urlaubsreise beteiligt sind (vgl. Freyer 2001a, S. 18; Foster 1985, S. 1). Dazu zählen zum Beispiel Transportunternehmen, Reiseveranstalter und Reisebüros sowie zahlreiche Organisationen am Urlaubsort wie Beherbergungsbetriebe, Gastronomiebetriebe, Fremdenverkehrsverbände, Museen, Souvenirgeschäfte, Vergnügungsparks etc. Angesichts dieser Heterogenität der Organisationen und der von ihnen angebotenen Leistungen erscheint eine Eingrenzung des Untersuchungsgebiets erforderlich. Daher sollen in dieser Arbeit lediglich diejenigen Unternehmungen betrachtet werden, welche an der Bereitstellung der in der Regel vor Reiseantritt gebuchten Komponenten einer Urlaubsreise – also vor allem Unterkunft und Transport – sowie dessen Vermarktung und Vermittlung beteiligt sind. Damit erfolgt eine Fokussierung auf denjenigen Teil der Industrie, der im Hinblick auf Intermediation am relevantesten ist. Es ergibt sich das folgende Begriffsverständnis für die Tourismusindustrie als Untersuchungsgebiet:

Die ***Tourismusindustrie*** umfasst in dieser Arbeit sämtliche Unternehmungen, die am Erstellungsprozess einer Urlaubsreise durch die Bereitstellung von Transport- oder Unterkunftsleistungen oder deren Vermarktung und Vermittlung beteiligt sind.

Damit wird der Begriff der Tourismusindustrie für diese Arbeit eingeengt auf Beherbergungsbetriebe, Zielgebietsagenturen (diese bieten u. a. den Bustransfer im Zielgebiet an), Transportunternehmen (wie z. B. Fluggesellschaften), Reiseveranstalter, Betreiber von "Global Distribution Systems" (GDS) und Reisebüros.[131]

4.1.3 Stand der Wissenschaft zum Einfluss von E-Commerce auf touristische Intermediäre

Hinsichtlich des Einflusses von IuK-Technologien auf Industriestrukturen wurde oftmals die Tourismusindustrie herangezogen. Dies kann mit der hohen Bedeutung des Faktors Information (vgl. Schertler 1994c, S. 20ff.; Sheldon 1997, S. 2ff.) begründet werden. Auch die Entstehung elektronischer Märkte wurde häufig und bereits frühzeitig anhand der Tourismusindustrie untersucht (vgl. z. B. Berg/Schmitt 2002, S. 1ff.; Clemons/Hann/Hitt 2002, S. 534ff.; Ernst/Walpuski 1994, S. 228ff.; Rohte 1994, S. 89ff.; Schmid 1993, S. 15ff.; Schmid 1994, S. 1ff.; Schulz 1997, S. 67ff.). Insbesondere die Existenz der GDS (Global Distribution Systems) als frühe Form elektronischer Märkte noch vor der Entstehung des Internets trug zu dem großen Interesse bei.

In diesem Rahmen wurde oftmals auch die Frage der Disintermediation untersucht, wobei sich die Untersuchungen überwiegend auf Reisebüros und häufig auf den Flugmarkt konzentrierten (vgl. z. B. Anckar/Walden 2000, n. p.; Anckar/Walden 2001, S. 151ff.; Bloch/Segev 1996, n. p.; McCubbrey 1999, S. 1ff.; Klein 2002, S. 219ff.; Lewis/Talalayevsky 1997, S. 26ff.; Reinders/Baker 1997, S. 119ff.; Schuster 1998, S. 224ff.; Werthner/Klein 1999a, S. 256ff.).[132] Neben der Frage der Disintermediation wurden natürlich auch Reintermediation und Cybermediation in Betracht gezogen und untersucht (vgl. z. B. Böhm 2001, S. 89ff.; Dombey 1998, S. 129ff.; Hunziker 1999, S. 94ff.; Kanellou 2000,

[131] Auf die Betrachtung von anderen Intermediären (z. B. Fremdenverkehrsämtern) wird im Rahmen dieser Arbeit auf Grund ihrer untergeordneten Bedeutung bei Flugreisen verzichtet.

[132] Auch für Unterkünfte wurde der Vertrieb über elektronische Märkte untersucht (vgl. z. B. Marcussen 1997, S. 190ff.; Nysveen/Lexhagen 2001, S. 335ff.; O'Connor/Frew 2000, S. 324ff.; O'Connor/Frew 2001, S. 346ff.).

S. 15ff.; Licata/Buhalis/Richer 2001, S. 139ff.; Marti 2002, S. 97ff.; Klein 2002, S. 223ff.; McCubbrey 1999, S. 1ff.; Robles Sy/Schertler 2002, S. 27ff.; Standing/Borbely/Vasudavan 1999, S. 40ff.; Werthner/Klein 1999a, S. 260ff.).

Eine umfassende und systematische Analyse, so wie durch die in dieser Arbeit entwickelte Analysemethodik vorgesehen, ist dem Autor jedoch nicht bekannt. In den meisten Untersuchungen wurde nicht detailliert auf einzelne Intermediationsaktivitäten eingegangen. Auch wurden die verschiedenen im Ferientourismus relevanten Intermediäre – Reisebüro, GDS, Reiseveranstalter und Zielgebietsagentur – selten im Zusammenhang betrachtet. Aspekte wie eine mögliche Dis- und Reaggregation von Aktivitäten oder die Integration von konventionellem und elektronischem Markt wurden ebenfalls selten berücksichtigt. Die folgende Fallstudie soll diese Forschungslücke schließen.

4.2 Schritt 1: Ist-Analyse

4.2.1 Analyse der Industriestruktur im Tourismus

4.2.1.1 Wesen und Merkmale des touristischen Produkts

Beim Produkt Urlaubsreise handelt es sich überwiegend um eine Dienstleistung und nicht um ein Sachgut (vgl. Bieger 2000, S. 35; Freyer 2001a, S. 442; Holloway 2002, S. 4; Kotler/Bowen/Markens 1999, S. 41), so dass anzunehmen ist, dass die allgemeinen Eigenschaften einer Dienstleistung auch für die Urlaubsreise gelten.

Wesen und allgemeine Merkmale von Dienstleistungen

Der Begriff Dienstleistung wird in der Wissenschaft nicht einheitlich definiert (vgl. Corsten 2001, S. 21; Meffert/Bruhn 2000, S. 27ff.; Meyer 1998, S. 5; Schertler 1994a, S. 18). Es lassen sich drei Arten von Definitionen unterscheiden: enumerative Definitionen (Aufzählung von Beispielen), Negativdefinitionen (über die Abgrenzung von Sachgütern) sowie Definitionen durch konstitutive Merkmale (vgl. Corsten 2001, S. 21). An dieser Stelle sind nur Letztere relevant, da nur diese eine Ergründung des Wesens von Dienstleistungen und eine anschließende Ableitung von wirtschaftswissenschaftlich relevanten Erkenntnissen erlaubt (vgl. Corsten 2001, S. 21; Meffert/Bruhn 2000, S. 27). Bei Definitionen über konstitutive Merkmale lassen sich wiederum drei verschiedene Betrachtungsweisen unterscheiden, die als sich ergänzende Perspektiven betrachtet werden können und aus denen sich jeweils bestimmte Merkmale einer Dienstleistung ableiten lassen: die potenzialorientierte[133], die prozessorientierte[134] und die ergebnisorientierte[135] Betrachtungsweise (vgl. Corsten 2001, S. 21; Hentschel 1992, S. 21; Hilke 1989, S. 10ff.).[136]

Auf der Basis der verschiedenen Ansätze fasst *Corsten* zwei wesentliche konstitutive Merkmale einer Dienstleistung zusammen: (1) starke Integration des Nachfragers bei der Produktion der Dienstleistung sowie (2) weitgehende Immaterialität (vgl. Corsten 2001, S. 27). *Engelhardt et al.* stellen fest, dass sich die Ausprägungen beider Merkmale auf einem Kontinuum bewegen, und plädieren daher für eine Typologisierung von Leistungen (Sach- und Dienstleistungen) anhand einer Matrix mit den beiden Achsen Integrativitätsgrad und Immaterialitätsgrad (vgl. Engelhardt/Kleinaltenkamp/Reckenfelderbäumer 1995, S. 674).[137]

---

[133] Potenzialorientierte Ansätze betrachten Dienstleistungen als menschliche oder maschinelle Leistungsfähigkeiten, die an externen Faktoren (dem Nachfrager oder dessen Objekt) erbracht werden und damit eine gewünschte Wirkung (Veränderung oder Erhaltung des Zustands) erzielen (vgl. Meyer 1991, S. 197; Meyer 1998, S. 6f.). Die Dienstleistung ist demnach zunächst lediglich ein Leistungsversprechen, so dass das angebotene Produkt und dessen Qualität im Gegensatz zum Sachgut nicht vor der Kaufentscheidung inspiziert werden können. Auf Grund dieses Informationsmangels stellen Dienstleistungen häufig Erfahrungs- oder Vertrauensgüter dar, da es für den Nachfrager bei der Kaufentscheidung ungewiss ist, ob der Dienstleister sein Leistungsversprechen einhalten kann und die gewünschte Wirkung tatsächlich eintreten wird (vgl. Corsten 2001, S. 22; Schertler 1994a, S. 27). Weiterhin folgt aus der Definition als Fähigkeit bzw. Leistungsversprechen, dass eine Dienstleistung ein immaterielles Gut ist.

[134] Prozessorientierte Ansätze rücken den Erbringungsprozess des Dienstleisters beim Nachfrager in den Mittelpunkt der Betrachtung. So definiert *Berekoven* Dienstleistungen als "Bedarfsdeckung Dritter dienende Prozesse mit materiellen und/oder immateriellen Wirkungen, deren Vollzug und deren Inanspruchnahme einen synchronen Kontakt zwischen Leistungsgeber und Leistungsnehmer bzw. deren Objekten von der Bedarfsdeckung her erfordern" (Berekoven 1983, S. 23). Bei dieser Betrachtungsweise wird das zeitliche Zusammenfallen von Produktion und Konsumtion ("Uno-actu-Prinzip") sowie die währenddessen notwendige Einbeziehung des Nachfragers betont. Aus der Synchronität von Produktion und Konsumtion resultiert, dass eine Dienstleistung nicht lagerfähig ist – im Gegensatz zum Dienstleistungsergebnis, welches durchaus lagerbar sein kann (vgl. Corsten 1986, S. 19; Maleri 1997, S. 105). Eine weitere Folge der Integration des Nachfragers in den Erbringungsprozess ist eine geringe Standardisierbarkeit bzw. hohe Individualität von Dienstleistungen. Zudem kann auch aus dieser Definition die Immaterialität als konstitutives Merkmal einer Dienstleistung abgeleitet werden, da ein Prozess bzw. eine Verrichtung stets ein immaterielles Gut ist, auch wenn die Leistung an einem materiellen Gut erbracht wird (vgl. Corsten 2001, S. 22; Klose 1999, S. 10f.).

[135] Beim ergebnisorientierten Ansatz wird die Dienstleistung als ein "immaterielles Ergebnis einer dienstleistenden Tätigkeit" verstanden (vgl. Corsten 2001, S. 22). So definiert *Maleri* Dienstleistungen als "für den Absatz produzierte immaterielle Wirtschaftsgüter", wobei eine Dienstleistung hier nicht als Prozess, sondern als Ergebnis eines Prozesses angesehen wird (Maleri 1973, S. 5f.). Insbesondere bei dieser Betrachtungsweise wird die Problematik des Merkmals der Immaterialität deutlich, da das Ergebnis einer Dienstleistung auch materieller Natur sein kann (z. B. abgeschnittene Haare oder eine gestrichene Wand) und ein immaterielles Ergebnis wie Information oftmals ein (materielles) Trägermedium benötigt (vgl. Corsten 2001, S. 28; Meyer 1998, S. 7). Häufig wird daher *weitgehende* Immaterialität als konstitutives Merkmal einer Dienstleistung genannt.

[136] Einige Autoren führen unter der Bezugnahme auf eine Definition von *Schüller* zusätzlich so genannte tätigkeitsorientierte Definitionen auf (vgl. z. B. Meffert/Bruhn 2000, S. 27; Meyer 1998, S. 6). Nach *Schüller* stellt jede menschliche Tätigkeit eine Dienstleistung dar.

[137] *Corsten* stellt zu Recht fest, dass *Engelhardt et al.* damit die Dichotomie zwischen Sachgut und Dienstleistung zwar überwinden und eine realitätsnahe Darstellung entwickelt haben, das Problem der Positionierung im konkreten Einzelfall aber ungelöst bleibt (vgl. Corsten 2001, S. 30).

Aus den beiden konstitutiven Merkmalen Integration des Nachfragers und Immaterialität lassen sich die oben beschriebenen weiteren Merkmale von Dienstleistungen ableiten. Die nachfolgende Abbildung stellt diese Leistungstypologie dar und fasst die allgemeinen Merkmale einer Dienstleistung zusammen.

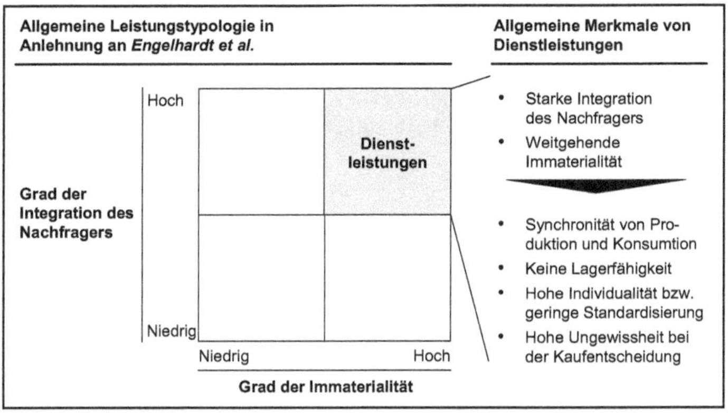

Abbildung 20: Leistungstypologie und allg. Merkmale von Dienstleistungen

(Quelle: in Anlehnung an Engelhardt/Kleinaltenkamp/Reckenfelderbäumer 1995, S. 673ff.)

Durch das Merkmal der Immaterialität zählt die Dienstleistung neben Arbeitsleistungen, Rechten und Informationen zu den immateriellen Realgütern, wobei insbesondere die Abgrenzung zu Informationen kontrovers diskutiert wird, da Informationen eine wesentliche Rolle für die Erbringung einer Dienstleistung spielen oder das Ergebnis einer Dienstleistung sein können (vgl. Corsten 2001, S. 21; Maleri 1997, S. 50; Meffert/Bruhn 2000, S. 22; Schertler/Popp 1983, S. 34ff.).

Merkmale der touristischen Dienstleistung

Die "touristische Dienstleistung" wird von *Kaspar* definiert als "jenes Bündel von sach- und personenbezogenen Leistungen, die der Tourist für seine Ortsveränderung und während seines Aufenthaltes am Reiseziel in Anspruch nimmt oder konsumiert" (Kaspar 1995, S. 27). Wie sich in dieser Definition bereits widerspiegelt, besteht eine Urlaubsreise in der Regel aus einer Vielzahl von Komponenten, wobei die konkrete Kombination weitgehend vom Reisenden bestimmt wird. Während die Komponenten Transport und Unterkunft fast immer enthalten sind und meist vor Reiseantritt vom Kunden bestimmt werden, erfolgt die Entscheidung für viele der weiteren Komponenten wie gastronomische Leistungen oder Tagesausflüge oftmals erst während der Reise.

Wie im Folgenden veranschaulicht werden soll, treffen alle allgemeinen Merkmale einer Dienstleistung grundsätzlich auch auf die touristische Dienstleistung "Urlaubsreise" zu (vgl. u. a. Kotler/Bowen/Markens 1999, S. 41ff.; Morrison 2002, S. 32ff.; Pompl 1996, S. 35ff.).[138] Sie zeichnet sich also durch die folgenden Charakteristika aus:

1. Starke Integration des externen Faktors[139]
2. Weitgehende Immaterialität[140]
3. Weitgehende Synchronisation von Produktion und Konsumtion[141]
4. Keine Lagerfähigkeit[142]
5. Hohe Individualität bzw. geringe Standardisierung[143]
6. Hohe Ungewissheit bei der Kaufentscheidung[144]

---

[138] Dies kann sich jedoch zwischen den verschiedenen Elementen (Hotel, Flug etc.) der touristischen Dienstleistung unterscheiden.

[139] Touristische Dienstleistungen sind subjektbezogen, d.h. sie werden an einer Person und nicht an einem Objekt erbracht. Der Kunde als "externer Faktor" muss daher zwingend physisch präsent sein und ist damit in den "Produktionsprozess" stark integriert. Zudem gibt ein Tourist auch den Ablauf des "Produktionsprozesses" einer Urlaubsreise vor, da er selbst bestimmt, welche Leistungskomponenten er zu welcher Zeit in Anspruch nimmt. Lediglich bei standardisierten Produkten wie der Pauschalreise kann der Grad der Einbringung in den Produktionsprozess geringer sein, da die Komponenten in der Regel bereits fest verknüpft sind.

[140] Auch wenn touristische Anbieter wie Hoteliers oder Fluglinien zur Erbringung ihrer Dienstleistung auf materielle Geräte oder Objekte zurückgreifen müssen, sind ihre Leistungen – Transport bzw. Unterkunft – letztlich immaterieller Natur, da der Kunde kein physisches Produkt erwirbt. Lediglich ergänzende Leistungen wie Catering an Bord des Flugzeugs oder Obst auf dem Hotelzimmer sind materielle Leistungen.

[141] Produktion und Konsumtion erfolgen bei einer Urlaubsreise zwingend simultan, es können lediglich vorbereitende Arbeiten im Voraus erledigt werden (zum Beispiel das Vorbereiten des Hotelzimmers).

[142] Durch die Synchronisation von Produktion und Konsumtion kann die touristische Dienstleistung nicht auf Vorrat produziert und gelagert werden. Da Leistungsträger wie Hoteliers und Fluglinien Kapazitäten vorhalten müssen, die kurzfristig fix sind und nicht abgebaut werden können, kann ungewisse Nachfrage sofort hohe Leerkosten verursachen (vgl. Meyer 1998, S. 6; Schertler 1994a, S. 19). Die mangelnde Lagerfähigkeit erfordert den Verkauf zukünftiger Leistungsansprüche im Sinne von Reservierungen (vgl. Kaspar 1995, S. 35).

[143] Eine Urlaubsreise als Bündel von zahlreichen Einzelleistungen besitzt eine ausgesprochen hohe Individualität, denn letztlich ist jedes Bündel ein Unikat. Den größten Grad an Standardisierung auf der Ebene der Gesamtreise besitzt die Pauschalreise, wo der Freiheitsgrad hinsichtlich der Kombination einiger Einzelleistungen wie Unterkunft und Transport mehr oder weniger stark eingeschränkt ist. Auch auf der Ebene der Einzelkomponenten kann oftmals eine ausgesprochen hohe Individualität festgestellt werden, so gibt es beispielsweise signifikante Unterschiede zwischen Unterkünften bezüglich Lage, Zimmerqualität, Service etc. Im Gegensatz dazu ist die Komponente Transport eher standardisiert.

Über diese allgemeinen Merkmale von Dienstleistungen hinaus besitzt das Produkt Urlaubsreise weitere spezifische Merkmale.

7. Komplementarität der Einzelleistungen[145]

8. Kurz- und mittelfristig fixe Kapazitäten[146]

9. Saisonalität[147]

4.2.1.2 Die touristische Nachfrage

Hinsichtlich der touristischen Nachfrage ist einerseits das Marktvolumen zu untersuchen, andererseits die Nachfragestruktur. In beiden Bereichen ist es sinnvoll, auch die derzeitigen Trends zu analysieren.

Marktvolumen

Das Marktvolumen kann an der Anzahl der angetretenen Reisen oder den damit verbundenen

---

[144] Wie üblich bei Dienstleistungen kann auch im Falle der Urlaubsreise die Qualität auf Grund des Zusammenfallens von Produktion und Konsumtion und des immateriellen Charakters schlecht a priori geprüft werden. Im Tourismus ist die Ungewissheit aus Sicht des Kunden aus mehreren Gründen jedoch besonders hoch: (1) Auf Grund des Produkts Urlaubsreise als Bündel von vielen Komponenten ist es ein komplexes und erklärungsbedürftiges Produkt, (2) per Definition ist der Erbringer der Dienstleister räumlich entfernt, so dass persönliche Gespräche mit dem Leistungsträger nicht möglich sind und evtl. durch Sprachbarrieren zusätzlich erschwert werden, (3) Wiederholungskäufe sind relativ selten und die Qualität des gleichen Produkts kann im Laufe der Zeit stark schwanken. Auf Grund dieser Eigenschaften stellt die touristische Dienstleistung ein ausgesprochenes Vertrauensgut dar, bei dem Produktinformationen vor der Kaufentscheidung eine besonders hohe Bedeutung einnehmen (vgl. u. a. Ernst/Walpuski 1994, S. 228; Kaspar 1995, S. 35; Schertler 1994a, S. 27ff.; Schertler 1994c, S. 23; Werthner/Klein 1999b, S. 8ff.). Auch hier muss jedoch wieder beachtet werden, dass auf der Ebene der Einzelkomponenten die Leistung Transport auf Grund der höheren Standardisierung in geringerem Masse Vertrauenseigenschaften aufweist als beispielsweise die Unterkunft.

[145] Mit dem Kauf einer Reise wird oftmals ein komplexer Nachfrageverbund ausgelöst (vgl. Schertler 1994a, S. 25). Der Nachfrageverbund bei der touristischen Dienstleistung ist dergestalt, dass sich nur durch die Gesamtheit aller Komponenten ein Nutzen für den Reisenden ergibt (z. B. stiftet eine Unterkunft keinen Nutzen ohne den Transport zur Unterkunft). Demnach verhalten sich die Einzelleistungen komplementär zueinander und es kann von einem originären Nachfrageverbund gesprochen werden (vgl. Freyer 2001a, S. 79ff.; Freyer 2001a, S. 445; Kaspar 1995, S. 28; Morrison 2002, S. 41; Weiber 1993, S. 76). Durch die Komplementarität vieler Einzelleistungen ergibt sich auch eine hohe Komplexität des Produkts.

[146] Das touristische Angebot weist in der Regel eine starke Inflexibilität auf, wofür mehrere Gründe angeführt werden können: (1) Es handelt sich meist um kapitalintensive Güter wie Gebäude, Fluggeräte oder Infrastruktur, (2) der Kapazitätsaufbau dauert oft mehrere Jahre, (3) die Kapazitäten können kaum zu anderen Zwecken als geplant genutzt werden – wie zum Beispiel Flughäfen (vgl. z. B. Foster 1985, S. 104f.).

[147] Insbesondere im Ferientourismus herrscht eine ausgeprägte Saisonalität vor, die sowohl angebotsseitige als auch nachfrageseitige Ursachen hat (vgl. Foster 1985, S. 106; Kaspar 1995, S. 35). Einerseits eignen sich auf Grund klimatischer Gegebenheiten viele Orte nicht als ganzjähriges Urlaubsziel. Andererseits wird die Nachfrage durch die zeitlichen Restriktionen vieler Urlauber geprägt (z. B. durch Schulferien). Nach der Reiseanalyse wird ca. die Hälfte aller Urlaube in den drei Sommermonaten Juni, Juli oder August angetreten (vgl. F.U.R 2003b, S. 53).

Ausgaben gemessen werden. Die zum Teil gravierenden Diskrepanzen zwischen Angaben aus verschiedenen Quellen zeigen die Schwierigkeit einer exakten Bestimmung des Marktvolumens auf.[148] Welt- oder europaweite Statistiken liefern v. a. die Organisationen *WTO* (*Word Tourism Organization*) und *WTTC* (*World Travel & Tourism Council*). Des Weiteren sind auch von kommerziellen Anbietern Statistiken erhältlich, z. B. der "World Travel Monitor" von *IPK International*.[149] Angesichts des Fokusses dieser Arbeit auf mehrtägige Urlaubsreisen bietet sich für die Analyse der touristischen Nachfrage in Deutschland v. a. die *Reiseanalyse* an.[150] Gemäß der *Reiseanalyse* traten die Deutschen (ab 14 Jahren) im Jahre 2003 66,1 Mio. mehrtägige Urlaubsreisen an, davon 44,6 Mio. Auslandsreisen (vgl. F.U.R 2004, S. 5). Die durchschnittlichen Ausgaben pro Reise beliefen sich auf 789 Euro, so dass sich ein Marktvolumen von mehr als 52 Mrd. Euro ergibt. Die Reiseintensität lag in 2003 bei 76,8 Prozent (49,6 Mio. Reisende), wobei jeder Urlauber durchschnittlich 1,34 Reisen antrat (vgl. F.U.R 2004, S. 2). In den letzten Jahren ist der deutsche Tourismusmarkt v. a. auf Grund von Unsicherheiten im wirtschaftlichen Umfeld (schleppende Konjunktur und hohe Arbeitslosigkeit) sowie im politischen Umfeld (Terrorismus) stagniert (vgl. F.U.R 2003b, S. 13).[151] Langfristig wird aber weiterhin von einem anhaltenden Wachstum ausgegangen (vgl. BAT Freizeit-Forschungsinstitut 2003, S. 4; WTTC 2004b, S. 4).

---

148 Probleme bereiten neben unterschiedlichen Erhebungsmethoden v. a. auch die unterschiedlichen und oftmals unklar definierten Abgrenzungen (vgl. Freyer 2001b, S. 315f.; Roth 2003, S. 34).

149 Nach Schätzungen des *WTTC* wird sich die weltweite touristische Nachfrage im Jahre 2004 auf ca. 5,5 Billionen US Dollar belaufen (vgl. WTTC 2004c, S. 20). Diese Daten beruhen allerdings auf einer äußerst weiten Tourismusdefinition. Es ergeben sich jedoch auch dann noch mehr als 2,5 Billionen US Dollar, wenn man lediglich den Konsum durch private Reisen betrachtet (also ohne Geschäftsreisen, aber inklusive Besuchsreisen und Tagesausflüge) (vgl. WTTC 2004c, S. 20). Auf die Europäische Union entfallen davon über 870 Mrd. US Dollar und auf Deutschland ca. 140 Mrd. US Dollar (vgl. WTTC 2004a, S. 20; WTTC 2004b, S. 11). Die *WTO* betrachtet nur internationalen Tourismus und gibt für das Jahr 2003 ca. 700 Mio. Reisen und weltweite Ausgaben von ca. 520 Mrd. US Dollar an (inklusive Freizeit- und Geschäftsreisen) (vgl. WTO 2004, S. 2f.). Auf internationale Reisen nach oder innerhalb von Europa entfallen ca. 400 Mio. Reisen und 285 Mrd. US Dollar (vgl. WTO 2004, S. 2f.). Der *European Travel Monitor* erfasst ebenso internationale Reisen, jedoch lediglich diejenigen mit mindestens einer Übernachtung. Trotzdem wurden für Europa und das Jahr 2003 höhere Ausgaben als laut *WTO* ermittelt, nämlich 310 Mrd. Euro bei 338 Mio. Reisen (2002: Ausgaben von 323 Mrd. Euro und 415 Mio. Reisen) (vgl. IPK International 2004, S. 3; IPK International 2003, S. 10). Davon waren in 2003 68 Prozent Urlaubsreisen.

150 Neben der Reiseanalyse werden einige weitere mehr oder weniger ähnliche Untersuchungen durchgeführt, einen Überblick über regelmäßig durchgeführte Tourismus-Studien liefern z. B. *Freyer* oder *Pompl* (vgl. Freyer 2001b, S. 240f.; Pompl 1997, S. 20).

151 Siehe Freyer 2000, S. 91ff. für eine Untersuchung des Zusammenhangs zwischen Konjunkturverlauf und touristischer Nachfrage.

Nachfragestruktur

Die Nachfragestruktur lässt sich anhand zahlreicher Merkmale untersuchen, wobei v. a. die folgenden drei Bereiche unterschieden werden können:

- Soziodemographische Merkmale (z. B. Alter, Geschlecht, Einkommen, sozialer Status, Familienstand, Wohnort, Berufsausbildung)
- Produktmerkmale (z. B. Zielgebiet, Urlaubsform, Verkehrsmittel, Unterkunftsart, Reisezeit, Reisedauer, Reiseausgaben)
- Organisations- und Buchungsmerkmale (z. B. Organisationsform, Buchungskanal, Buchungsfrist, Informationsquellen)

Im Rahmen dieser Arbeit ist in erster Linie die Organisationsform relevant, da sie Aufschluss über die Nutzung von Intermediären gibt.[152] Der Anteil der organisierten Reisen lag in 2003 bei 44,1 Prozent, wobei 29 Prozent auf Pauschalreisen und die restlichen 15,1 Prozent auf sonstige Buchungen im Reisebüro entfielen (z. B. Bausteinprodukte oder ohne Reiseveranstalter). Von den 55,8 Prozent selbst organisierten Reisen handelte es sich bei 28,1 Prozent um Direktbuchungen. Zu den übrigen 27,7 Prozent gehören v. a. nicht im Voraus gebuchte Urlaubsreisen (z. B. bei Urlaub bei Verwandten oder im eigenen Ferienhaus).

Hinsichtlich der Nachfragestruktur können einige Trends verzeichnet werden, wobei im Rahmen dieser Arbeit die folgenden von besonderem Interesse sind:[153]

- **Höhere Nachfragevolatilität**. Grundsätzlich wird der touristischen Nachfrage eine ausgeprägte Labilität und Volatilität zugeschrieben (vgl. Holloway 2002, S. 4; Kaspar 1995, S. 30). Diese "Anfälligkeit" der touristischen Nachfrage – sowohl hinsichtlich Gesamtnachfrage als auch Urlaubsziel – hat sich in den letzten Jahren deutlich an der Angst vor terroristischen Anschlägen und dem damit verbundenen unberechenbaren Buchungsverhalten gezeigt (vgl. ADAC 2003, S. 11; Axel Springer Verlag 2002, S. 5). Auf Grund des voraussichtlich zumindest mittelfristig unsicheren politischen Umfelds ist auch zukünftig mit einer ausgeprägten Volatilität zu rechnen.

---

152 Weitere Dimensionen sind insofern relevant, als sie im Zusammenhang mit der Organisationsform stehen können (z. B. weil Strandurlaube anders gebucht werden als Städtereisen).

153 Über die genannten Trends hinaus soll nicht unerwähnt bleiben, dass die Vergrößerung des Anteils älterer Menschen einen signifikanten und nachhaltigen Einfluss auf die Nachfragestruktur ausüben wird (vgl. Cook/Yale/Marqua 2002, S. 335f.; DIE ZEIT/GWP media-marketing 2002, n. p.; F.U.R 2000, S. 113). Die relative Bedeutung von Urlauben mit Kindern wird dagegen abnehmen (vgl. F.U.R 2000, S. 113).

- **Kürzere Buchungsfristigkeit.** Eine weitere Folge sowohl der eben angesprochenen Unsicherheit als auch der zunehmenden Forderung von Kunden nach Spontaneität und Flexibilität ist der zunehmende Anteil von kurzfristig gebuchten Reisen (vgl. Axel Springer Verlag 2002, S. 11; Hildebrandt 2003, S. 22; IPK International 2003,S. 4). Bei der *TUI* ist z. B. der Anteil an Kurzfristbuchungen (bis zu 8 Wochen vor Abflug) von einem Drittel in 2002 auf 40% in 2003 gestiegen (vgl. Hildebrandt 2003, S. 22). Die *TUI* konnte diesen Trend allerdings durch Frühbucherrabatte aufhalten (vgl. Quandt 2004a, S. 18).

- **Zunehmende Nutzung des Vertriebskanals Internet.** Auch wenn bei einem Vergleich der in den verschiedenen Untersuchungen ermittelten Zahlen große Unterschiede vorgefunden werden können, herrscht Einigkeit darüber, dass Urlauber das Internet verstärkt als Informationsquelle und Buchungskanal nutzen. Der angegebene prozentuale Anteil der Buchungen über das Internet schwankt zwischen ca. 3 Prozent und knapp 30 Prozent - wesentlich mehr Urlauber informieren sich über das Internet.[154]

- **Zunehmendes Kostenbewusstsein.** Es wird ein zunehmendes Kostenbewusstsein seitens der Endverbraucher festgestellt (vgl. Hildebrandt 2003, S. 22; IPK International 2003, S. 4; F.U.R 2000, S. 125). Dabei handelt es sich nicht unbedingt um eine verstärkte Nachfrage nach preiswerteren Produkten – vielmehr wird in allen Preissegmenten verstärkt auf ein gutes Preis-Leistungs-Verhältnis geachtet (vgl. F.U.R 2000, S. 125; Quandt/Krane 2004, S. 19).

- **Stärker ausgeprägte Individualität und Differenzierung.** Die Bedürfnisse der Urlauber differenzieren sich auf Grund gestiegener Reiseerfahrung und einem allgemeinen Individualisierungstrend stärker aus (vgl. DIE ZEIT/GWP media-marketing 2002, n. p.; F.U.R 2000, S. 114f.; Hildebrandt 2003, S. 23). Die Urlauber verlangen verstärkt eine auf ihre speziellen Bedürfnisse zugeschnittene Reise.

---

[154] Laut *ADAC* informieren sich z. B. fast ein Viertel aller Urlauber im Internet und 18,5 Prozent buchen im Internet (vgl. ADAC 2003, S. 40f.). Gemäß der *Typologie der Wünsche* informieren sich dagegen über 30 Prozent, buchen aber nur weniger als 10 Prozent (vgl. Hubert Burda Media 2003, S. 68). Die *Reiseanalyse* ermittelte, dass sich im Jahre 2003 27 Prozent aller Urlauber schon einmal im Internet informiert haben und 9 Prozent tatsächlich schon einmal gebucht haben (im Jahre 2000 waren es noch 10 bzw. 2 Prozent) (vgl. F.U.R 2003a, S. 16ff.).[154] Die anbieterseitige Erhebung von *Ulysses Management* legt nahe, dass der Prozentsatz der Internetbuchungen bei Veranstalterreisen deutlich unter Durchschnitt liegt, im Jahre 2002 nämlich nur bei 2,7 Prozent (Schätzung für 2003: 5,6 Prozent) (vgl. Ulysses Management 2003, S. 69). Im Einklang damit ermittelte *Tjostheim*, dass das Internet als Informationsquelle bei Pauschalreisen eine geringere Bedeutung einnimmt als bei individuellen Buchungen (Tjostheim 2002, S. 166). *Michael Frenzel*, Vorstandsvorsitzender der *TUI AG*, prognostiziert den Online-Anteil im Jahre 2005 für Pauschalreisen auf 5-10 Prozent, für Einzelleistungen wie Flüge oder Hotels auf mehr als 40 Prozent (vgl. Hildebrandt 2004a, S. 22).

4.2.1.3 Touristisches Wertschöpfungssystem und Marktteilnehmer

Die Komplexität des touristischen Wertschöpfungssystems wird dadurch erhöht, dass sie sich durch eine hohe Anzahl von Distributionswegen und Intermediären auszeichnet (vgl. Bieger 2000, S. 40; Buhalis/Laws 2001, S. 11; Cook/Yale/Marqua 2002, S. 67; Freyer 2001a, S. 18; Morrison 2002, S. 36 u. 340; Werthner/Klein 1999b, S. 43). Eine Übersicht wird Abbildung 21 geliefert.[155] Auf Grund des Nachfrageverbundes im Rahmen einer Urlaubsreise bestehen starke Interdependenzen zwischen den Marktteilnehmern. Je nach Hauptaktivität kann dabei zwischen Leistungsträgern einerseits bzw. Produzenten und Intermediären andererseits unterschieden werden. Produzenten bzw. Leistungsträger sind v. a. Beherbergungsbetriebe, Transportunternehmen und Zielgebietsagenturen. Intermediäre sind v. a. Reiseveranstalter, GDS-Betreiber und Reisebüros. Die Abgrenzung zwischen Leistungsträger und Intermediär fällt nicht immer leicht, so übernehmen z. B. Zielgebietsagenturen auch Intermediationsfunktionen, indem sie Leistungsträger im Zielgebiet wie Hotels an Reiseveranstalter, Reisebüros oder Endkunden vermitteln. Auch übernehmen Reiseveranstalter eine Produktionsfunktion (und sind damit teilweise auch Leistungsträger), indem sie aus mehreren Komponenten ein neues Produkt kreieren, nämlich die Pauschalreise.[156]

Auf Grund des Dienstleistungscharakters des touristischen Produkts und der damit verbundenen Immaterialität gibt es abgesehen von Trägermedien für Informationen keine physischen Warenflüsse zwischen Leistungsträger und Endkunde (siehe Abschnitt 4.2.1). Der touristische Dienstleistungsanbieter stellt lediglich Informationen über sein Angebot zur Verfügung, auf dessen Basis der Konsument eine Kaufentscheidung treffen kann. Abbildung 21 stellt dementsprechend auch nicht wie bei materiellen Gütern den physischen

---

[155] Solche Abbildungen beinhalten immer Vereinfachungen und können die Komplexität der Realität nicht abbilden. Dementsprechend unterscheiden sich die Darstellungen in der Literatur hinsichtlich Anzahl bzw. Auswahl der Marktteilnehmer. Oftmals wird beispielsweise auf die Berücksichtigung der GDS-Betreiber verzichtet (vgl. z. B. Freyer 2001a, S. 18, Pichler/Kloubert 2004, S. 76; Roth 2003, S. 45). Sie werden hier mit aufgenommen, da es sich um Intermediäre mit steigender Bedeutung hinsichtlich der Vermittlung von Reisen handelt (Freyer 2001a, S. 518).

[156] Eine Pauschalreise kann nach *Hebestreit* definiert werden als "ein Dienstleistungspaket, bestehend aus mindestens zwei aufeinander abgestimmten Reisedienstleistungen, das im voraus für einen noch nicht bekannten Kunden erstellt wurde und geschlossen zu einem Gesamtpreis vermarktet wird, so dass die Preise der Einzelleistungen nicht mehr identifizierbar sind" (Hebestreit 1992, S. 21). Ein Reiseveranstalter kann analog definiert werden als ein Unternehmen, das "überwiegend Leistrungen Dritter [...] zu einer neuen, eigenständigen Leistung verbindet und diese im Namen und auf Rechnung des Reiseveranstalter-Unternehmens anbietet" (Hebestreit 1992, S. 13).

Materialfluss dar, sondern die informationelle Ebene.[157] Neben Informationen werden auch Verfügungsrechte übertragen (zum Beispiel durch den Verkauf von Kontingenten für Flüge).

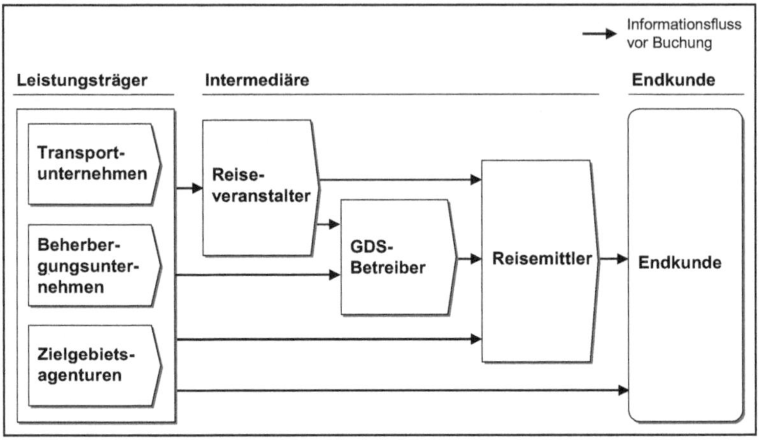

Abbildung 21: Traditionelle Wertschöpfungsstruktur der Tourismusindustrie

(Quelle: Eigene Darstellung in Anlehnung an Freyer 2001a, S. 18)

In den nachfolgenden Abschnitten werden sukzessive die Aufgaben der einzelnen Marktteilnehmer sowie die jeweilige Branchenstruktur skizziert.

Beherbergungsbetriebe

Beherbergungsbetriebe lassen sich einteilen in (1) klassische Hotellerie (inkl. Hotel, Apartmentanlagen, Hotel garni, Pension, Gasthof, Motel) und (2) Parahotellerie (z. B. Privatzimmer, Jugendherberge, Campingplatz, Zeltlager) (vgl. Freyer 2001b, S. 117ff.).[158] Im deutschen Urlaubsmarkt ist das Hotel mit Abstand die beliebteste Unterkunftsart: fast die Hälfte aller Urlaube wird dort verbracht, gefolgt von etwa einem Viertel in Ferienwohnungen (vgl. F.U.R 2003b, S. 73). Insbesondere in Spanien haben sich Hotelketten auch im Ferientourismus etabliert und sind weiter auf dem Wachstumspfad (z. B. *Sol Meliá* mit

[157] Dabei wird nur der Informationsfluss bis zur Buchung des Kunden dargestellt – nach der Buchung muss natürlich eine Rückkopplung erfolgen, um den Leistungsträgern die notwendigen Informationen zur adäquaten Erstellung der Dienstleistung zu ermöglichen (vgl. z. B. Cook/Yale/Marqua 2002, S. 70; Freyer 2001a, S. 88).

[158] Außerdem existieren Sonderformen, bei denen die Unterkunft integriert mit anderen Dienstleistungen ist, z. B. bei einer Kreuzfahrt oder einer Zugfahrt im Schlafwagen (vgl. Pompl 2000, S. 96ff.). Darüber hinaus haben Urlauber die Möglichkeit, auf privat organisierte und unentgeltliche Unterkünfte wie die Wohnung von Verwandten oder Bekannten oder eigene Ferienwohnungen zurückzugreifen. Beherbergungsbetriebe können auch anhand der zusätzlich zur Beherbergung angebotenen Dienstleistungen unterschieden werden, wie z. B. Verpflegung oder Animation (vgl. Foster 1985, S. 67; Holloway 2002, S. 163).

derzeit knapp 150 Strandhotels/50.000 Hotelzimmern, vgl. Sol Meliá 2003, n. p.). Nichtsdestotrotz kann bei der Beherbergungsbranche von einer sehr starken Fragmentierung gesprochen werden, denn es gibt in vielen Zielgebieten weiterhin zahlreiche kleine, familiengeführte Hotels. Ebenso zeichnet sie sich durch eine geringe Standardisierung und erhebliche Qualitätsunterschiede aus.

Transportunternehmen

Hinsichtlich des Verkehrsmittels wird im Tourismus üblicherweise eine Einteilung in die folgenden vier Bereiche vorgenommen: (1) Straßenverkehr (v. a. Bus, PKW, Wohnmobil, Motorrad, Fahrrad), (2) Luftverkehr (v. a. Flugzeug), (3) Schienenverkehr (v. a. Eisenbahn) und (4) Wasserverkehr (v. a. Dampfschiff, Segelschiff) (vgl. Freyer 2001b, S. 126; Holloway 2002, S. 77; Roth 2003, S. 44).[159]

Intermediäre nehmen v. a. bei Flugreisen eine große Bedeutung ein. Flugreisen machten bei den drei größten deutschen Reiseveranstaltern *TUI*, *Thomas Cook* und *Rewe Touristik* im Touristikjahr 2003/04 (November 2003 bis Oktober 2004) zwischen 75 und 90 Prozent des Umsatzes aus (vgl. Hildebrandt/Quandt 2004, S. 12).

Der Linienflugverkehr kann vom Bedarfsflugverkehr bzw. Charterflugverkehr unterschieden werden (vgl. für Abgrenzungskriterien z. B. Freyer 2001b, S. 133f.; Pompl 2002, S. 27ff.). Die Art des Flugbetriebs hängt stark vom Reiseziel ab, so dominiert auf der Mittelstrecke der Charterflugverkehr und auf der Langstrecke der Linienflugverkehr (vgl. Freyer 2001b, S. 135; Roth 2003, S. 46). Im Gegensatz zur Beherbergungsbranche liegt eine hohe Standardisierung vor (vgl. Pompl 1997, S. 200). Zudem ist die Anzahl der relevanten Unternehmungen deutlich kleiner, es liegt also eine höhere Konzentration vor (vgl. Freyer 2001b, S. 134).[160]

Die Abgrenzung zwischen Linien- und Charterflugverkehr ist aus wettbewerbsrechtlicher Perspektive seit 1993 aufgehoben (vgl. Pompl 2000, S. 84). Vorher durften Charterflüge

---

[159] Mit etwas über 50 Prozent nehmen die Verkehrsmittel PKW/Wohnmobil den größten Anteil ein, gefolgt vom Flugzeug mit ca. einem Drittel und dem Bus mit knapp über 10 Prozent (vgl. F.U.R 2004, S. 5). Die Verteilung hängt natürlich stark vom Reiseziel ab: Während bei inländischen Reisezielen das Flugzeug fast keine Rolle spielt (nur 0,5 Prozent Marktanteil) und PKW/Wohnmobil fast 70 Prozent einnehmen, fällt bei ausländischen Zielen dem Flugzeug mit fast 50 Prozent der größte Marktanteil zu.

[160] Bei den Charterfluggesellschaften verzeichnete *Air Berlin* mit 3,9 Mio. die größte Anzahl an Fluggästen (Flüge von Deutschland aus, einfache Zählung), gefolgt von *Thomas Cook Airlines* (3,3 Mio.), *Hapag-Lloyd* (3,3 Mio.), *LTU* (2,7 Mio.) und *Aero Lloyd* (1,2 Mio.); sämtliche andere Charterfluggesellschaften verzeichneten weniger als 400.000 Gäste (vgl. Schmidt 2004, S. 20).

grundsätzlich nur verkauft werden, wenn diese mit einer Unterkunft im Zielgebiet zu einem Pauschalangebot kombiniert wurden. In den letzten Jahren ist es zu einer Annäherung beider Verkehrsarten gekommen, da teilweise auch Charterflüge nach regelmäßigem Flugplan durchgeführt werden und sich mit den Billigfluglinien (Low cost carrier) eine Art Zwitterverkehrsart etabliert hat (vgl. Pompl 2000, S. 87). Nach anfänglichem Fokus der Low cost carrier auf "Stadt-zu-Stadt-Verbindungen" beginnen sie zunehmend, nahe gelegene Urlaubsziele mit hohem Verkehrsaufkommen wie etwa Mallorca in den Flugplan aufzunehmen und auf diesen Strecken mit traditionellen Charterfluguntemehmen zu konkurrieren (vgl. u. a. Jegminat 2004a, S. 18; Jegminat/Schmidt 2004, S. 77; Schertler/Tietz 2004, S. 769).

Zielgebietsagenturen

Zielgebietsagenturen vertreten die Interessen eines Reiseveranstalters im Zielgebiet und übernehmen u. a. folgende Aufgaben (vgl. Foster 1985, S. 69; Hofmann 2000, S. 140f.; Pompl 2000, S. 102f.): Transfer der Gäste vom Zielflughafen zur Unterkunft (und umgekehrt); Verkauf, Organisation und Durchführung von Exkursionen, Gruppenreisen und Rundreisen; Verleih von Mietwagen; Reiseleitung und Kundenbetreuung vor Ort; Koordination des Informationsaustauschs mit Leistungsträgern (z. B. Buchungsinformationen).[161] Die Auflistung zeigt, dass Zielgebietsagenturen sowohl Produktionsaufgaben (wie den Transfer) als auch Intermediationsaufgaben (wie den Informationsaustausch mit Hoteliers) wahrnehmen.[162] In jedem Zielgebiet konkurrieren verschiedene Agenturen miteinander, die Anzahl größerer Agenturen ist aber meist überschaubar.

Reiseveranstalter

Dem Reiseveranstalter kommt im Ferientourismus eine zentrale Bedeutung zu (vgl. Freyer 2001b, S. 150; Mundt 2000, S. 21ff.; Roth 2003, S. 41). Er bündelt verschiedene Reiselemente – v. a. Transport, Unterkunft und Reiseleitung/-betreuung – und kreiert damit ein neues Produkt, die Pauschalreise. Neben der reinen Bündelung unterscheidet sich die Pauschalreise von der Individualreise oftmals durch den organisierten Bustransfer zwischen

[161] Einige dieser Aufgaben werden oftmals auch von Niederlassungen des Reiseveranstalters im Zielgebiet durchgeführt.

[162] Einige Leistungen von Zielgebietsagenturen können nicht nur von Reiseveranstaltern, sondern auch direkt von Reisebüros oder Endkunden in Anspruch genommen werden (z. B. die Organisation von Gruppen- oder Rundreisen). In Ausnahmefällen übernehmen Zielgebietsagenturen auch Auslastungsrisiken von Hotels und vermarkten diese Kapazitäten dann.

Zielflughafen und Unterkunft, die Reiseleitung/-betreuung im Urlaubsort sowie vom Veranstalter angebotene Aktivitäten wie Animation (vgl. Pompl 2000, S. 102ff.). Als "Produzent der Pauschalreise" nimmt der Reiseveranstalter immer auch eine Produktmodifikation vor und ist damit kein reiner Intermediär. Nichtsdestotrotz übernimmt der Reiseveranstalter eine Vielzahl von Intermediationsaufgaben auf der informationellen und rechtlich-finanziellen Ebene, so dass die Bezeichnung als Intermediär angebracht ist (vgl. z. B. Bastian 2004a, S. 33ff.; Heine 1998, S. 618ff; Holloway 2002, S. 220f.). Reiseveranstalter werden oftmals auch mit Großhändlern verglichen (vgl. Foster 1985, S. 53; Holloway 2002, S. 220; Morrison 2002, S. 346). Ein reiner Reiseveranstalter besitzt keinen direkten Kontakt zum Endkunden, denn dies ist Bestandteil der Reisemittlungsfunktion (vgl. Freyer 2001b, S. 167ff.). Etwa 8-12 Prozent der Kosten einer Pauschalreise fallen dem Reiseveranstalter zu (vgl. Heine 1998, S. 619; Meffert 2002, S. 36; Mundt 2000, S. 33; Thomas 1993, S. 244). Das Anbieten von Pauschalreisen ist mit der Übernahme von weitreichenden Haftungsrisiken verbunden: Der Kunde hat auch bei Nichteinhaltung von vereinbarten Vertragsleistungen durch einen der Leistungsträger einen direkten Regressanspruch gegenüber dem Reiseveranstalter (vgl. Führich 2000, S. 155ff.; Hebestreit 1992, S. 29ff.; Pompl 2000, S. 74). Eine dominante Rolle für den Reiseveranstaltermarkt spielt die Flugpauschalreise.[163]

Die Anzahl der Reiseveranstalter in Deutschland ist hoch: Es können mehr als 1200 Reiseveranstalter verzeichnet werden (vgl. Bastian 2004b, S. 4; Freyer 2001b, S. 151; Mundt 2000, S. 51). Allerdings ist die Branchenkonzentration größer als diese Zahl zunächst vermuten lässt: Laut Zeitschrift *FVW International* nehmen im Touristikjahr 2003/04 (November 2003 bis Oktober 2004) die drei größten Veranstalter *TUI* (ca. 4,1 Mrd. Euro Umsatz), *Thomas Cook* (ca. 2,9 Mrd. Euro Umsatz) und *Rewe Touristik* (ca. 2,8 Mrd. Euro Umsatz) zusammen ca. zwei Drittel Marktanteil ein (vgl. Quandt 2004b, S. 5).[164] Allerdings kann nicht von einer Marktbeherrschung gesprochen werden (vgl. Pompl 1997, S. 38). In den 90er Jahren haben sich durch Akquisitionen einige pan-europäisch agierende Veranstalter bzw. Touristikkonzerne gebildet, allen voran die *TUI AG* (ehemals *Preussag AG*) sowie die

---

[163] In Deutschland wurde im touristischen Jahr 2003/04 über 70 Prozent des Gesamtumsatzes aller in der FVW-Statistik erfassten Reiseveranstalter mit Flugreisen generiert (vgl. Hildebrandt/Quandt 2003, S. 8ff.). Bei den zwei größten deutschen Reiseveranstaltern – *TUI Deutschland* und *Thomas Cook* – lag diese Quote sogar bei knapp 90 Prozent.

[164] In der FVW-Statistik werden nach eigenen Angaben nur ca. 80% des deutschen Veranstalter-Marktes erfasst (vgl. Quandt 2004b, S. 4).

Thomas Cook AG (vgl. Frankemölle/Sürig 2004, S. 448; Freyer 2001b, S. 166; Pichler/Kloubert 2004, S. 73; Pompl 1997, S. 35).

GDS-Betreiber

Global Distribution Systems (GDS) bzw. Computer-Reservierungssysteme (CRS) sind "elektronische Medien zum Vertrieb von Reiseleistungen, die den Benutzer über Leistungen, Preise und Vakanzen informieren und ihm den Kauf (Buchung, Reservierung) über ein Terminal ermöglichen" (Freyer 2001b, S. 195, vgl. auch Echtermeyer 1998, S. 5). Sie unterstützen damit das Matching und die Transaktionsabwicklung. Streng genommen stellt ein CRS bzw. GDS dabei lediglich die technische Infrastruktur dar (vgl. Freyer 2001a, S. 518; Greischel 2003, S. 149). Die Benutzer sind traditionell keine Endkunden, sondern Reisemittler (vgl. Freyer 2001b, S. 201; Greischel 2003, S. 154f.; Werthner/Klein 1999b, S. 46). Ursprünglich handelte es sich bei CRS um interne Computer-Reservierungssysteme von Fluglinien, im Laufe der Zeit entwickelten sich daraus jedoch globale Systeme, so genannte Global Distribution Systems (GDS), die organisatorisch unabhängig von Fluglinien betrieben werden (vgl. Greischel 2003, S. 153f.; Münzer 1998, S. 699ff.; Rudolph 2002, S. 86f.).[165] Ursprünglich wurden lediglich Flüge angeboten, mittlerweile jedoch zahlreiche weitere Reiseprodukte wie Hotels, Pauschalreisen und Mietwagen (vgl. Hebestreit 1992, S. 338; Münzer 1998, S. 701; Werthner/Klein 1999b, S. 46f.).

Heute wird der GDS-Markt auf Grund eines intensiven Konsolidierungsprozesses in den letzten Jahrzehnten von vier GDS dominiert: *Sabre*, *Amadeus*, *Galileo* und *Worldspan* (vgl. Greischel 2003, S. 158; Werthner/Klein 1999b, S. 46).[166] In Europa besitzen *Amadeus* und *Galileo* die größten Marktanteile (vgl. Münzer 1998, S. 706). In Deutschland nimmt *START* – ein Subsystem von *Amadeus* – eindeutig die führende Rolle ein (vgl. Freyer 2001b, S. 198f.; Münzer 1998, S. 706). Es nahm mit Unterstützung der *TUI*, der *Deutschen Lufthansa* und der *Deutschen Bahn* als erstes deutsches CRS 1979 den Betrieb auf und wurde zu Beginn der 90er Jahre mit dem europäisch orientierten *Amadeus* zusammengeführt (vgl. Hebestreit 1992, S. 337; Kärcher 1996, S. 20). Ein Großteil von Pauschalreisen werden über START Amadeus gebucht (vgl. Hebestreit 1992, S. 343).

---

165 Um die Selbständigkeit der GDS-Betreiber zu verdeutlichen, wird im Rahmen dieser Arbeit der Begriff GDS verwendet.

166 Hintergrundinformationen über die vier GDS liefert z. B. ein Beitrag von *Kärcher* (vgl. Kärcher 1996).

Reisemittler

Im Gegensatz zum Reiseveranstalter nimmt ein reiner Reisemittler – der klassische Reisemittler ist das Reisebüro[167] – keinerlei Produktmodifikation vor, sondern vermittelt das Produkt eines Leistungsträgers oder Veranstalters unverändert an den Endkunden weiter und nimmt damit sozusagen die Rolle eines Einzelhändlers ein (vgl. Freyer 2001b, S. 167ff.; Hebestreit 1992, S. 15; Pompl 1997, S. 42; Sülberg 1998, S. 588).[168] Im Gegensatz zu anderen Einzelhändlern übernehmen Reisemittler in der Regel jedoch keine Absatzrisiken, da sie keine Waren auf eigene Rechnung einkaufen (vgl. Foster 1985, S. 57; Hebestreit 1992, S. 317; Holloway 2002, S. 264). Bei Reisemittlern handelt es sich also um Match-Maker. Klassischerweise handeln Reisemittler im Auftrag der Anbieter (vgl. Freyer 2001a, S. 511; Sülberg 1998, S. 589ff.). Zu den wichtigsten Aufgaben eines Reisemittlers gehören v. a. die Vermarktung von Produkten bzw. die Beratung des Kunden, das Einholen von Angeboten für Kunden, die informationelle Abwicklung der Transaktion für den Kunden sowie die Erstellung der notwendigen Reiseunterlagen und deren Aushändigung an den Kunden (vgl. Freyer 2001b, S. 169; Hebestreit 1992, S. 317; Holloway 2002; Roth 2003, S. 47).

In Deutschland wird der Ferienreisemarkt stärker von Reisebüros dominiert als in den meisten anderen Ländern – über 40 Prozent aller Reisen und ca. 85 Prozent aller Pauschalreisen werden auf diesem Vertriebskanal vertrieben (vgl. F.U.R 2004, S. 5; Sülberg 1998, S. 571 u. 589). Gut zehn Prozent der Kosten einer Pauschalreise fällt dem Reisebüro als Provision zu (vgl. Heine 1998, S. 619; Meffert 2002, S. 36; Mundt 2000, S. 33; Thomas 1993, S. 244). Über die Struktur des deutschen Reisebüromarktes gibt eine Statistik der *FVW* Auskunft (vgl. Lanz 2004a, S. 1ff.). Demnach betrug der Gesamtumsatz des deutschen Reisevertriebs in 2003 19,9 Mrd. Euro, wovon 10,7 Mrd. Euro auf den Bereich Touristik und 7,2 Mrd. Euro auf den Bereich Flug entfielen. Es konnten 13.600 Haupterwerbsreisebüros verzeichnet werden. 46 Prozent aller Reisebüros gehörten Ketten[169] an, 52 Prozent Reisebüro-

---

[167] Neben dem Reisebüro gibt es weitere Institutionen, die als Reisevermittler agieren, z. B. Fremdenverkehrsämter, Reiseclubs oder Reisestellen von Unternehmen (vgl. Freyer 2001b, S. 167).

[168] In der Praxis agieren viele Reiseveranstalter auch als Reisemittler (da sie ihre Produkte selbst an den Endkunden verkaufen) und umgekehrt (da Reisebüros auch selbst Reisen kreieren, indem sie Komponenten entsprechend bündeln und zu einem Gesamtpreis anbieten) (vgl. Freyer 2001b, S. 167ff.).

[169] Unter den Ketten wird der Markt angeführt von *Rewe Touristik* (u. a. inkl. *Atlas*, *DER* und *RFT* sowie der Allianz *RSG*; 4,2 Mrd. Euro Umsatz), gefolgt von *TUI* (u. a. inkl. *Hapag-Lloyd*, *First* und *TUI*; 4,1 Mrd. Euro), *Lufthansa City Center* (1,6 Mrd. Euro) und *Thomas Cook* (inkl. *Thomas Cook*, *Holiday Land* und *Alpha*; 1,1 Mrd. Euro) (vgl. Lanz/Graue/Schäfer 2004, S. 8).

Kooperationen.[170] Der Anteil unabhängiger Reisebüros ist in den letzten Jahren kontinuierlich auf nur noch 2 Prozent in 2003 gesunken (in 2000 machten sie noch 29 Prozent aus). Die Konzentration hat also zugenommen.

Vertikale Integration

Der Internationalisierungswelle ab Mitte der 90er Jahre ging eine Phase der vertikalen Integration ab Mitte der 80er Jahre voraus – auf Grund von vertikalen Unternehmenszusammenschlüssen sind heute praktisch sämtliche großen Reiseveranstalter Teile eines Konzerns, der auch Beteiligungen an Charterfluglinien, Hotels, Zielgebietsagenturen und/oder Reisebüros hält (vgl. Frankemölle/Sürig 2004, S. 448f.; Lerch 2004, S. 121ff.; Mundt 2000, S. 32ff.; Pichler/Kloubert 2004, S. 70ff.; Roth 2003, S. 44f.). So besitzt die *TUI AG* z. B. auch die Fluglinien *Hapag-Lloyd* und *Hapag-Lloyd Express* (HLX), die Reisebüroketten *Hapag-Lloyd*, *TUI* und *First*, die Hotelketten *RIU*, *Iberotel*, *Grecotel* und *Grupotel* sowie zahlreiche Zielgebietsagenturen (vgl. Roth 2003, S. 45). Allerdings kann nicht von einem geschlossenen System gesprochen werden – trotz der vertikalen Integration wird der größte Teil des Veranstalterumsatzes mit "fremden" Kapazitäten generiert (vgl. Mundt 2000, S. 33). Mögliche Vorteile der vertikalen Integration sind z. B. die Sicherung von Hotel- oder Flugkapazitäten (bzw. der Ausschluss von Konkurrenten aus der Nutzung von Ressourcen wie Hotels), die Möglichkeit zur aktiven Verkaufssteuerung in den Reisebüros, eine erhöhte Einflussnahme auf die Qualität der Reise und die Reduktion von Schnittstellenproblemen (z. B. zwecks optimierter Auslastungssteuerung über verschiedene Wertschöpfungsstufen hinweg) (vgl. Born 2004, S. 20; Holloway 2002, S. 85; Mundt 2000, S. 34f.; Pichler/Kloubert 2004, S. 70ff.).

---

[170] Unter den Kooperationen gibt es drei mächtige Allianzen, die fast alle Kooperationen unter sich versammeln. Die Allianz *QTA* konnte den größten Umsatz verzeichnen (inkl. der Kooperationen *Schmetterling*, *RTK* und *Best*; 3,2 Mrd. Euro), gefolgt von *TMCV* (inkl. *TSS* und *AER*; 2,0 Mrd. Euro) und *RSG* (u. a. inkl. *Pro Tours* und *Reisering*; 1,2 Mrd. Euro) (vgl. Lanz 2004b, S. 24).

4.2.2 Derzeitige/traditionelle Rolle von Intermediären im Ferientourismus

4.2.2.1 Aktivitäten von Intermediären im Ferientourismus

Die Aktivitäten der touristischen Intermediäre sollen nachfolgend entlang der Struktur des Referenzmodells dargestellt werden (siehe Abbildung 22).

Aktivitäten	Zielgebietsagentur	Reiseveranstalter	GDS-Betreiber	Reisemittler
Anbahnung: Matching	• Unterstützung des Veranstalters bei der Suche nach Hotels und Exkursionen • Unterstützung der Leistungsträger in der Destination bei Marketing/Vertrieb	• Marktforschung • Suche nach Hotels, Flügen und anderen Reisekomponenten • Bündelung von Komponenten zu Pauschalreisen • Vergleich/Vermarktung von Produkten	• Bereitstellung der IT-Infrastruktur für die Abfrage von Preis-/Produktinformationen unter Zugriff auf die Datenbanken der Anbieter	• Aufbau von Kenntnissen bezüglich Produktangebot und Kundenpräferenzen • Information und Beratung des Kunden hinsichtlich Produktangebot
Anbahnung: Inspektion/ Klassifikation	-	• Prüfung der Produktqualität • Zuordnung zu Qualitätskategorien • Vertrauensaufbau durch Marke	-	• Inspektion ausgewählter Produkte durch Expedientenreisen (als Basis für die Beratung)
Verhandlungs-unterstützung	-	-	-	• Einholen von Angeboten für den Kunden • Dokumentation des Kaufvertrages

Informations-abwicklung	• Weiterleitung der relevanten Informationen an den Leistungsträger (z. B. Name, Ankunftstag etc.)	• Weiterleitung der relevanten Informationen an
		  • Leistungsträger/ Zielgebietsagentur (z. B. Name, Ankunftstag etc.)
		  • Reisemittler (z. B. Fluginformationen)
			• Bereitstellung der IT-Infrastruktur für die sichere und stabile Durchführung und Abwicklung der Transaktion zwischen Reisemittler und Anbieter	• IT-technische Durchführung d. Transaktion
				• Weitergabe relevanter Buchungsinformationen an den Kunden
				• Weitergabe relevanter Buchungsinformationen an den Anbieter (über deren IuK-Systeme oder GDS)

Monitoring/ Reporting	-	• Prüfung und Sicherstellung der Einhaltung der Dienstleistungsqualität während der Reise • Lösungssuche im Problemfall	-	-

Abbildung 22: Informationelle Aktivitäten touristischer Intermediäre

(Quelle: Eigene Darstellung)

Wie bereits festgestellt agieren touristische Intermediäre auf Grund der Immaterialität des Produkts nicht auf der physischen Ebene. Alle vier der touristischen Intermediäre – Zielgebietsagentur, Reiseveranstalter, GDS-Betreiber und Reisemittler – führen dagegen

Aktivitäten auf der informationellen Ebene aus. In Abbildung 22 ist zu erkennen, dass die Transaktionsphasen jeweils durch mehrere Intermediäre unterstützt werden.

Auf der finanziell-rechtlichen Aktionsebene agiert i. d. R. lediglich der Reiseveranstalter.[171] Dies ist in Abbildung 23 dargestellt.

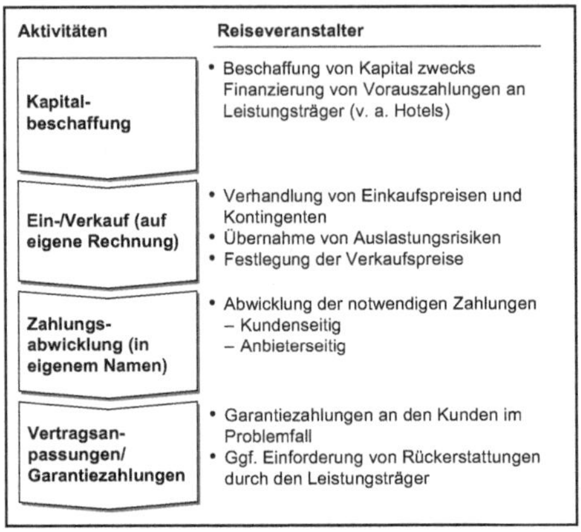

Abbildung 23: Finanziell-rechtliche Aktivitäten touristischer Intermediäre

(Quelle: Eigene Darstellung)

4.2.2.2 Gründe für die Existenz von Intermediären im Ferientourismus

Nachfolgend wird zunächst untersucht, welchen wohlfahrtsökonomischen Mehrwert touristische Intermediäre stiften sowie welche Nachteile sie mit sich bringen. Anschließend wird auf die firmenindividuellen Existenzgründe eingegangen.

Wohlfahrtsökonomischer Mehrwert

In konventionellen Märkten haben alle vier touristischen Intermediäre eine wohlfahrtsökonomisch begründete Existenzberechtigung. Aus Abbildung 24 wird deutlich, dass alle vier Arten wohlfahrtsökonomischen Mehrwerts adressiert werden:

- **Transaktionseffizienz**. Transaktionskosten, insbesondere Kosten für das Matching, werden v. a. durch Reiseveranstalter, GDS-Betreiber und Reisemittler gesenkt. Suchkosten sind in der Tourismusindustrie auf Grund der räumlichen Entfernung insbesondere hinsichtlich der Unterkunft groß. Alle drei Intermediäre nutzen den Baligh-

---

[171] In Ausnahmefällen kaufen auch Reisemittler und Zielgebietsagenturen auf eigene Rechnung ein.

Richartz-Effekt aus, indem sie Informationen über das Produktangebot an einem zentralen Ort (Katalog, IT-System bzw. Reisebüro) aggregieren. Ebenso erschließen sie Skaleneffekte, etwa durch Investitionen in Reservierungssysteme oder physische Vertriebsstrukturen (Reisebüros). Reiseveranstalter bauen zudem Reputation bzw. eine Marke auf und können dies effizienter als kleine Anbieter. Reiseveranstalter und -mittler senken Transaktionskosten auch dadurch, dass sie auf Grund von Spezialisierung Tätigkeiten wie die Bündelung von Reisekomponenten zu sinnvollen Kombinationen oder die Suche nach Angeboten effizienter ausführen.[172] Als Market-Maker, die Auslastungsrisiken von Leistungsträgern übernehmen und Vorauszahlungen gewähren, erzielen Reiseveranstalter weiterhin Effizienzsteigerungen durch Risikostreuung/-diversifikation und geringere Kapitalkosten.

- **Produktionseffizienz**. Die Produktionseffizienz wird durch Reiseveranstalter bzw. Zielgebietsagenturen gesenkt, indem sie den Transfer zwischen Flughafen und Unterkunft koordinieren und dabei die Transfers für die gleichzeitig ankommenden Urlaubsgäste aggregieren. Im Gegensatz zur Individualreise sind dann statt einzelner Taxifahrten effizientere Busfahrten möglich. Transport- und Lagerkosten sind in der Tourismusindustrie auf Grund des immateriellen Charakters der Dienstleistung nicht relevant.
- **Transaktionsergebnis**. Das Transaktionsergebnis wird durch Reiseveranstalter und -mittler verbessert.[173] Beide reduzieren Informationsasymmetrien hinsichtlich des verfügbaren Angebots und dessen Qualität. Während Reiseveranstalter dazu auf ihre Erfahrung mit Anbietern zurückgreifen und Reputation bzw. eine Marke aufbauen, nutzen Reisemittler ihre Erfahrung für Beratungen im persönlichen Gespräch. Die Reduktion von Informationsasymmetrien ist in der Tourismusindustrie bedeutend, da besonders hinsichtlich der Unterkunft Hidden characteristics bestehen, seitens der Kunden eine niedrige Kauffrequenz vorliegt und es sich relativ zum Einkommen um eine hohe Ausgabe seitens des Kunden handelt und dessen Risiko damit recht hoch ist. Die Glaubwürdigkeit der Informationsdarstellung ist also sehr bedeutend und ermöglicht

[172] Z. B. haben Reiseveranstalter und Reisebüros Kenntnisse über Transferzeiten an Flughäfen etc. (vgl. Anckar/Walden 2001, S. 155).

[173] Auch GDS-Betreiber und Zielgebietsagenturen verbessern das Transaktionsergebnis, jedoch nur indirekt, indem sie die Transaktionseffizienz steigern, und nicht über die Reduktion von Marktmacht oder Informationsasymmetrien (siehe dazu Abschnitt 3.3.2.3).

einen Mehrwert durch Intermediation.[174] Auch haben Reisemittler z. B. eine größere Erfahrung im Auffinden von über einige Systeme bereits ausgebuchten Produkten und können auch so die Suche effektiver gestalten (vgl. Anckar/Walden 2001, S. 154). Neben der Reduktion von Informationsasymmetrien reduzieren Reiseveranstalter zudem die Verhandlungsmacht der Leistungsträger, indem sie Nachfrage aggregieren und damit niedrigere Raten aushandeln können als einzelne Nachfrager.

- **Produktionsergebnis.** Das Produktionsergebnis wird ebenfalls durch Reiseveranstalter und -mittler verbessert. Ausgehend von Reisebüros über Reiseveranstalter fließen Informationen über die Präferenzen der Nachfrager an die Leistungsträger, die dazu auf Grund ihrer örtlichen Entfernung und oftmals geringen Erfahrung im Marketing auf verschiedenen Märkten nur begrenzt direkt Zugang haben. Reiseveranstalter erhöhen zudem durch ihre Inspektion und Klassifikation den Qualitätsdruck auf die Leistungsträger.

Wohlfahrtsökonomische Nachteile von Intermediation

Nachfolgend wird erläutert, inwiefern die potenziellen wohlfahrtsökonomischen Nachteile von Intermediation im konventionellen Tourismusmarkt relevant sind (die Ausführungen basieren auf Abschnitt 3.3.2.7):

- **Marktmacht des Intermediärs.** Touristische Intermediäre konnten teilweise eine hohe Marktmacht aufbauen, mehr als Intermediäre in vielen anderen Industrien (vgl. Ujma 2001, S. 46). So haben v. a. Reiseveranstalter signifikante Marktmacht aufgebaut, v. a. gegenüber Leistungsanbietern wie Hotels (vgl. Buhalis 2000, S. 117; Medina-Muñoz/Medina-Muñoz/García-Falcón 2003, S. 135ff.). Auf Grund der starken Marke und dem Zugang zu Vertriebskanälen sind viele Leistungsanbieter mehr oder weniger auf Reiseveranstalter angewiesen. Reisemittler wiederum besitzen Marktmacht gegenüber den Reiseveranstaltern, da sie letztlich den Endkundenzugang besitzen und den Vertrieb daher steuern können. Allerdings kann keine generelle Aussage zum Machtgefüge getroffen werden. Zum einen wird dieses von der aktuellen Marktsituation beeinflusst, denn während bei Überkapazitäten Intermediäre eine höhere Marktmacht als Leistungsträger haben, kehrt sich dies bei Angebotsengpässen um (vgl. Ujma 2001,

[174] Es ist auch zu beachten, dass ein Großteil von Reisebüros Teile vertikal integrierter Konzerne sind und daher bei der Weitergabe von Informationen nicht unbedingt vollkommen neutral sind (vgl. Buhalis 2003, S. 255 u. 271).

S. 46f.). Zum anderen liegen insbesondere bei Unterkünften große Unterschiede zwischen den einzelnen Leistungsträgern vor. So können sich viele Hotels mit erstklassiger Lage auch in Zeiten schwacher Nachfrage die Intermediäre, mit denen sie zusammenarbeiten, aussuchen.

	Quelle des Mehrwerts	**Zielgebietsagentur**	**Reiseveranstalter**	**GDS-Betreiber**	**Reisemittler**
Trans-aktions-effizienz	**Baligh-Richartz-Effekt/Koordination**	-	• Reduktion von Kosten für Matching und Inspektion durch Aggregation geprüfter Produkte in einem Katalog	• Reduktion von Suchkosten für Reisemittler/ Kunden durch Zugriff auf verschiedene Produkte über ein System	• Reduktion von Kosten für Matching durch Beratung und Aggregation von Katalogen in einem Reisebüro
	Standardisierung	-	• Standardisierte Darstellung von Produkten/Preisen	• Standardisierte Abfrage in IuK-Systemen	-
	Skaleneffekte bei Technologien/ Ressourcen	-	• Aufbau von Reputation • Investition in Marktforschung • Investition in IuK-Systeme	• Investition in IuK-Systeme zur Verbindung von Leistungsträgern mit Reisemittlern	• Investition in Vertriebs-strukturen
	Spezialisierung/ Erfahrung	• Effizientere Suche nach Anbietern durch Destina-tionskenntnisse	• Effizientere Produktbündelung	-	• Schnellere Pro-duktsuche und Abwicklung
	Risikostreuung/-diversifikation	-	• Angebot verschiedener Produkte und Destinationen	-	-
	Geringere Kapitalkosten	-	• Nutzung des Kapitalzugangs für Vorauszahlungen	-	-
Produk-tions-effizienz*	**Geringere Produktionskosten***	• Effizienterer Transfer in der Destination durch Aggregation von Urlaubertransfers	• Effizienterer Transfer in der Destination durch Aggregation von Urlaubertransfers	-	-
Trans-aktions-ergebnis	**Eliminierung von Marktmacht**	-	• Reduktion der Marktmacht von Anbietern durch Nachfrage-aggregation	-	-
	Reduktion von Informations-asymmetrien	-	• Effektivere Inspektion durch Fähigkeiten und Erfahrung • Glaubwürdigere Kommunikation durch Neutralität und Reputation	-	• Effektiveres Matching durch Beratung • Glaubwürdigere Kommunik. durch – persönlichen Kontakt – Neutralität
Produk-tions-ergebnis	**Erhöhung des Qualitätsdrucks**	-	• Schaffung von Qualitätstrans-parenz durch Inspektion	-	-
	Verbesserung der Nachfrage-kenntnisse	-	• Weiterleitung von Nachfragekennt-nissen an Leistungsträger	-	• Ermittlung von Kundenpräferen-zen/Weiterleitung an Veranstalter

* Logistikkosten (Transport und Lagerung) auf Grund der Immaterialität des touristischen Produkts nicht relevant

Abbildung 24: Wohlfahrtsökonomischer Mehrwert touristischer Intermediäre

(Quelle: Eigene Darstellung)

- **Schnittstellenprobleme bzgl. Informationen, Wissen oder Fähigkeiten.** Auf Grund der hohen Anzahl von Intermediären im Tourismus müssen Produkt- und Buchungsinformationen mehrmals weitergereicht werden. So durchlaufen die Buchungsinformationen (Name, Datum etc.) ausgehend vom Reisebüro mehrere andere Stufen, bevor sie den Leistungsträger erreichen: das GDS, den Reiseveranstalter sowie die Zielgebietsagentur. Die Informationsübertragung ist in den vergangenen Jahren durch den Einsatz von IuK-Systemen zwar weitgehend automatisiert worden, es ergeben sich jedoch trotzdem Effizienznachteile gegenüber einem Direktvertrieb. Zudem erfordert die Aneinanderreihung von Intermediären den Abschluss mehrerer Verträge für die gleiche Kapazität. Weiterhin kann es durch die Schnittstellen zu einem Verlust an relevanten Kundeninformationen kommen, der seitens der Leistungsträger zu einer suboptimalen Produktentwicklung führt (suboptimales Produktionsergebnis). Dies ist im Ferientourismus v. a. hinsichtlich des Baus von Hotels bzw. Unterkünften denkbar.

- **Duplizierung von Aktivitäten.** Auf Grund der Vielzahl paralleler Vertriebs- bzw. Intermediationsstrukturen kommt es zwangsläufig zu einer Duplizierung von Aktivitäten. Zum einen erfolgt der Vertrieb oftmals über verschiedene Intermediäre, welche die gleichen Aktivitäten ausüben. Zum anderen betreiben viele Leistungsträger zusätzlich einen Direktvertrieb. Aus wohlfahrtsökonomischer Sicht führt dies zu Ineffizienzen bzw. Mehrkosten.

- **Anreizprobleme.** Im Sinne einer Auftraggeber-Auftragnehmer-Beziehung beauftragen die touristischen Leistungsträger die Intermediäre mit dem Vertrieb ihres Produkts. Umgekehrt betrachtet beauftragen die Intermediäre die Leistungsträger mit der Erbringung der versprochenen Dienstleistung. Auf Grund dessen kann es zu zusätzlichen Überwachungs- und Signalisierungskosten durch Intermediation kommen. Allerdings ist fraglich, ob diese im Tourismus bedeutend sind. Zum einen stehen den Leistungsträgern nur begrenzt Möglichkeiten zur Verfügung, das tatsächliche Verhalten der Intermediäre zu kontrollieren (abgesehen von der Beschaffung der Veranstalterkataloge). Umgekehrt stellen Reiseveranstalter zwar mit erheblichem Aufwand sicher, dass die Leistungsträger – insbesondere Hoteliers – ihre Leistung erwartungsgemäß erfüllen, dies geschieht bei veranstaltereigenen Hotels jedoch genauso wie bei unabhängigen Hotels, so dass auch hier nicht von Mehrkosten durch Intermediation ausgegangen werden kann.

- **Hold up.** Transaktionsspezifische Investitionen sind im Tourismus im Wesentlichen die

Investitionen der Reisemittler in die technische Anbindung an die GDS-Systeme (bzw. Reservierungssysteme der Reiseveranstalter). Angesichts der hohen Anzahl von Reisebüros gibt es jedoch keine Anzeichen dafür, dass dies in erheblichem Ausmaß zu entgangenen Transaktionen führt.

Zusammenfassend lässt sich feststellen, dass im Ferientourismus hinsichtlich wohlfahrtsökonomischer Nachteile durch Intermediation v. a. Schnittstellenprobleme und Duplizierungen von Tätigkeiten bzw. die daraus resultierenden negativen Effekte auf Transaktionseffizienz und Produktionsergebnis relevant sind (siehe Abbildung 25).

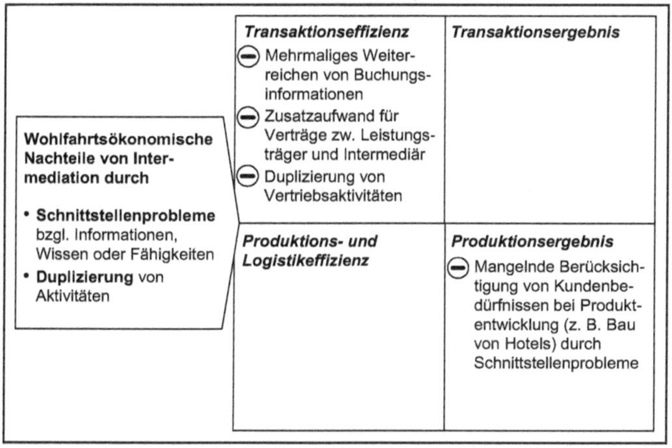

Abbildung 25: Wohlfahrtsökonomische Nachteile von Intermediation im Tourismus

(Quelle: Eigene Darstellung)

Betriebswirtschaftliche/firmenindividuelle Anreize für oder gegen die Zusammenarbeit mit Intermediären

Für Leistungsträger wie Hotels und Fluglinien bestehen mehrere firmenindividuelle Gründe *für* die Zusammenarbeit mit touristischen Intermediären, v. a. mit Reiseveranstaltern, GDS-Betreibern und Reisemittlern:

- **Verbesserte Transaktions- und Produktionseffizienz bzw. verbessertes Produktionsergebnis**. Aus den wohlfahrtsökonomischen Effizienz- und Effektivitätsvorteilen von Intermediation (siehe oben) ergeben sich firmenindividuelle bzw. betriebswirtschaftliche Anreize aus Sicht des Anbieters oder Abnehmers, Intermediäre zu nutzen (siehe dazu auch Abschnitt 3.3.3). Zum Beispiel kann Intermediation insbesondere für kleinere Anbieter effizienter und damit profitabler sein als der Aufbau eines Direktvertriebs.

- **Hohe Flexibilität/preiswerter Marktaustritt**. Durch die Zusammenarbeit mit touristischen Intermediären müssen Leistungsträger nicht gleichermaßen Fixkosten in den Bereichen Marketing und Vertrieb (Markenaufbau, eigene Reisebüros etc.) oder IT-Systeme (Reservierungssysteme) aufbauen. Dies ermöglicht insbesondere für Hotels, aber auch für Fluglinien einen deutlich preiswerteren Austritt aus einzelnen Quellmärkten.
- **Schnellerer Markteintritt/schnellere Marktpenetration möglich**. Analog ist auch ein schnellerer Markteintritt bzw. eine schnellere Marktpenetration möglich, wenn die entsprechenden Intermediäre bereits existieren und Vertriebskapazitäten aufgebaut haben. Die Leistungsträger müssen die notwendigen Kapazitäten dann nicht in einem zeitaufwendigen Prozess selbst aufbauen.
- **Preisdifferenzierung/-diskriminierung**. Arbeiten Hotels oder Fluglinien mit Reiseveranstaltern, GDS-Betreibern oder Reisemittlern als Ergänzung zum Direktvertrieb zusammen, können sie Preisdifferenzierung betreiben. Dies gilt insbesondere für Reiseveranstalter, da der Einzelpreis der Komponente bei Pauschalreisen nicht sichtbar ist und verminderte Preise dem Kunden deshalb nicht transparent werden.
- **Verbesserte Auslastungsoptimierung**. Reiseveranstalter, GDS-Betreiber und Reisemittler ermöglichen Leistungsträgern Zugang zu Marktsegmenten, die über den Direktvertrieb nicht ohne weiteres kurzfristig erreichbar sind. So werden z. B. über Pauschalreiseveranstalter andere Marktsegmente angesprochen als über den Direktvertrieb. Daher können touristische Intermediäre Leistungsträgern eine verbesserte Auslastungsoptimierung ermöglichen.

Daneben bestehen jedoch auch firmenindividuelle Gründe *gegen* eine Zusammenarbeit mit Intermediären:

- **Markt-/Verhandlungsmacht des Intermediärs**. Wie oben beschrieben können touristische Intermediäre, v. a. Reiseveranstalter und GDS, aber auch Reisemittler, erhebliche Marktmacht aufbauen und diese gegenüber Leistungsträgern ausnutzen. Dies stellt einen Grund für Leistungsträger dar, nicht exklusiv mit Intermediären zusammenzuarbeiten oder ihre Dienstleistung zumindest über mehrere Intermediäre zu vertreiben.
- **Gefahr der Rationierung/Benachteiligung**. Da die Tourismusindustrie durch unsichere Nachfrage gekennzeichnet ist, birgt eine Zusammenarbeit mit touristischen Intermediären die Gefahr der Rationierung – v. a. bei Reiseveranstaltern, da diese Leistungsträger

stärker selektieren als GDS-Betreiber oder Reisemittler. Diese Gefahr betrifft sowohl Fluglinien als auch Hotels im Falle sinkender Gesamtnachfrage. Bei Hotels kommt zusätzlich die Gefahr hinzu, dass sich die Kundenpräferenzen hinsichtlich Destination oder Art der Unterkunft verschieben können.

	Zeitliche Befristung der Zusammenarbeit	
Grad der Kooperation	**Langfristig**	**Kurzfristig**
Ausschließliche Zusammenarbeit mit Intermediären	⊕ Verbesserte **Transaktions-/ Produktionseffizienz** bzw. **Transaktionsergebnis** ⊕ Hohe **Flexibilität**/preiswerter Marktaustritt, insb. für Hotels ⊖ **Niedrigere Verkaufspreise** durch Markt-/Verhandlungs-macht des Intermediärs ⊖ Gefahr der **Rationierung**/ Benachteiligung durch Intermediär bei Über-kapazitäten im Markt	⊕ **Schnellerer Markteintritt**, insb. für Hotels (da keine anderweitige physische Präsenz im Quellmarkt notwendig)
Ergänzende Zusammenarbeit mit Intermediären	⊕ **Preisdifferenzierung/ -diskriminierung** durch Nutzung paralleler Distributionswege (insb. bei Pauschalreisen auf Grund intransparenter Einzelpreise)	⊕ **Verbesserte Auslastungs-optimierung** durch zusätzliche Ansprache verschiedener Kunden-segmente bei Bedarf ⊕ **Schnellere Markt-penetration** durch gleichzeitige Ansprache versch. Kundensegmente

Abbildung 26: Firmenindividuelle/betriebswirtschaftliche Gründe für und gegen Intermediation im Tourismus

(Quelle: Eigene Darstellung)

In Abbildung 26 sind die für touristische Intermediäre relevanten Gründe zusammenfassend dargestellt. Zudem ist zu beachten, dass vor der Deregulierung des europäischen Flugmarktes Charterfluglinien keine Möglichkeit hatten, ihre Sitze direkt zu verkaufen (siehe Abschnitt 4.2.1.3) und daher zu einer Zusammenarbeit mit Intermediären gezwungen waren.

4.3 Schritt 2: Prüfung der "Ob-Frage"

4.3.1 Einfluss auf den wohlfahrtsökonomischen Mehrwert

Eine Zusammenfassung des Einflusses von E-Commerce auf den wohlfahrtsökonomischen Mehrwert von Intermediation liefert Abbildung 27. Nachfolgend wird der Einfluss von E-Commerce sukzessive für jede Art des Mehrwerts erläutert. Anschließend wird auf den Zusammenhang zwischen E-Commerce und den wohlfahrtsökonomischen Nachteilen von Intermediation eingegangen.

Legende: Verschwinden des Mehrwerts | Starke Reduktion | Leichte Reduktion

	Quelle des Mehrwerts	Zielgebietsagentur	Reiseveranstalter	GDS-Betreiber	Reisemittler
Transaktionseffizienz	**Baligh-Richartz-Effekt/Koordination**	-	• Reduktion von Kosten für Matching und Inspektion durch Aggregation geprüfter Produkte in einem Katalog/ System	• Reduktion von Suchkosten für Reisemittler/ Kunden durch Zugriff auf verschiedene Produkte über ein System	• Reduktion von Kosten für Matching durch Beratung und Aggregation von Katalogen in einem Reisebüro
	Standardisierung	-	• Standardisierte Darstellung von Produkten/Preisen	• Standardisierte Abfrage in IuK-Systemen	-
	Skaleneffekte bei Technologien/ Ressourcen	-	• Investition in IuK-Systeme • Aufbau von Reputation • Investition in Marktforschung	• **Investition in IuK-Systeme zur Verbindung von Leistungsträgern mit Reisemittlern**	• Investition in Vertriebsstrukturen
	Spezialisierung/ Erfahrung	• Effizientere Suche nach Anbietern durch Destinationskenntnisse	• Effizientere Produktbündelung	-	• **Schnellere Produktsuche und Abwicklung**
	Risikostreuung/-diversifikation	-	• Angebot verschiedener Produkte und Destinationen	-	-
	Geringere Kapitalkosten	-	• Nutzung des Kapitalzugangs für Vorauszahlungen	-	-
Produktionseffizienz*	**Geringere Produktionskosten***	• Effizienterer Transfer in der Destination durch Aggregation von Urlaubertransfers	• Effizienterer Transfer in der Destination durch Aggregation von Urlaubertransfers	-	-
Transaktionsergebnis	**Eliminierung von Marktmacht**	-	• Reduktion der Marktmacht von Anbietern durch Nachfrageaggregation	-	-
	Reduktion von Informationsasymmetrien	-	• Effektivere Inspektion durch Fähigkeiten und Erfahrung • Glaubwürdigere Kommunikation durch Neutralität und Reputation	-	• Effektiveres Matching durch Beratung • **Glaubwürdigere Kommunik. durch – persönlichen Kontakt** – Neutralität
Produktionsergebnis	**Erhöhung des Qualitätsdrucks**	-	• Schaffung von Qualitätstransparenz durch Inspektion	-	-
	Verbesserung der Nachfragekenntnisse	-	• Weiterleitung von Nachfragekenntnissen an Leistungsträger	-	• **Ermittlung von Kundenpräferenzen durch persönl. Gespräche**

* Logistikkosten (Transport und Lagerung) auf Grund der Immaterialität des touristischen Produkts nicht relevant

Abbildung 27: Einfluss von E-Commerce auf den wohlfahrtsökonomischen Mehrwert touristischer Intermediäre

(Quelle: Eigene Darstellung)

Transaktionseffizienz

Einige der Quellen einer Transaktionskostensenkung werden nicht durch E-Commerce beeinflusst. Auch in Zukunft können touristische Intermediäre, die wie Reiseveranstalter als Market-Maker agieren, Risiko- und Kapitalkosten senken. Auch eine standardisierte Darstellung und standardisierte Prozesse und Abfragen für die Suche und den Vergleich von Produkt- und Preisinformationen – z. B. Eigenschaften von Unterkünften oder Buchungskonditionen – sind in elektronischen Märkten von Mehrwert (Standardisierung). Anders verhält es sich hinsichtlich der übrigen Effizienzquellen:

- **Baligh-Richartz-Effekt/Koordination**. Viele Informationen sind dem Endkunden erst durch das Internet und den dort stattfindenden Direktvertrieb der Leistungsträger zugänglich geworden. Die bisher über touristische Intermediäre eingeholten Informationen können nun mit vergleichbarem Aufwand selbst eingeholt werden, so dass sich der diesbezügliche Mehrwert von Intermediation reduziert. Da auch in elektronischen Märkten noch Suchkosten auftreten, ist jedoch nicht zu erwarten, dass der Mehrwert vollständig und in allen Fällen verschwindet. Vielmehr wird dies vom betrachteten Marktsegment abhängen. So können die Suchkosten bei Flugeinzelplätzen im Internet z. B. relativ gering sein, v. a. falls auf der relevanten Strecke nur wenige Fluglinien verkehren und diese dem potenziellen Kunden bekannt sind. Aufwändiger ist in der Regel die Suche nach einer geeigneten Unterkunft, denn die Anzahl der Anbieter und die Unterschiede zwischen den verschiedenen Produkten (Lage, Qualität, Unterkunftstyp, Ausstattung etc.) sind deutlich größer. Im Gegensatz zum Flugmarkt kommt es beim Markt für Unterkünfte zudem eher zu einer Markterweiterung durch E-Commerce, da die Markteintrittsbarrieren für einzelne Quellmärkte aus Sicht der Hotels deutlich sinken (dies war bereits durch die Entstehung von GDS geschehen, vgl. Ernst/Walpuski 1994, S. 231). Jedoch gibt es auch hinsichtlich Unterkünften Marktsegmente, in denen Intermediäre keinen Mehrwert durch geringere Suchkosten schaffen können – etwa bei Stammgästen, die nur Interesse an einem bestimmten Hotel haben.

- **Skaleneffekte bei Technologien/Ressourcen**. Bezüglich Skaleneffekten ist der Mehrwert durch Intermediation im Tourismus nur teilweise betroffen. Während Investitionen in Marktforschung und in den Aufbau von Reputation in elektronischen Märkten mindestens gleichermaßen notwendig sind wie in konventionellen Märkten,[175] ist der Aufbau von Vertriebsstrukturen wesentlich preiswerter (Internetpräsenz vs. Reisebüros im gesamten Absatzgebiet). Auch die notwendigen Investitionen in IuK-Systeme können sich verringern auf Grund der Entstehung des Internets als einheitliche Plattform für den Endkundenzugang.

- **Spezialisierung/Erfahrung**. In Hinsicht auf Vorteile durch Spezialisierung und Erfahrung ist im Wesentlichen das Reisebüro betroffen. Die Spezialisierungsvorteile von Reisebüros werden in konventionellen Märkten im Rahmen des persönlichen Beratungsgesprächs erschlossen. Da dies in elektronischen Märkten per Definition jedoch nicht mehr stattfindet, entfällt diese Möglichkeit, Mehrwert zu stiften, größtenteils. Es besteht lediglich die Möglichkeit, im Rahmen einer Internetpräsenz eine Beratungsfunktionalität anzubieten – diese dürfte auf Grund des komplexen Entscheidungsprozesses allerdings nicht genauso effektiv sein wie ein persönliches Beratungsgespräch.

Produktionseffizienz

Touristische Intermediäre reduzieren die Produktionskosten durch die Bündelung von Urlaubern im Rahmen der Organisation des Bustransfers im Zielgebiet (Reiseveranstalter in Zusammenarbeit mit Zielgebietsagenturen). Dies ist auch bei in elektronischen Märkten gebuchten Reisen möglich – E-Commerce übt diesbezüglich keinen Einfluss aus.

Transaktionsergebnis

Da auch elektronische Märkte keineswegs vollkommen sind, können touristische Intermediäre auch in elektronischen Märkten Mehrwert durch die Reduktion von Marktmacht und Informationsasymmetrien stiften. Vertrauen und Marken werden weiterhin bedeutend sein (vgl. Böhm 2001, S. 95). Allerdings entfällt – analog zur Transaktionskostensenkung durch Spezialisierung/Erfahrung – die Möglichkeit, das Matching durch ein persönliches Beratungsgespräch zu verbessern.

Produktionsergebnis

Da auch in elektronische Märkten Informationsasymmetrien hinsichtlich der

---

175 Vor allem die Reputation/Marke spielt auf Grund der hohen Qualitätsunsicherheit bei Unterkünften im Ferientourismus eine große Rolle.

Kundenpräferenzen sowie der Produktqualität bestehen, können touristische Intermediäre grundsätzlich auch dort das Produktionsergebnis durch Qualitätstransparenz oder die Ermittlung und Weiterleitung von Kundenwissen steigern. Das persönliche Verkaufs- und Beratungsgespräch als Möglichkeit zur Erhebung von Kundenwünschen entfällt zwar, stattdessen kann jedoch das Buchungs- und Navigationsverhalten der Besucher einer Internetseite analysiert werden.

Wohlfahrtsökonomische Nachteile von Intermediation

Im Tourismus relevante wohlfahrtsökonomische Nachteile sind v. a. die zusätzliche Anzahl von Schnittstellen und die damit verbundenen möglichen Schnittstellenprobleme sowie die Duplizierung von Marketing- und Vertriebsaktivitäten (siehe Abschnitt 4.2.2.2). Beide Nachteile verkleinern sich beim Übergang von konventionellen zu elektronischen Märkten, denn

- standardisierbar darstellbare Informationen wie Buchungsinformationen können über elektronische Schnittstellen effizienter zwischen Unternehmen übertragen werden und
- die Vertriebskosten sinken, da keine physischen Ladengeschäfte notwendig sind, so dass auch die durch Duplizierung verursachten Mehrkosten sinken.

Allerdings verschwinden die Nachteile nicht vollständig. Zum einen sind nicht alle zu übertragenden Informationen problemlos und effizient elektronisch übertragbar (wie z. B. Marktforschungsergebnisse), auch ist der Aufbau elektronischer Schnittstellen in der Regel mit signifikanten Investitionen verbunden. Zum anderen sind wie oben bereits beschrieben auch in elektronischen Märkten viele Intermediationsaktivitäten mit hohen Kosten verbunden – z. B. der Aufbau einer Marke. Zusammenfassend lässt sich daher feststellen, dass sich die wohlfahrtsökonomischen Nachteile durch Intermediation in elektronischen Märkten zwar reduzieren, jedoch keineswegs verschwinden.

4.3.2 Einfluss auf firmenindividuelle Anreize für Intermediation

Die durch E-Commerce beeinflussten firmenindividuellen bzw. betriebswirtschaftlichen Anreize für oder gegen die Zusammenarbeit mit Intermediären sind in Abbildung 28 dargestellt.

Insbesondere Gründe *gegen* die Zusammenarbeit mit Intermediären bleiben beim Übergang vom konventionellen zum elektronischen Markt weitgehend bestehen (siehe Abschnitt

3.4.3.2). Dies ist auch im Tourismus der Fall. Denn auch in elektronischen Märkten bestehen für touristische Leistungsträger die Gefahren, dass Intermediäre Marktmacht aufbauen und sie z. B. durch einen Ausschluss vom Vertriebskanal benachteiligt werden. Dies zeigt z. B. die hohe Marktmacht, die touristische Internetintermediäre wie *Expedia* oder *hotels.com* in den USA gegenüber Leistungsträgern aufbauen konnten (vgl. Rogl/Lanz 2004, S. 27). Die Bedeutung eines Grundes gegen die Nutzung von Intermediären nimmt durch E-Commerce sogar zu: Während im konventionellen Markt die Gefahr der Kannibalisierung des Eigenvertriebes weniger relevant war,[176] kann dies in elektronischen Märkten einen bedeutenden Grund gegen die Zusammenarbeit mit Intermediären darstellen.

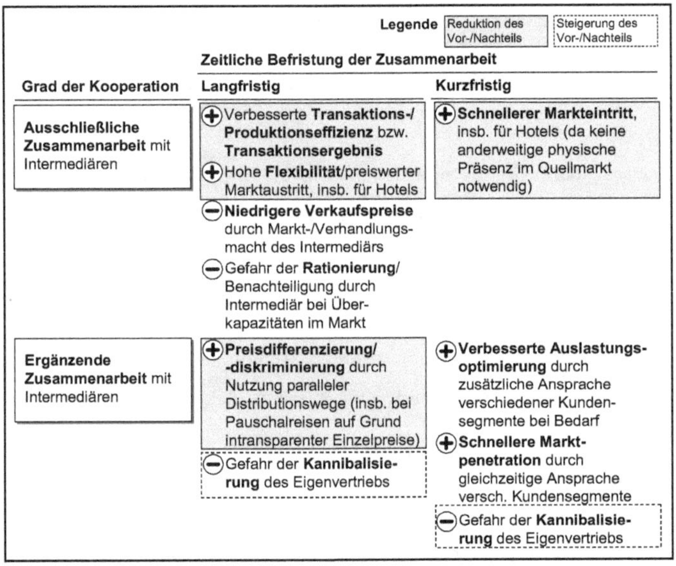

Abbildung 28: Einfluss von E-Commerce auf firmenindividuelle/betriebswirtschaftliche Gründe von Intermediation im Tourismus

(Quelle: Eigene Darstellung)

Die betriebswirtschaftlichen *Vorteile* einer Zusammenarbeit mit Intermediären bleiben zwar grundsätzlich bestehen, schwächen sich aber etwas ab. Zum einen ist der Markteintritt ohne Hilfe von Intermediären in elektronischen Märkten – v. a. für Hotels – deutlich einfacher und preiswerter als in konventionellen Märkten. Zum anderen werden die Möglichkeiten zur

[176] Dieser Grund ist v. a. dann relevant, wenn der Direktvertrieb die Regel und der Vertrieb über Intermediäre die Ausnahme ist. Dies ist im konventionellen Tourismusmarkt nicht der Fall.

Preisdifferenzierung durch die höhere Preistransparenz tendenziell eingeschränkt. Das Ausmaß der Veränderungen darf jedoch nicht überschätzt werden, denn auch in elektronischen Märkten ist der Markteintritt keineswegs kostenlos. Auch ist die Möglichkeit gegeben, den Preis von Einzelkomponenten durch Pakete bzw. Pauschalreisen zu verdecken. Die anderen Gründe für die Zusammenarbeit mit Intermediären – eine verbesserte Auslastungsoptimierung und eine schnellere Marktpenetration – haben in elektronischen Märkten mindestens genau so Bestand wie in konventionellen Märkten. Zusammenfassend lässt sich daher feststellen, dass der Einfluss von E-Commerce auf die firmenindividuellen Anreize für oder gegen die Zusammenarbeit mit Intermediären begrenzt ist, jedoch tendenziell eine Verschiebung zu Ungunsten von Intermediation eintritt.

4.3.3 Schlussfolgerungen und Beantwortung der Ob-Frage

Die vorangegangenen Ausführungen zeigen auf, dass aus Sicht der Leistungsträger beim Vertrieb über elektronische Märkte – neben dem teilweise reduzierten Effizienz- und Effektivitätsvorteil von Intermediären (siehe Abschnitt 4.3.1) – bedeutende firmenindividuelle bzw. betriebswirtschaftliche Gründe dafür sprechen, zumindest ergänzend einen Direktvertrieb aufzubauen. Durch die niedrigeren Markteintrittsbarrieren ist dies nun nicht mehr nur für größere Leistungsträger wie Fluglinien, sondern auch für kleinere und mittlere Leistungsträger machbar. Daher ist es nicht verwunderlich, dass praktisch sämtliche Fluglinien und die Mehrheit von Hotels mittlerweile einen Direktvertrieb über das Internet aufgebaut haben (vgl. u. a. Münster 2003b, S. 50ff.; Quandt/Krane 2003, S. 28; Vich-I-Martonell 2002, S. 95ff.). Viele Leistungsträger erhoffen sich auf Grund des Internets eine Vergrößerung ihrer Verhandlungsmacht gegenüber Intermediären wie Reiseveranstaltern (vgl. Vich-I-Martonell 2002, S. 96). Über die Leistungsträger hinaus versuchen auch Reiseveranstalter und GDS-Betreiber seit einigen Jahren zunehmend, Reisebüros zu umgehen und einen Direktvertrieb aufzubauen (vgl. u. a. Buhalis 2003, S. 254; Freyer 2001a, S. 521ff.; O'Connor, S. 97ff.; Hildebrandt 2003, S. 22). Durch E-Commerce induzierte "Disintermediationsversuche" sind also eindeutig zu verzeichnen, so dass sich die Anzahl der parallel existierenden Vertriebsstrukturen erhöht (vgl. O'Connor/Frew 2001, S. 347).

Bieten sämtliche Marktteilnehmer ihre Leistungen dem Endkunden auch direkt an, sind es vor allem der Kunde und die wohlfahrtsökonomische Effizienz und Effektivität, die über die Zukunft der Intermediationsstruktur entscheiden. Wie die Diskussion in Abschnitt 4.3.1 verdeutlicht, kann ein Großteil des traditionellen Mehrwerts durch Intermediation im

Ferientourismus auch in elektronischen Märkten gestiftet werden. Gleichzeitig schwächen sich die Effizienznachteile von Intermediation ab. Dies lässt den Schluss zu, dass Intermediation aus wohlfahrtsökonomischer Sicht auch in elektronischen Märkten grundsätzlich sinnvoll ist. Dies entspricht auch dem Ergebnis einer Expertenumfrage, in deren Rahmen die Mehrheit der befragten Fachleute nicht von einer weitgehenden Disintermediation ausging (vgl. Licata/Buhalis/Richer 2001, S. 148).

Allerdings schafft Intermediation nicht in allen Marktsegmenten gleichermaßen Mehrwert. Ein hoher Mehrwert ist auf Grund der hohen Marktfragmentierung und Qualitätsunsicherheit in der Regel bei Unterkünften (oder Produktbündeln inkl. Unterkunft) zu erwarten. Marktsegmente, in denen Intermediation dagegen einen relativ geringen Mehrwert stiftet, sind z. B. Buchungen von Einzelflugplätzen ohne Unterkunft (geringe Such- und Vergleichskosten auf Grund geringer Anzahl von Anbietern, kaum Hidden characteristics), Wiederholungsurlauber (geringe Suchkosten, kaum Qualitätsunsicherheit) und Hotelketten mit starker eigener Marke (geringe Qualitätsunsicherheit). In solchen Segmenten ist eine partielle Disintermediation im Sinne einer Verkleinerung des Marktanteils von Intermediation wahrscheinlich.

Obwohl grundsätzlich von einem weitgehenden Fortbestand von Intermediation ausgegangen werden kann, bedeutet dies natürlich nicht, dass sich die Struktur der Intermediation nicht ändert. So ist es angesichts der vielen Intermediäre gerade im Tourismus denkbar, dass einzelne Intermediäre verschwinden, andere jedoch bestehen bleiben. Es ist also die Frage zu stellen, welche der heutigen Intermediäre hinsichtlich ihres Mehrwerts am meisten durch E-Commerce betroffen sind (siehe dazu auch Abbildung 27 in Abschnitt 4.3.1):

- **Reisemittler**. Der traditionell durch Reisemittler gestiftete Mehrwert ist stark durch E-Commerce betroffen (siehe Abbildung 27). Zum einen schaffen traditionelle Reisemittler Mehrwert v. a. über das persönliche Beratungsgespräch, welches in elektronischen Märkten per Definition entfällt. Zum anderen sinken durch elektronische Märkte die Kosten für den Aufbau und den Betrieb von Vertriebsstrukturen, so dass in diesem Bereich die Bedeutung von Skaleneffekten abnimmt. Dies bedeutet, dass die Mindestbetriebsgröße für den Aufbau eigener Vertriebsstrukturen stark abnimmt und auch mittelgroße Leistungsträger oder andere touristische Intermediäre wie Reiseveranstalter und GDS-Betreiber auf die Zusammenarbeit mit Reisemittlern ohne signifikante Effizienzeinbußen verzichten können. Einige Quellen des Mehrwerts von Reisemittlern bleiben jedoch bestehen. Insbesondere ist dies hinsichtlich der

Glaubwürdigkeit durch Neutralität der Fall. Ob dieser Vorteil einen Fortbestand reiner Reisemittler neben Reiseveranstaltern und GDS-Betreibern rechtfertigt, ist allerdings fraglich, denn auch Reiseveranstalter sind in ihren Empfehlungen bereits relativ neutral, um ihre Reputation nicht zu gefährden.

- **GDS-Betreiber**. Obwohl GDS bereits elektronische Marktplätze darstellen und damit naturgemäß elektronische Transaktionen unterstützen, entfällt ein Teil ihres Mehrwerts. Durch die Entstehung des Internets können Leistungsträger auf eine bereits vorhandene technische Plattform zurückgreifen, um ihre eigenen Reservierungssysteme mit Reisemittlern bzw. Endkunden zu verbinden. Durch die Zusammenarbeit mit GDS-Betreibern lässt sich daher diesbezüglich kaum noch eine Effizienzsteigerung durch Skaleneffekte erzielen.[177] Allerdings können durch ein anbieterübergreifendes Reservierungssystem weiterhin Suchkosten reduziert werden (da diese auch in elektronischen Märkten nicht verschwinden) und Vorteile durch Standardisierung erzielt werden (da sich der Reisemittler bzw. Endkunde nicht in mehrere Abfragemethoden einarbeiten muss). Diese Gründe sprechen für einen Fortbestand zentraler Reservierungssysteme und Datenbanken, wie sie die GDS-Betreiber betreiben. Dies gilt auf Grund der hohen Fragmentierung insbesondere für den Markt für Unterkünfte, auf Grund der höheren Branchenkonzentration bei Reiseveranstaltern und Fluggesellschaften (siehe Abschnitt 4.2.1.3), weniger für Pauschalreisen und Flugeinzelplätze.
- **Reiseveranstalter und Zielgebietsagenturen**. Weniger betroffen als Reisemittler und GDS-Betreiber sind die beiden übrigen touristischen Intermediäre, Reiseveranstalter und Zielgebietsagenturen. Zwar sind auch Reiseveranstalter wie GDS-Betreiber von geringeren Suchkosten und der Entstehung des Internets als allgemein verfügbare technische Plattform betroffen, jedoch bleiben die vielen anderen Quellen des Mehrwerts weitgehend unberührt.[178] Dazu gehören die Reduktion von Suchkosten durch die Bündelung von Komponenten zu einer Pauschalreise, die Verhandlung reduzierter Preise durch Aggregation der Nachfrage oder die Reduktion von Hidden characteristics (vgl. Buhalis 2003, S. 255; Licata/Buhalis/Richer 2001, S. 148). Ebenso ist zu beachten, dass

[177] Dies wäre nur dann der Fall, falls Leistungsträger durch die Zusammenarbeit mit GDS-Betreibern auf eigene Reservierungssysteme verzichten könnten.

[178] Zudem sind die IuK-Systeme der Reiseveranstalter weniger betroffen als die der GDS-Betreiber, da viele kleine Leistungsträger wie Familienhotels auf Grund der Zusammenarbeit mit Reiseveranstaltern auf eigene Reservierungssysteme verzichten können.

sowohl Reiseveranstalter als auch Zielgebietsagenturen neben ihren Intermediationstätigkeiten auch Produktionstätigkeiten wahrnehmen, die nicht durch E-Commerce betroffen sind. So werden Kunden, die auf die Zusatzleistungen einer Pauschalreise wie etwa den Bustransfer im Zielgebiet, die rechtliche Absicherung, die Animation im Hotel oder die Reiseleitung in der Muttersprache Wert legen, auch in elektronischen Märkten auf Reiseveranstalter zurückgreifen. Die Leistungsträger selbst können diese Zusatzleistungen nur schwer effizient und quellmarktgerecht erbringen.

Aus den vorangegangenen Ausführungen kann geschlussfolgert werden, dass reine Reisemittler eindeutig am meisten durch E-Commerce bedroht werden. Sind Reiseveranstalter und/oder GDS vorhanden, ist aus Sicht der Kunden der Zusatznutzen von Online-Reisemittlern gering, so dass es zumindest für *reine* Reisemittler schwierig werden dürfte, eine ähnlich starke Rolle wie im konventionellen Markt zu spielen. Dies wird dadurch verstärkt, dass sowohl die anderen Intermediäre (GDS und Reiseveranstalter) als auch Leistungsträger einen betriebswirtschaftlichen Anreiz haben, den Direktvertrieb unter Umgehung von Reisemittlern auszubauen. In Marktsegmenten, in denen der Mehrwert durch Suchkostenreduktion begrenzt ist (etwa auf Grund einer geringen Anzahl von Anbietern), geraten zudem auch die GDS unter Druck.

4.4 Schritt 3: Prüfung der "Wie-Frage"

Gemäß der Analysemethodik wird zunächst untersucht, inwiefern Intermediationsaktivitäten in elektronischen Märkten anders ausgeführt werden können oder müssen als in konventionellen Märkten (Abschnitt 4.4.1). Anschließend erfolgt die Betrachtung einer möglichen Dis- und Reaggregation (Abschnitt 4.4.2), die Untersuchung einer möglichen Integration zwischen elektronischem und konventionellem Markt (Abschnitt 4.4.3) sowie abschließend die Ableitung von Schlussfolgerungen zwecks Beantwortung der Wie-Frage (Abschnitt 4.4.4).

4.4.1 Veränderung der Intermediationsaktivitäten

Viele der in der Analysemethodik aufgezeigten möglichen Veränderungen (siehe Abschnitt 3.4.4.1) treffen auf touristische Intermediäre zu.

Matching

Hinsichtlich des Matching sind drei maßgebliche Veränderungen zu verzeichnen: der Einsatz elektronischer Broschüren, die Entstehung elektronischer Marktplätze sowie Dynamic packaging:

- **Elektronische Broschüren**. Der Handel touristischer Produkte impliziert die Notwendigkeit, Produktinformationen elektronisch bereitzustellen. Im Falle des Reiseveranstalters kann dabei von "elektronischen Broschüren" gesprochen werden. Neben einer Kostenreduktion (vgl. Buhalis 2003, S. 252) ermöglichen diese auch neue Formen der Produktdarstellung (z. B. 360 Grad-Ansichten, vgl. z. B. www.sheraton.de) oder eine flexiblere Produktsuche anhand mehrerer Kriterien. Elektronische Broschüren können schneller an sich ändernde Marktbedingungen angepasst werden, sowohl hinsichtlich Produkt als auch Preis.
- **Elektronische Marktplätze**. Die Auflösung zeitlicher und örtlicher Restriktionen in elektronischen Märkten begünstigt die Entstehung elektronischer Marktplätze. Diese sind im Tourismus durch die GDS zwar bereits lange vor der Entstehung des Internets entstanden (vgl. Klein 2002, S. 220), das Internet hat elektronischen Marktplätzen jedoch weiteren Anschub verliehen. So entstanden in den letzten Jahren z. B. zahlreiche Hotelplattformen im Internet, wie z. B. der *Hotel Reservation Service* (vgl. www.hrs.de).[179] Dabei handelt es sich um elektronische Marktplätze, auf denen Bettenkapazitäten zu Echtzeitpreisen gehandelt werden. Wie bei den GDS haben jedoch nicht alle Hotelplattformen einen direkten Endkundenzugang aufgebaut, sondern nutzen dafür separate (Online-)Reisemittler.
- **Dynamic packaging**. Die erhöhte Interaktivität elektronischer Märkte ermöglicht die Einführung von Dynamic packaging, das touristische Pendant zu Mass customization (vgl. Marti 2002, S. 85ff.; Rogl 2004c, S. 46ff.). Dynamic packaging bezeichnet die kundenspezifische und in Echtzeit erfolgende Auswahl und Bündelung von Reisekomponenten zu einer Reise mit Gesamtpreis (vgl. Münck 2004, S. 42ff.; Rogl 2004c, S. 46). Wie bei elektronischen Marktplätzen wird die Vakanzprüfung erst durch eine spezifische Kundenanfrage angestoßen. Bei Dynamic packaging erfolgen zudem auch die Bündelung der Komponenten und die Berechnung des Gesamtpreises in Echtzeit – im Gegensatz zu vorgefertigten Pauschalreisen. Dynamic packaging weist gegenüber

---

179 Hotelplattformen, die v. a. Ferienhotels anbieten, sind z. B. www.worldres.com, www.medhotels.de, www.travco.de und www.tui-hotels.com (vgl. Hildebrandt 2004a, S. 22; Jegminat 2004b, S. 61; Rogl 2004c, S. 48).

klassischen Pauschalreisen eine höhere Produkt- und Preisflexibilität auf (vgl. Buhalis 2003, S. 251). Die meisten großen Online-Reisebüros wie *Travelocity* arbeiten an der Einführung von Dynamic packaging oder haben es kürzlich eingeführt (vgl. Hildebrandt 2003, S. 22; Lanz 2003a, S. 25; Rogl 2003b, S. 56; Rogl 2004b, S. 58; Rogl 2004c, S. 50). Als Marktführer wird *Expedia* angesehen (vgl. Rogl 2004c, S. 47). Auch GDS-Betreiber und Reiseveranstalter haben begonnen, Dynamic-packaging-Funktionalitäten in ihre Systeme zu integrieren (vgl. Jegminat 2003, S. 15; Rogl 2004c, S. 50; Rogl et al. 2005, S. 36ff.).

Inspektion/Klassifikation

Die höhere Konnektivität und Automatisierbarkeit elektronischer Märkte erleichtert die Einführung von Kundenbewertungssystemen (siehe Abschnitt 3.4.4.1). Dies ist auch im Tourismus der Fall (vgl. Marti 2002, S. 146). Es sind bereits einige Intermediäre entstanden, die Kundenbewertungen von Urlaubern über das Internet aufnehmen, aggregieren und potenziellen Kunden zur Verfügung stellen (vgl. z. B. www.tripadvisor.com; www.holidaycheck.de). Dabei darf jedoch nicht vergessen werden, dass auch traditionelle Reiseveranstalter wie die *TUI* bereits Kundenbewertungen in ihre Broschüren aufgenommen haben. Die Effektivität von Kundenbewertungen kann allerdings durch die gerade im Tourismus vorliegende hohe Subjektivität in der Qualitätsbeurteilung beeinträchtigt werden. Inspektion und Klassifikation sind im Tourismus auf Grund der Hidden characteristics, insbesondere bei Unterkünften, wichtige Aktivitäten.

Verhandlungsunterstützung und Ein-/Verkauf

Hinsichtlich Verhandlungsunterstützung sowie Ein- und Verkauf sind v. a. die Dynamisierung der Preissetzung und die Verwendung neuer Preisfindungsmechanismen wie Auktionen als Veränderungen zu nennen:

- **Dynamische/tagesaktuelle Preise**. Durch die sinkenden Preisänderungskosten in elektronischen Märkten und den Einsatz elektronischer Broschüren ergibt sich die Möglichkeit, Preise jederzeit an eventuelle Veränderungen in Nachfrage oder Angebot anzupassen und sich nicht durch gedruckte Preislisten lang oder mittelfristig festzulegen (vgl. Buhalis 2003, S. 252). Die meisten neuen Geschäftsmodelle wie elektronische Marktplätze oder Dynamic packaging basieren auf dynamischen Preisen. Dabei besteht nicht nur die Möglichkeit, dass der Intermediär die Preise anpasst, sondern auch dass dies der Leistungsträger selbst übernimmt. Auch klassische Reiseveranstalter, z. B. *Neckermann* und *Airtours*, haben bereits begonnen, die genauen Preise für einen Teil ihrer Produkte nicht in Preislisten aufzunehmen und nur auf Anfrage herauszugeben (vgl. Jüngert/Lanz 2003, S. 26ff.; Lindner/Köster-Hetzendorf 2003, S. 21f.; Münster 2003c, S. 15; Rogl 2003a, S. 22). Im Linienflugmarkt ist eine dynamische Preisgestaltung seit langem die Regel, unterstützt durch die GDS.

- **Auktionen**. Auch im Tourismus führt die Entstehung elektronischer Märkte zur Anwendung bisher nicht verwandter Preisfindungsmechanismen. So bietet z. B. *Priceline*, ein in den USA und Großbritannien tätiger Online-Reisemittler, reverse Auktionen an, bei denen der Kunde ein Preisangebot machen und die entsprechende Airline das Angebot dann annehmen oder ablehnen kann (vgl. www.priceline.com). Der Vorteil für die Fluglinie ist, dass der dabei ausgehandelte Preis für andere Marktteilnehmer nicht sichtbar ist. Insgesamt haben Auktionen jedoch bisher einen geringen Marktanteil erreicht und dürften auf Grund des langwierigen Kaufprozesses mit unsicherem Ausgang wohl auch in Zukunft eher eine Marktnische bedienen.

Informations- und Zahlungsabwicklung

Wie beim Matching erfolgt die Informationsabwicklung in elektronischen Märkten naturgemäß elektronisch. Bereits vor der Entstehung des Internets erfolgte die Übermittlung der relevanten Daten über den Kunden und die Buchung an den Anbieter oftmals bereits elektronisch, entweder über die IuK-Systeme des Veranstalters oder ein GDS. Im Gegensatz zu früher kann nun jedoch auch die Aushändigung der relevanten Informationen an den Endkunden zunehmend elektronisch erfolgen, indem keine Papiertickets oder -vouchers mehr verschickt oder ausgehändigt, sondern "elektronische Tickets" ausgestellt bzw. nur noch Reservierungsbestätigungen mit Buchungscode übermittelt werden. Auch gegenüber kleineren Anbietern, z. B. kleinen Hotels oder Pensionen, schreitet die Automatisierung auf Grund des Internets fort.

4.4.2 Dis- und Reaggregation von Aktivitäten

Auf Grund der hohen Anzahl hintereinander geschalteter Intermediäre ist im Tourismus besonders die Frage nach einer (Re-)Aggregation von Aktivitäten bzw. Intermediären relevant. Durch die Diskussion des Mehrwerts der jeweiligen touristischen Intermediäre (siehe Abschnitt 4.3.1) wurde bereits deutlich, dass eine strikte Separation zwischen

Reisebüro einerseits und GDS-Betreiber bzw. Reiseveranstalter andererseits – wie sie im konventionellen Markt vorliegt – im elektronischen Markt nicht mehr notwendig und weniger sinnvoll erscheint. Zum einen besteht aus Anbietersicht keine Notwendigkeit mehr, "in die Fläche" zu gehen und physische Ladengeschäfte aufzubauen. Die diesbezüglichen Skaleneffekte, welche im konventionellen Markt veranstalterübergreifend agierende Reisebüros sinnvoll machten, sind in elektronischen Märkten deutlich geringer. Größere Anbieter wie Reiseveranstalter oder Fluglinien können daher die Aktivitäten eines Online-Reisebüros ohne größere Effizienzeinbußen selbst übernehmen. Zum anderen entfällt in elektronischen Märkten per Definition das persönliche Verkaufsgespräch und damit die wichtigste Basis des Mehrwerts aus Kundensicht. Auch die bisher vom Reiseexpedienten vorgenommene Eingabe der Buchungsdaten muss der Kunde in elektronischen Märkten selbst übernehmen, sowohl bei einer Buchung über einen Online-Reisemittler als auch über einen Online-Reiseveranstalter. Die Reduktion der Suchkosten wiederum entsteht in erster Linie durch die Existenz von anbieterübergreifenden Reservierungssystemen wie die GDS und weniger durch die Beratungsleistung des traditionellen Reisemittlers. Insgesamt sprechen also sowohl aus Anbieter- als auch aus Kundensicht bedeutende Argumente für ein zunehmendes Zusammenwachsen von Reisemittler und Reiseveranstalter bzw. GDS-Betreiber.

In der Praxis ist die beschriebene Entwicklung bereits zu beobachten. Die Aktivitäten von GDS-Betreibern und Reisemittlern werden im elektronischen Markt zunehmend aus einer Hand erbracht. Zum einen sind die meisten großen Online-Reisebüros mittlerweile Teil eines Reisekonzerns, zu dem auch ein GDS gehört. Z. B. wurde das Online-Reisebüro *Opodo* vom GDS-Betreiber *Amadeus* akquiriert, *Ebookers* von *Cendant* (zu dem auch das GDS *Galileo* gehört) und *Travelocity* gehört zu *Sabre* (vgl. Jegminat 2003, S. 15; Rogl 2004a, S. 35; Rogl/Graue/Jegminat 2004, S. 39). Zum anderen verknüpfen neue Geschäftsmodelle wie Internet-Marktplätze von vornherein die Aktivitäten traditioneller Reisemittler und GDS-Betreiber. Denn wie ein GDS stellen sie einen zentralen Ort im Sinne eines Marktplatzes dar, vermitteln die Produkte jedoch ohne weiteren Reisemittler direkt an den Endkunden. Weiterhin haben fast alle Reiseveranstalter einen Direktvertrieb über das Internet aufgebaut (vgl. Hildebrandt 2003, S. 22) und übernehmen damit die Reisemittlungsfunktion. Umgekehrt haben viele Online-Reisemittler damit begonnen, ihre eigenen Reisepakete zu schnüren, meist im Rahmen der Einführung von Dynamic packaging, und wandeln sich damit zum Reiseveranstalter (siehe Abschnitt 4.4.1). Das Zusammenwachsen von Reisemittler und

Reiseveranstalter wird also auch durch die Entstehung neuer Geschäftsmodelle wie Dynamic packaging getrieben.

Trotz einer zunehmenden Auflösung der Grenzen zwischen den touristischen Intermediären ist keineswegs davon auszugehen, dass im elektronischen Markt keine auf die Reisemittlung fokussierten Intermediäre mehr bestehen werden. Denn während bei den traditionell von Reiseveranstaltern und GDS-Betreibern wahrgenommenen Aktivitäten auch in elektronischen Märkten signifikante Skaleneffekte bestehen (z. B. beim Aufbau einer Veranstaltermarke oder dem Betrieb von Reservierungssystemen), sind die Skaleneffekte und Markteintrittsbarrieren beim Aufbau von Internetseiten für die reine Reisemittlung eher gering. So ist die Vielzahl der entstandenen Internetseiten zu erklären, auf denen Reisen gebucht werden können – von auf Reisen spezialisierten Internetauftritten bis hin zu allgemeinen Portalen, auf denen u. a. Ferienreisen gebucht werden können. Gleichzeitig ist es informationstechnisch eine Leichtigkeit, über diese Seiten auf vorhandene Reservierungssysteme zuzugreifen, ohne dass der Kunde ummittelbar bemerkt, welcher Anbieter sich dahinter verbirgt. Z. B. arbeiten Unternehmen wie *hotels.com* oder *Expedia* mit tausenden so genannter "affiliated websites" zusammen – Internetseiten, welche die unter *hotels.com* oder *Expedia* verfügbaren Produkte verkaufen, dafür eine Kommission beziehen und somit als reine Reisemittler agieren (vgl. www.expedia.de/daily/promo/partnerprogramm; www.ian.com/ian/signup/faq.jsp). Für allgemeine, nicht nur auf Tourismus fokussierte Internetportale kann die Vermittlung von Reisen ein profitables Zusatzgeschäft sein, denn die Zusatzkosten für den Betrieb und die Vermarktung der Internetseite sind dann eher gering. Da die Ressource "Aufmerksamkeit" seitens der Nachfrager begrenzt ist (vgl. Zerdick/Picot/Schrape 2001, S. 36ff.), ist es jedoch wahrscheinlich, dass ein Großteil des Marktes durch wenige große und tourismusspezifische Internetseiten bedient wird. Ein Indikator dafür ist die in den letzten Jahren stark angestiegene Branchenkonzentration in den USA (vgl. Holzapfel 2004, S. 47).

4.4.3 Integration von konventionellem und elektronischem Markt

Hinsichtlich einiger Intermediationsaktivitäten treten signifikante Skaleneffekte auf, die bei einer gleichzeitigen Penetration des konventionellen und elektronischen Marktes auf Grund des dann höheren Transaktionsvolumens zu Effizienzvorteilen führen. Dazu gehören sämtliche anbieterseitigen Aktivitäten (Einkauf, anbieterseitige Buchungs- und Zahlungsabwicklung etc.), die Bündelung von Einzelkomponenten zu Pauschalreisen, der Aufbau und Betrieb von Reservierungs- und Kapazitätsmanagementsystemen sowie der

Aufbau und die Pflege einer Marke. Ebenso ist denkbar, für telefonische Kundenanfragen von Internetbesuchern auch die Mitarbeiter des stationären Vertriebs zu nutzen (vgl. Krane 2004, S. 24). Zudem ist auch eine kundenseitig sichtbare Verknüpfung von Online- und Offline-Kanälen denkbar, z. B. indem einem Kunden, der im Internet gebucht hat, die Möglichkeit eröffnet wird, auch im traditionellen Reisebüro umzubuchen. Zudem dürften Kunden vom einem Intermediär erwarten, dass er auf beiden Kanälen das gleiche Angebot zur Verfügung stellt (vgl. Schmidt/Schögel/Tomczak 2003, S. 36f.).

Es sprechen jedoch auch einige Argumente gegen eine Integration von konventionellem und elektronischem Markt. Zum einen sind einige Geschäftsmodelle in elektronischen Märkten wesentlich leichter abzubilden als in konventionellen Märkten (z. B. Dynamic packaging, siehe auch Abschnitt 4.4.1), so dass eine gleichzeitige Penetration des konventionellen Marktes erschwert wird. Zum anderen kann es durch unterschiedliche Preise zu Kanalkonflikten und somit zu einem höheren Abstimmungsaufwand kommen (vgl. Schmidt/Schögel/Tomczak 2003, S. 36).

Insgesamt erscheinen die Vorteile einer Integration größer als die Nachteile, so dass eine Integration zu erwarten ist. Auch hier ist jedoch wieder zu erwarten, dass sich dies nicht verallgemeinern lässt und sich auch reine Online- und reine Offline-Intermediäre etablieren werden bzw. bestehen bleiben. Denn der elektronische Markt für Ferienreisen ist groß genug für spezialisierte Online-Intermediäre (siehe Abschnitt 4.2.1.2) Gleichzeitig dürfte es einige Produkte geben, bei denen die Kunden keine Möglichkeit der Internetbuchung einfordern. Dazu zählen z. B. sehr komplexe Produkte, bei denen die Hilfe eines Expedienten quasi unerlässlich ist, sowie sehr teure und exklusive Produkte wie Kreuzfahrtreisen.

4.4.4 Ausdifferenzierung von Intermediation und Beantwortung der Wie-Frage

Die Erkenntnisse der vorangegangenen Abschnitte lassen sich wie folgt zusammenfassen:

- Zahlreiche Intermediationsaktivitäten können in elektronischen Märkten anders ausgeführt werden. Vor allem können die spezifischen Eigenschaften elektronischer Märkte genutzt werden, um Intermediationsaktivitäten bezüglich Preis und Produkt wesentlich dynamischer und flexibler als in konventionellen Märkten auszuführen (z. B. durch Dynamic packaging). Ebenso besteht die Möglichkeit, bestimmte in konventionellen Märkten typischerweise durch den Intermediär ausgeführte Funktionen an die Leistungsträger auszulagern, z. B. die Preissetzung.

- Die Grenzen zwischen Reiseveranstaltern, Marktplatzbetreibern wie den GDS sowie Reisemittlern lösen sich in elektronischen Märkten zunehmend auf. Reiseveranstalter und GDS-Betreiber übernehmen die Reisemittlung zunehmend selbst und gleichzeitig wandeln sich einige Reisemittler zum Reiseveranstalter. Es wird allerdings weiterhin fokussierte Intermediäre geben, v. a. reine Reisemittler.
- Auf Grund signifikanter Skaleneffekte und der Erwartung der Kunden, dass Buchungen auch im Internet möglich sind, werden viele Intermediäre sowohl auf konventionellen als auch auf elektronischen Märkten operieren. Es wird jedoch auch weiterhin reine Offline- und Online-Spieler geben.

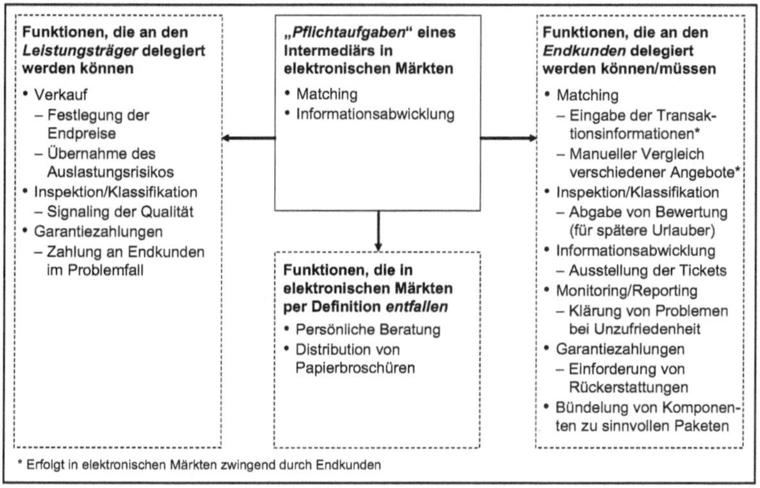

Abbildung 29: Möglicher Leistungsumfang touristischer Intermediäre in elektronischen Märkten

(Quelle: Eigene Darstellung)

Die Ausführungen zeigen auf, dass es zu einer zunehmenden Ausdifferenzierung von Intermediationsstrukturen kommen wird. Die in elektronischen Märkten agierenden Intermediäre werden sich hinsichtlich ihres Geschäftsmodells stark unterscheiden. Klassifizieren lassen sich die Geschäftsmodelle z. B. hinsichtlich der beiden folgenden Dimensionen:

1. **Grad der Produkt- und Preisdynamik:** von saisonal erstellten Onlinebroschüren mit festgelegten Preisen bis zu elektronischen Marktplätzen mit tagesaktuellen Preisen und sich stetig wandelndem Angebotsportfolio

2. **Umfang der Intermediationsaktivitäten**: von einer "dünnen" Plattform, die lediglich das Matching unterstützt, bis zu "Full-service-Reiseveranstaltern", die als Market-Maker agieren und Zusatzleistungen wie das Bündeln, das Ausstellen der Tickets ("Ticketing"), die Inspektion und Klassifizierung sowie Kundenservice im Problemfall anbieten.

Natürlich existieren bei beiden Dimensionen zahlreiche Zwischenlösungen. Hinsichtlich des Umfangs der abgebildeten Intermediationsaktivitäten verdeutlicht dies Abbildung 29. Zu den "Pflichtaufgaben" eines touristischen Intermediärs gehören das Matching und die Informationsabwicklung. Alle übrigen Intermediationsaktivitäten sind optional und können entweder durch den Intermediär ausgeführt werden oder an den Endkunden bzw. Leistungsträger "delegiert" werden. Einige Aktivitäten wie z. B. die Eingabe der Transaktionsdetails (gewünschter Abreisetag etc.) *müssen* an den Endkunden delegiert werden. Ebenso ist in Abbildung 29 dargestellt, dass einige typischerweise von touristischen Intermediären, in diesem Fall Reisemittlern, ausgeführten Intermediationsaktivitäten in elektronischen Märkten per Definition entfallen. Je nachdem, wie viele und welche Aktivitäten ein Intermediär übernimmt, handelt es sich um einen Match-Maker oder Market-Maker bzw. um einen Reisemittler oder einen Reiseveranstalter.

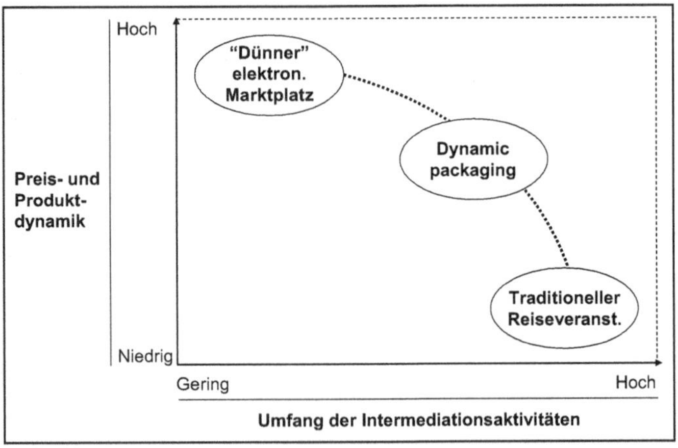

Abbildung 30: Typologisierung touristischer Intermediationsstrukturen

(Quelle: Eigene Darstellung)

Entlang der beiden Dimensionen "Produkt- und Preisdynamik" sowie "Leistungsumfang" lassen sich die verschiedenen entstandenen Intermediationsstrukturen bzw. Geschäftsmodelle typologisieren und in einer Matrix positionieren (siehe Abbildung 30). Auf Grund eines Zielkonflikts zwischen Dynamik/Flexibilität einerseits und Leistungsumfang andererseits kann jedoch nicht jedes Feld in der Matrix besetzt werden. Ein Zielkonflikt ergibt sich z. B. daraus, dass

- bei einer Bündelung von Komponenten zu einer Gesamtreise der Intermediär für die Qualität des vermittelten Produkts und die Richtigkeit der Informationen haftet (er ist durch die Bündelung ein Reiseveranstalter und kein Reisemittler mehr) und er deshalb Produkte prüfen und selektieren muss,
- durch die Erstellung umfangreicher Broschüren und Produktbeschreibungen und die Integration von Einzelkomponenten in Pakete erhöhte "Produktänderungskosten" entstehen, und
- ein Market-Maker, der das Pricing selbst übernimmt, kaum die gleiche Preisdynamik abbilden kann und möchte wie ein Marktplatz, bei dem die Leistungsträger die Preise selbst in Abhängigkeit von Angebot und Nachfrage ändern.

Eine der beiden möglichen Extremvarianten stellt ein "dünner" elektronischer Marktplatz für Einzelkomponenten dar, der außer Matching und Informationsabwicklung keine weiteren Aufgaben übernimmt und die (dynamische) Preissetzung vollständig den Leistungsträgern überlässt. Die andere Extremvariante ist ein "Full-service-Reiseveranstalter", der auf Grund seines großen Leistungsumfangs insbesondere hinsichtlich seiner Produktflexibilität eingeschränkt ist. Als Mischform ist exemplarisch Dynamic packaging dargestellt, es sind jedoch weitere möglich.

Wegen der Heterogenität der Marktsegmente (Produkte und Kunden) ist zu erwarten, dass sich wie bereits im konventionellen Markt verschiedene Intermediationsstrukturen bzw. Geschäftsmodelle herausbilden und parallel existieren (vgl. Buhalis 2003, S. 271; Schmidt/Schögel/Tomczak 2003, S. 41). Auf Grund der durch E-Commerce zusätzlich möglich gewordenen Formen der Intermediation entsteht in elektronischen Märkten eine noch stärkere Ausdifferenzierung. Je nach Präferenz der Kunden und Eignung der Produkte ist eine andere Intermediationsstruktur am sinnvollsten, da sie am meisten Mehrwert stiftet (siehe für Beispiele Abschnitt 4.3.3).

4.5 Schritt 4: Prüfung der "Wer-Frage"

Nachdem im vorangegangenen Abschnitt die "Wie-Frage" geklärt wurde, stellt sich nun die Frage, welcher Marktteilnehmer die besten Erfolgsaussichten hat, die Position des Intermediärs im elektronischen Markt zu besetzen. Damit wird nachfolgend eine rein betriebswirtschaftliche Betrachtungsweise eingenommen. Gemäß der entwickelten Analysemethodik erfolgt zunächst die Gegenüberstellung von Wettbewerbsvorteilen der verschiedenen Marktteilnehmer (Abschnitt 4.5.1). Anschließend werden die Veränderungsanreize für die relevanten Spielertypen untersucht und ein Fazit gezogen (Abschnitt 4.5.2). Dabei wird auf Typen von Marktteilnehmern eingegangen, nicht auf konkrete Marktteilnehmer.

4.5.1 Wettbewerbsvorteile von etablierten vs. neuen Marktteilnehmern

Marktteilnehmer lassen sich grundsätzlich einteilen in (1) bereits in konventionellen Märkten etablierte Intermediäre und (2) "neue" bzw. "branchenfremde" Marktteilnehmer (siehe Abschnitt 3.4.5). Im Tourismus wird die Komplexität dadurch erhöht, dass es mit Reiseveranstaltern, GDS-Betreibern und Reisemittlern mehrere etablierte Intermediäre gibt. Zudem kann die Abgrenzung zwischen etablierten und neuen Spielern schwierig sein. Z. B. besteht auch für touristische Leistungsträger wie Fluglinien und Hotelketten die Möglichkeit, in die Branche der Intermediäre einzutreten – diese sind dann zwar neu als Intermediär, aber keineswegs branchenfremd. Relevante branchenfremde Marktteilnehmer existieren natürlich auch, z. B. Internet Service Provider (ISP) oder bereits existierende, aber nicht touristische Internetportale. Da die verschiedenen Marktteilnehmer jeweils spezifische Ausgangspositionen und Wettbewerbsvorteile besitzen, wird nachfolgend auf die grobe Unterteilung zwischen etabliert und branchenfremd verzichtet, sondern detailliert auf die erwähnten fünf Spielertypen eingegangen: (1) traditionelle Reiseveranstalter, (2) GDS-Betreiber, (3) traditionelle Reisebüros, (4) touristische Leistungsträger und (5) branchenfremde Online-Portale/ISPs.

Eine Gegenüberstellung der jeweiligen Wettbewerbsvorteile liefert Abbildung 31. Darin wird deutlich, dass Reiseveranstalter und GDS-Betreiber die größten Wettbewerbsvorteile besitzen. Beide Marktteilnehmer können signifikante Kostenvorteile durch Synergien mit dem bestehenden Geschäft erreichen. Vor allem Reiseveranstalter besitzen zudem bereits eine Vielzahl der notwendigen Fähigkeiten und Ressourcen. GDS-Betreiber können auf ihre langjährige Erfahrung im Betrieb touristischer IT-Systeme zurückgreifen. Im Vergleich weisen Zielgebietsagenturen und traditionelle Reisemittler eine ungünstigere Ausgangsposition auf. Zielgebietsagenturen können lediglich auf langjährige Beziehungen zu Leistungsträgern im Zielgebiet zurückgreifen, müssten jedoch IT-Kompetenz, Absatzmarktkenntnisse und Reputation aufbauen. Traditionelle Reisebüros haben ebenfalls nur einen Trumpf, und zwar die direkten Kundenbeziehungen auf persönlicher Ebene. Dadurch ergibt sich für sie die Möglichkeit, Online- und Offline-Vertriebskanal zu verknüpfen, um den Kundennutzen zu steigern. Wie in Abschnitt 4.4.3 erläutert, ist der dadurch entstehende Mehrwert jedoch eher begrenzt. Zudem mangelt es den Reisebüros an IT-Kompetenzen und einer bekannten Marke, die wie bei den Veranstaltern für eine gewisse Produktqualität steht. Die wichtigste heutige Stärke des Reisebüros – Beratungskompetenz – spielt im elektronischen Markt keine große Rolle.

Art des Wettbewerbsvorteils	Traditionelle/etablierte touristische Intermediäre			Neu als touristischer Intermediär	
	Traditioneller Reiseveranstalter	**GDS-Betreiber**	**Traditionelles Reisebüro**	**Touristische Leistungsträger**	**Branchenfremde ISPs/Portale**
Effizienz: Kostenvorsprung durch Synergien mit bisherigem Geschäft	Synergieeffekte in • Betrieb von IT-Systemen • Verhandlung/ Einkauf • Inspektion/ Klassifizierung • Erstellung von Produktbündeln	Synergieeffekte in • Betrieb von IT-Systemen • Aufbau/Betrieb technischer Anbindung zu IT-Systemen der Leistungsträger	• -	• -	• Synergieeffekte mit Betrieb und Wartung der bestehenden Internetpräsenz
Effektivität: Fähigkeiten, Ressourcen oder Kompetenzen	• Erfahrung mit Aufbau/Betrieb touristischer IT-Systeme • Marke/Reputation aufgebaut • Kenntnis d. Kundenpräferenzen • Geschäftsbeziehungen zu Leistungsträgern	• Erfahrung mit Aufbau/Betrieb touristischer IT-Systeme • Technische Anbindung mit großen Leistungsträgern vorhanden	• Kenntnis der Kundenpräferenzen • Persönliche Kundenbeziehungen vorhanden • Integration der Vertriebskanäle möglich	• Privilegierter Zugang zu eigenen Kapazitäten (Flug/Unterkunft) • Ggf. bereits bekannte Marke und Internetseite	• Hohe allgemeine IT-Kompetenz • Bekannte nicht touristische Marke/URL (bereits aufgebauter Kundenstamm)

Abbildung 31: Wettbewerbsvorteile relevanter Marktteilnehmer

(Quelle: Eigene Darstellung)

Touristischen Leistungsträgern wie Fluglinien fehlt es ebenfalls an wichtigen Fähigkeiten und Ressourcen, um sich ohne weiteres als Intermediär zu etablieren. Sie können zwar ihre Bekanntheit einsetzen und ihre eigenen Kapazitäten bevorzugt über ihren "eigenen" Intermediär vertreiben, einem einzelnen Leistungsträger fehlt jedoch die erforderliche Breite des Produktportfolios, um als Intermediär über ein Nischendasein hinauszukommen. Vielversprechender sind daher Zusammenschlüsse oder Joint Ventures mehrerer Leistungsträger – wie z. B. der durch Linienfluggesellschaften gegründete Internetreisemittler *Opodo*. Fluggesellschaften können dabei auf ihre IT-Kompetenzen bezüglich Computerreservierungssysteme zurückgreifen. Ein solcher Zusammenschluss ist im Feriensegment auf Grund der vertikalen Integration von Charterfluglinien mit Reiseveranstaltern und Reisemittlern sowie der starken Fragmentierung der Hotelbranche allerdings deutlich unwahrscheinlicher. Damit sich ein von Linienfluggesellschaften gegründeter Reisemittler wie *Opodo* erfolgreich im Ferienreisemarkt behauptet und dabei ggf. Veranstalterfunktionen übernimmt, muss dieser erst Beziehungen zu den entsprechenden Leistungsträgern wie Charterfluglinien und Hotels aufbauen. Gelingt dies, kann er sich von einem anfänglich auf die Vermittlung von Linienflügen fokussierten Intermediär zu einem Vollsortimenter mit eigenen Veranstalterprodukten, etwa durch Dynamic packaging, entwickeln. *Opodo* ist diesen Weg gegangen (vgl. www.opodo.de).

Branchenfremde Marktteilnehmer wie ISPs oder nicht touristische Internetportale können auf ihre allgemeine IT-Kompetenz und vor allem auf eine ggf. bekannte URL oder auch eine Marke zurückgreifen. Darüber hinaus haben sie eher eine "Internet-Kultur" als etablierte Marktteilnehmer (vgl. Holzapfel 2004, S. 46). Dies ist keine schlechte Ausgangsposition, um als Internet-Reisemittler aufzutreten und über die bereits bestehende Internetpräsenz "Cross-selling" zu betreiben, also über den bestehenden, nicht tourismusbezogenen Kundenkontakt nun auch Ferienreisen zu verkaufen. Um auch als Reiseveranstalter oder als elektronischer Marktplatz mit direkter Anbindung zum Leistungsträger zu agieren, müssen jedoch erst einige weitere erfolgskritische Kompetenzen aufgebaut werden. Dazu zählen neben allgemeinem Know-how über die Branche auch Geschäftsbeziehungen zu Leistungsträgern und Kenntnisse der Kundenpräferenzen. Natürlich kann ein branchenfremder Marktteilnehmer über die reine Reisemittlung in die Tourismusindustrie eintreten, um die Aktivitäten anschließend Richtung Reiseveranstaltung auszubauen. Dieser Schritt erfordert allerdings Zeit und signifikante Investitionen, die mit erheblichen Marktaustrittskosten verbunden sind.

Wie an den Ausführungen bereits zu erkennen ist, hängen die Erfolgschancen der verschiedenen Marktteilnehmer natürlich auch vom angestrebten Geschäftsmodell als Intermediär ab. Ein Einstieg als reiner Reisemittler ist wesentlich einfacher verglichen mit Geschäftsmodellen, bei denen eine direkte Anbindung zum Leistungsträger erforderlich ist oder sogar Veranstalterfunktionen übernommen werden. Insbesondere für Letztere ist der traditionelle Reiseveranstalter in der besten Ausgangsposition, gefolgt von GDS-Betreibern.

4.5.2 Veränderungsanreize, First-mover-Vorteile und Beantwortung der Wer-Frage

Während im vorangegangenen Abschnitt die Frage der Erfolgsaussichten ("können") gestellt wurde, widmet sich dieser Abschnitt den Veränderungsanreizen der verschiedenen Marktteilnehmer ("wollen"), um daraus ein Fazit für die "Wer-Frage" abzuleiten. Mögliche

Gründe für etablierte Marktteilnehmer, keine Veränderung anzustreben, sind befürchtete negative Rückwirkungen auf das traditionelle Geschäft. Dies können Kannibalisierungseffekte sein, also rückläufige Umsätze im konventionellen Markt durch eine Verlagerung in den elektronischen Markt. Ebenso ist denkbar, dass sich durch elektronische Märkte die Wettbewerbsintensität und der Preisdruck erhöhen.

Negative Rückwirkungen auf das traditionelle Geschäft sind im Tourismus insbesondere für traditionelle Reisebüros relevant. Ein Großteil der Kosten eines Reisebüros ist mittel- oder langfristig fix, so dass sich ein Umsatzrückgang unmittelbar auf das Betriebsergebnis auswirkt. Hinzu kommt, dass die Reisemittler am stärksten von einer Disintermediation bedroht sind (siehe Abschnitt 4.3.3). Traditionelle Reisebüros haben daher einen Anreiz, eine Verlagerung in elektronische Märkte zu verhindern. Dies können sie nicht nur durch Passivität zu erreichen versuchen, sondern auch, indem sie andere Marktteilnehmer mit Ambitionen hinsichtlich elektronischer Aktivitäten bestrafen. Dies können sie auf Grund ihrer Möglichkeit der Beeinflussung der Kundenentscheidung v. a. gegenüber Reiseveranstaltern und Leistungsträgern mit relativ austauschbarem Produktangebot.

Differenzierter verhält es sich aus Sicht der Reiseveranstalter und GDS-Betreiber. Einerseits bietet das Internet als zusätzlicher Absatzkanal die Chance einer Umsatzsteigerung (bzw. Sicherung des Marktanteils). Andererseits besteht jedoch eine Kannibalisierungsgefahr auf Grund neuer Geschäftsmodelle, z. B. eine Verlagerung zu elektronischen Marktplätzen zu Lasten des klassischen Reiseveranstaltermodells oder der bestehenden GDS. So wie die Reisebüros ihre Marktmacht gegenüber Reiseveranstaltern missbrauchen können, können die Reiseveranstalter wiederum ihre Marktmacht gegenüber Leistungsträgern, insbesondere Hotels, ausnutzen und so andere Vertriebskanäle diskriminieren (vgl. Quandt/Krane 2003, S. 28).

Eindeutiger ist die Situation für touristische Leistungsträger, für die das Internet in erster Linie einen zusätzlichen Absatzkanal darstellt. Aus Sicht eines einzelnen Leistungsträgers macht es daher Sinn, auf den Vertrieb via elektronische Märkte zu setzen. Mittel- und langfristig ist allerdings zu beachten, dass sich eine daraus resultierende erhöhte Preistransparenz negativ auswirken kann, vor allem für Leistungsträger mit einer nicht wettbewerbsfähigen Kostensituation. Einzelne Leistungsträger dürften in der Regel jedoch ohnehin keine ausreichende Marktmacht haben, um die Entstehung elektronischer Märkte langfristig aufzuhalten, und haben daher eher einen Anreiz, die Chancen elektronischer Märkte aktiv zu nutzen.

Auf Grund der beschriebenen betriebswirtschaftlichen Risiken für das bestehende Geschäft etablierter Marktteilnehmer können branchenfremde Marktteilnehmer am entschlossensten in den elektronischen Markt eintreten. Es bestehen keine negativen Rückwirkungen auf das bestehende Geschäft, so dass die Komplexität reduziert wird und die Möglichkeit besteht, vollkommen frei zu agieren. Ebenso ist bei der Entwicklung von IT-Systemen keine Rücksicht auf bestehende, ggf. nicht zukunftsfähige Systeme zu nehmen.

Die beschriebenen Argumente werden durch die tatsächliche Entwicklung während der letzten Jahre bestätigt. In der Tat waren es zu Beginn in der Regel entweder branchenfremde Unternehmen (wie *Microsoft* mit der Gründung von *Expedia*) oder kleine touristische Marktteilnehmer (wie *HRS*, vgl. www.hrs.com), die als Intermediär in den elektronischen Markt eingetreten sind. Mittlerweile sind jedoch auch etablierte Marktteilnehmer äußerst aktiv. Zahlreiche Konzerne, die ein GDS besitzen, haben mittlerweile auch einen Online-Reisemittler aufgebaut oder akquiriert (siehe Abschnitt 4.4.2). Fluglinien, v. a. Low cost carrier und einige große Hotelketten, treten mittlerweile auch als Reisemittler auf, indem sie über ihren Internetauftritt komplementäre Produkte wie Mietwagen, Hotels oder Flüge vertreiben (vgl. z. B. http://www.starwoodhotels.com; http://www.hilton.com; http://www.ryanair.co.uk; http://www.germanwings.de).[180] Eher zögerlich haben sich bis vor kurzem die großen Reiseveranstalter und traditionellen Reisebüros gezeigt. Die großen deutschen Veranstalter wie *TUI* oder *Thomas Cook* haben zwar seit einigen Jahren einen Internetauftritt mit Buchungsmöglichkeit, stärken ihren Internetvertrieb mit entsprechenden Werbeaufwendungen jedoch erst seit kurzer Zeit. Die großen Reisemittlerketten und -kooperationen sind noch später in den Markt eingetreten und engagieren sich erst seit relativ kurzer Zeit im Internet (z. B. hat die Reisebürokette *Holiday Land* seit Ende 2003 einen eigenen Internetauftritt unter www.holidayland.de, vgl. Lanz 2003b, S. 25).

Die Frage, welcher der Marktteilnehmer die Rolle eines elektronischen Intermediärs langfristig am erfolgreichsten besetzen kann, kann zurzeit noch nicht eindeutig vorhergesagt werden. Die großen Reiseveranstalter waren auf Grund ihrer Fähigkeiten und Ressourcen ursprünglich in der besten Ausgangsposition (siehe Abschnitt 4.5.1). Auf Grund des relativ späten Markteintritts in elektronische Märkte haben andere Marktteilnehmer jedoch einen Vorsprung erlangt. Insbesondere bei Geschäftsmodellen wie elektronischen Marktplätzen, bei

---

180 Einige Leistungsträger haben auch bereits damit begonnen, eigene Pakete anzubieten, und treten damit als Veranstalter auf, z. B. die Hotelkette *Arabella Sheraton* (vgl. Münster 2003a, S. 54).

denen signifikante First-mover-Vorteile durch Netzeffekte bestehen, werden die Marktführer zumindest mittels organischen Wachstums schwer aufzuholen sein. Die hohen notwendigen Investitionen in Marke und IT-Systeme (vgl. Rogl/Graue/Jegminat 2004, S. 39) führen zudem zu signifikanten Skaleneffekten. Der Konzentrationsprozess bei touristischen Online-Portalen und -Reisemittlern (vgl. Holzapfel 2004, S. 46; Rogl 2004a, S. 35) bestätigt dies. Die Veranstalter können dafür jedoch ihre über Jahrzehnte hinweg aufgebaute Reputation bzw. Marke einsetzen.

4.6 Schritt 5: Ableitung strategischer Implikationen für etablierte touristische Reisekonzerne

Auf Basis der vorangegangenen Ausführungen hinsichtlich Ob-, Wie- und Wer-Frage lassen sich nun strategische Implikationen für die betroffenen Marktteilnehmer ableiten. Dabei wird an dieser Stelle der Fokus auf Schlussfolgerungen für etablierte, vertikal integrierte Tourismuskonzerne wie die *TUI* oder *Thomas Cook* gelegt.

Wie in Abschnitt 4.3 aufgezeigt wurde, stiftet Intermediation grundsätzlich auch in elektronischen Märkten einen wohlfahrtsökonomischen Mehrwert. Allerdings trifft dies nicht auf alle Marktsegmente zu – z. B. weniger für Wiederholungsurlauber oder Nachfrager von Einzelflugplätzen. Ein Großteil der Leistungsträger bietet seine Leistungen bereits direkt im Internet an, u. a. auch, um dadurch die Abhängigkeit von Intermediären zu reduzieren und Preisdifferenzierung betreiben zu können. Der "Direktbuchungsmarkt" ist dadurch deutlich liquider geworden. Bestehende touristische Intermediäre sind dadurch einem erhöhten Wettbewerbsdruck ausgesetzt und müssen ihren Mehrwert stärker beweisen – nur wenn der Kunden den Mehrwert von Intermediation erkennt und gewillt ist, für die entsprechenden Zusatzleistungen einen Aufpreis zu zahlen, wird er die Dienstleistung von Intermediären in Anspruch nehmen. Dadurch erhöht sich für touristische Intermediäre der Kostendruck. Bei vertikal integrierten Tourismuskonzernen muss dabei auf Grund der Entstehung von liquideren Märkten für Einzelkomponenten jede einzelne Wertschöpfungsstufe für sich wettbewerbsfähig sein. Denn die Möglichkeit, Ineffizienzen durch Bündelung verschiedener Teilleistungen – etwa im Rahmen einer Pauschalreise – zu verdecken, vermindern sich (vgl. Hildebrandt 2003, S. 23). Dies trifft v. a. auf diejenigen Segmente zu, bei denen die Buchung von Einzelkomponenten eine einfache und gute Alternative ist, also z. B. bei Städtereisen oder auch Badeurlauben an Orten mit Abdeckung durch Low cost carrier wie etwa Mallorca. Über die Notwendigkeit hinaus, den Mehrwert von Intermediation ständig unter Beweis zu stellen, müssen Intermediäre gegenüber den Endkunden ihren Mehrwert deutlicher kommunizieren (z. B. die Reisebetreuung vor Ort und die rechtliche Absicherung, die nur im Rahmen einer Pauschalreise vorhanden sind) (vgl. Quandt/Krane 2004, S. 18).

Auch aus den Erkenntnissen zur Wie-Frage (siehe Abschnitt 4.4) ergeben sich strategische Implikationen für Tourismuskonzerne. Auf Grund der Ausdifferenzierung von Intermediationsstrukturen wird die klassische Pauschalreise zu Gunsten anderer Intermediationsformen wie elektronischen Marktplätzen oder Dynamic packaging an Bedeutung verlieren. Um keine Marktanteile und Marktmacht gegenüber Leistungsträgern zu verlieren, müssen Tourismuskonzerne daher ein Portfolio von Intermediären als Komplement zur klassischen Pauschalreise aufbauen, so dass für jede Produktart und jeden Kundentyp ein geeignetes Leistungsangebot vorhanden ist. Der Aufbau einer Hotelplattform wie durch die *TUI* und *DER*, die Einführung von Buchungsmöglichkeiten à la Dynamic packaging durch *Thomas* Cook auf ihrer Internetseite und der Aufbau des virtuellen Veranstalters *Touropa* durch die *TUI* (unter dem Begriff "Mix & Travel") sind daher Schritte in die richtige Richtung (vgl. Hildebrandt 2004a, S. 22; Hildebrandt 2004b, S. 29; Rogl et al. 2005, S. 36ff.; www.tui-hotels.de; www.thomascook.de).

Auch für das bestehende Kerngeschäft touristischer Intermediäre – die klassische Pauschalreise – ergeben sich Konsequenzen. Die neuen, in elektronischen Märkten entstehenden Geschäftsmodelle zeichnen sich gegenüber der klassischen Pauschalreise durch eine höhere Flexibilität hinsichtlich Produkt und Preis aus (siehe Abschnitt 4.4.1). Die Pauschalreise muss sich zur Sicherung ihrer Wettbewerbsfähigkeit anpassen – nicht nur im elektronischen, sondern auch im konventionellen Markt. Der derzeitig langfristig und saisonal ausgerichtete Planungs- und Produktionsprozess der Reiseveranstalter wird der unsicheren Nachfrage im Tourismus (siehe Abschnitt 4.2.1.2) und den heutigen Möglichkeiten nicht mehr gerecht. Das Produktportfolio muss flexibilisiert und dynamisiert werden (flexiblere Kombination von Einzelkomponenten und untersaisonale Anpassung). Vor allem aber muss sichergestellt werden, dass die Produkte trotz eventueller kurzfristiger Änderungen in Angebot und Nachfrage zu jedem Zeitpunkt zu einem wettbewerbsfähigen Preis angeboten werden. Dies kann z. B. bedeuten, dass die Kataloge bzw. Preislisten, wie in Großbritannien bereits üblich, mehrmals pro Saison angepasst werden. Eine andere Möglichkeit besteht darin, sich nicht mehr im Voraus auf einen Katalogpreis festzulegen, sondern tagesaktuelle Preise zu bestimmen, die nur auf Anfrage per Telefon oder Internet verfügbar sind. Diesen Weg hat z. B. *Thomas Cook* mit der Einführung der "Preisknüller" eingeschlagen (vgl. Rogl

2003a, S. 22f.). Eine derartige Anpassung ist nicht unbedingt in allen Produktsegmenten notwendig. Z. B. können exklusive, nicht austauschbare Produkte wie z. B. *Robinson* Cluburlaube eher nach dem klassischen Modell vertrieben werden.

Für einen Tourismuskonzern mit einem Portfolio an verschiedenen Intermediationsstrukturen – von der klassischen Pauschalreise über Dynamic packaging bis hin zu elektronischen Marktplätzen – stellt sich die Frage, wie Synergien zwischen den verschiedenen Geschäftsmodellen ausgenutzt werden können und welche organisatorischen oder markenbezogenen Verknüpfungen dafür erforderlich sind. Die wesentlichen Wettbewerbsvorteile von Tourismuskonzernen gegenüber neuen Marktteilnehmern beruhen ja gerade auf Synergien mit dem bestehenden Geschäft (siehe Abschnitt 4.5.1). Für Tourismuskonzerne ergibt sich dabei allerdings ein Zielkonflikt. Einerseits werden eine möglichst große Unabhängigkeit der einzelnen Geschäftseinheiten und eine geringe Abstimmungskomplexität angestrebt. Andererseits sollten Synergien in Aktivitäten wie dem Einkauf, der Inspektion, der Informationsabwicklung oder dem Markenaufbau ausgenutzt und das Konzernergebnis in Bezug auf Kannibalisierungseffekte optimiert werden. Je nachdem welche Arten von Synergien ausgeschöpft werden sollen, sind entsprechende Verknüpfungen notwendig. Um Synergien bezüglich des Aufbaus von Reputation zu nutzen, müssen die Kommunikation gegenüber den Abnehmern und die Leistungsangebote aufeinander abgestimmt werden. Für die Erschließung von Synergien in Einkauf, Inspektion und der anbieterseitigen Informationsabwicklung müssen diese Aktivitäten verknüpft oder die entsprechenden Abteilungen zusammengelegt werden. Und für die Ausschöpfung von Synergien im Kapazitätsmanagement und der "Produktion" von Reisepaketen sollten dieselben Reservierungssysteme genutzt und die entsprechenden Aktivitäten organisatorisch integriert werden. Anbieter- und produktionsbezogene Synergien lassen sich trotz separater Kundenauftritte erschließen, indem die entsprechenden Aktivitäten integriert werden und von den absatzseitigen Aktivitäten entkoppelt werden. Dann werden die Produkte aus einem gemeinsamen "Pool", aber über verschiedene Intermediationsstrukturen und unterschiedlich "verpackt" vertrieben.

Die vorangegangenen Ausführungen zeigen auf, dass sich die Tourismuskonzerne stark wandeln müssen, um zukunftsfähig zu bleiben. Die wesentlichen strategischen Implikationen können anhand der vier "Marketing Ps" – Product(ion), Price, Placement und Promotion – zusammengefasst werden (siehe Abbildung 32). Trotz ihrer Wettbewerbsvorteile (siehe Abschnitt 4.5.1) müssen sich die etablierten Tourismuskonzerne auf dem Weg zum

"Tourismuskonzern der Zukunft" großen Herausforderungen stellen und Veränderungsbarrieren überwinden:

- **Konflikte mit Reisebüros**. Selbst gegenüber vertikal integrierten Reisekonzernen besitzen Reisebüros auf Grund ihrer Möglichkeit der Kundenbeeinflussung Marktmacht. Die traditionellen Reisebüros sind die Verlierer bei der Entstehung elektronischer Märkte und werden versuchen, entsprechende Aktivitäten zu behindern. Gegenüber reinen Onlinespielern wie *Expedia* haben traditionelle Reisebüros dagegen keine Marktmacht.
- **Interne Konflikte durch Kannibalisierungseffekte**. Durch die Förderung neuer Geschäftsmodelle ergeben sich Kannibalisierungseffekte zu Lasten der klassischen Pauschalreise. Auf Grund dessen bestehen interne Konflikte und die Gefahr, nicht entschlossen genug vorzugehen. Reine Online-Spieler können dagegen ohne derartige Zwänge agieren.
- **IT-Systeme**. Die bestehende IT-Landschaft der großen Tourismuskonzerne ist nicht für Geschäftsmodelle wie Dynamic packaging konzipiert worden. Die Anpassung der Systeme erfordert signifikante Investitionen und Zeit.

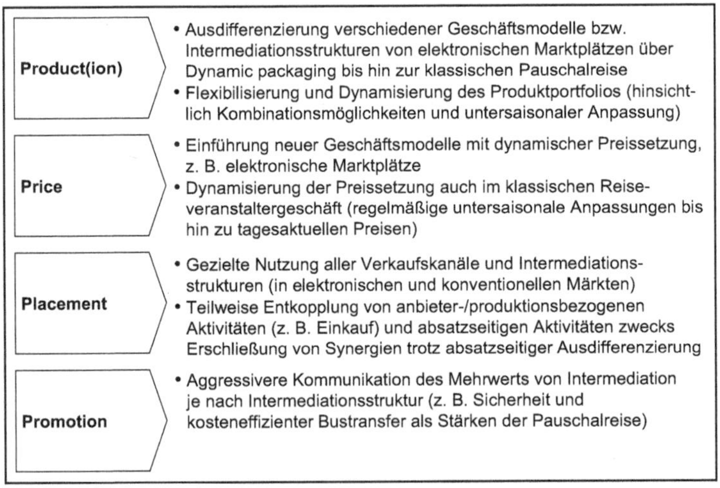

Abbildung 32: Überblick über strategische Implikationen für Tourismuskonzerne

(Quelle: Eigene Darstellung)

Während sich Marktteilnehmer wie *Expedia* oder *Hotel Reservation Service* bereits einen Vorsprung erarbeitet und im jeweiligen Segment als Marktführer etabliert haben, kämpfen die großen Tourismuskonzerne noch mit den beschriebenen Veränderungsbarrieren. Dabei ist es auf Grund von First-mover-Vorteilen ohnehin nicht mehr leicht, die neuen Spieler einzuholen. Tourismuskonzerne müssen daher nun entschlossen vorgehen, die Veränderungsbarrieren beseitigen und ihre Wettbewerbsvorteile effektiv einsetzen. Neben organischem Wachstum können auf Grund des aufzuholenden Wettbewerbsvorsprungs auch Akquisitionen eine sinnvolle Option sein.

5 Zusammenfassung und kritische Würdigung

Betrachtungsgegenstand dieser Dissertation sind die Auswirkungen von E-Commerce auf Intermediation. Ausgehend von der Erkenntnis, dass diese von den jeweiligen Rahmenbedingungen der betrachteten Industrie abhängen, wurden für diese Arbeit zwei Ziele definiert (siehe Abschnitt 3.1):

1. Die Entwicklung einer Analysemethodik zur Ableitung des Einflusses von E-Commerce auf die Struktur der Intermediation
2. Die Prüfung der Anwendbarkeit der Analysemethodik am Beispiel des Ferientourismus

Hinsichtlich des Einflusses von E-Commerce auf die Struktur der Intermediation können dabei drei Kernfragen unterschieden werden (siehe Abschnitt 2.4.5):

- **"Ob-Frage"**: Wird es im elektronischen Markt Intermediation geben?
- **"Wie-Frage"**: Wie wird Intermediation in elektronischen Märkten aussehen?
- **"Wer-Frage"**: Welcher Marktteilnehmer hat die besten Erfolgsaussichten?

Die entwickelte *Analysemethodik* (Ziel 1) stellt eine Vorgehensweise im Sinne eines Leitfadens dar und orientiert sich an diesen drei Fragen (siehe Abschnitt 3.4). Vor der Beantwortung dieser Fragen sieht die Analysemethodik eine Ist-Analyse vor, in der die derzeitigen Industrie- und Intermediationsstrukturen untersucht werden. Diese Ist-Analyse ist notwendig, da die Art des Einflusses von E-Commerce auf die Industriestruktur letztlich v. a. von den Rahmenbedingungen in einer Industrie abhängt. Auf Basis der Beantwortung der drei obigen Fragen können strategische Implikationen für die involvierten Marktteilnehmer abgeleitet werden. Insgesamt sieht die Analysemethodik daher fünf Schritte vor:

1. **Ist-Analyse**: Analyse von Industriestruktur und Intermediation
2. **Ob-Frage**: Analyse des Einflusses von E-Commerce auf den Mehrwert von Intermediation
3. **Wie-Frage**: Analyse des Einflusses von E-Commerce auf mögliche Formen von Intermediation
4. **Wer-Frage**: Analyse der Wettbewerbspositionen der jeweiligen Marktteilnehmer
5. **Strategische Implikationen**: Ableitung von Fazit und strategischen Implikationen

Innerhalb dieser fünf Schritte wurden Teilfragen identifiziert, die bei der Analyse einer konkreten Industrie zu beantworten sind (siehe Abschnitt 3.4). Anhand der Analysemethodik lassen sich zwar bereits ohne die Betrachtung einer bestimmten Industrie einige mögliche Auswirkungen von E-Commerce auf Intermediation ableiten (siehe dazu ebenfalls Abschnitt 3.4), fundierte Aussagen können jedoch nur unter Berücksichtigung der vorhandenen Industriespezifika getroffen werden. Z. B. hängt von den Produktcharakteristika ab, inwiefern durch E-Commerce wirklich Such- und Informationskosten sinken.

Da die Analysemethodik eine systematische Vorgehensweise darstellt und die Teilschritte detailliert beschrieben sind, minimiert sie die Gefahr, den Einfluss von E-Commerce zu überschätzen – wie es in der Vergangenheit oftmals der Fall war (vgl. Porter 2001, S. 63). Eine systematische und strukturierte Vorgehensweise wird v. a. dadurch erreicht, dass als theoretische Grundlage konsequent auf das in dieser Arbeit entwickelte *Referenzmodell* zurückgegriffen wird, insbesondere für die Beantwortung der Ob- und der Wie-Frage. Das entwickelte Referenzmodell besteht aus zwei Teilen:

- **Teil 1 des Referenzmodells** (siehe Abschnitt 3.2): Der erste Teil des Referenzmodells befasst sich mit den Aktivitäten von Intermediären und strukturiert diese – ausgehend von der Definition eines Intermediärs als "Transaktionsunterstützer" – entlang der vier Markttransaktionsphasen sowie der drei Aktionsebenen (informationell, finanziell-rechtlich und physisch). Alle Intermediationsaktivitäten können einem der Felder der durch die zwei Dimensionen entstehenden Matrix zugeordnet werden.
- **Teil 2 des Referenzmodells** (siehe Abschnitt 3.3): Der zweite Teil beschreibt die Gründe für die Existenz von Intermediären und nimmt dabei sowohl eine (1) wohlfahrtsökonomische als auch eine (2) betriebswirtschaftliche bzw. firmenindividuelle Betrachtungsweise ein. Hinsichtlich des wohlfahrtsökonomischen Mehrwerts werden vier Kategorien unterschieden, indem eine Einteilung in gesteigerte Effektivität und gesteigerte Effizienz einerseits sowie die Betrachtung der Auswirkungen von Intermediation sowohl auf Transaktion als auch auf Produktion andererseits vorgenommen wird. Durch diese Strukturierung wird Vollständigkeit weitgehend sichergestellt und die Vielzahl und Varietät möglicher Arten des Mehrwerts von Intermediation verdeutlicht. Die am häufigsten betrachteten Arten wohlfahrtsökonomischen Mehrwerts sind die Senkung von Transaktionskosten und die Reduktion von Informationsasymmetrien. Neben wohlfahrtsökonomischen bestehen auch betriebswirtschaftliche bzw. firmenindividuelle Gründe für die Existenz von Intermediation,

deren explizite Berücksichtigung diese Arbeit von den meisten anderen unterscheidet. Dabei wird untersucht, welche Anreize Upstream- und/oder Downstream-Unternehmen besitzen, mit Intermediären zusammenzuarbeiten. Z. B. können Produzenten durch Intermediäre die Möglichkeit haben, Preisdifferenzierung zu betreiben.

Die Entwicklung des Referenzmodells war im Rahmen dieser Arbeit notwendig, da in der Literatur kein Modell existiert hat, welches die Aktivitäten und die Existenzberechtigung von Intermediären ganzheitlich darstellt. Bei der Erarbeitung des Referenzmodells wurde v. a. auf die bisherigen Erkenntnisse zur Intermediation (siehe Abschnitt 2.2) und auf theoretische Grundlagen der Theorie der Firma (siehe Abschnitt 2.1) zurückgegriffen, aber auch auf wettbewerbsstrategische Aspekte und Erkenntnisse hinsichtlich vertikaler Integration. Das Referenzmodell stellt einen weiteren Schritt in Richtung einer allgemeinen Theorie der Intermediation dar und ist damit nicht nur im Rahmen von Industriestrukturveränderungen durch E-Commerce relevant, sondern auch bei allen anderen Fragestellungen hinsichtlich Intermediation. Auch für den Praktiker kann das Referenzmodell hilfreich sein, etwa im Rahmen der Festlegung von Geschäftsmodellen für Intermediäre.

Mit der entwickelten Analysemethodik wird sowohl Wissenschaftlern als auch Praktikern ein Werkzeug in die Hand gegeben, um den Einfluss von E-Commerce auf Intermediation in bestimmten Industrien zu analysieren. Auch mit Hilfe der Analysemethodik kann die Zukunft einer Industrie natürlich nicht mit Gewissheit vorhergesagt werden, schließlich bestehen stets Unsicherheiten hinsichtlich des Verhaltens der konkreten Marktteilnehmer (Unternehmen und Endkunden). Die Methodik ermöglicht jedoch eine strukturierte und systematische Diskussion aller relevanten Fragen und somit die Identifikation wahrscheinlicher Szenarien. Ebenso lassen sich mit Hilfe der Analysemethodik strategische Implikationen für die involvierten Marktteilnehmer ableiten. Die Analysemethodik ist somit nicht nur für Volkswirte und Industrieexperten, sondern auch für Betriebswirte und Unternehmungen wertstiftend.

Die Nützlichkeit des entwickelten Referenzmodells und der Analysemethodik demonstriert die Anwendung auf den Ferientourismus (Ziel 2 dieser Arbeit, siehe Kapitel 4). So konnte gezeigt werden, dass

- sich die Aktivitäten und der Mehrwert traditioneller touristischer Intermediäre anhand des Referenzmodells gut darstellen lassen (siehe Abschnitt 4.2),

- touristische Intermediäre auch in elektronischen Märkten noch Mehrwert stiften können und deshalb keine weitgehende Disintermediation zu erwarten ist (siehe Abschnitt 4.3),
- sich jedoch die Struktur der Intermediation in elektronischen Märkten von der traditionellen Struktur unterscheiden wird und parallel zu den klassischen Geschäftsmodellen neue, dynamischere Formen von Intermediation entstehen werden (siehe Abschnitt 4.4),
- die etablierten Intermediäre wie Reiseveranstalter und GDS-Betreiber ursprünglich in der besten Ausgangsposition waren, um erfolgreich in den elektronischen Markt einzutreten, auf Grund des derzeitigen Vorsprungs anderer Marktteilnehmer und vorhandener First-mover-Vorteile jedoch nicht mehr klar in der besten Situation sind (siehe Abschnitt 4.5), und dass
- vertikal integrierte Tourismuskonzerne auf Grund der zunehmenden Ausdifferenzierung von Geschäftsmodellen ein Portfolio mit verschiedenen Intermediären aufbauen und ihren Marketing-Mix anpassen müssen, um keine Marktanteile zu verlieren (siehe Abschnitt 4.6).

Für die weitere Forschung ergeben sich verschiedene Ansatzpunkte. Zunächst kann die Analysemethodik auch auf andere Industrien angewandt werden, z. B. den Geschäftsreisemarkt, den Handel oder die Musikindustrie. Daraus ergäben sich zum einen Kenntnisse über die entsprechende Industrie, zum anderen würde die Anwendbarkeit der Analysemethodik anhand weiterer Industrien geprüft. Ggf. könnte die Analysemethodik auf der Basis dieser Erkenntnisse verfeinert werden. Ein zweite Stoßrichtung für weitere Forschung ist das entwickelte Referenzmodell zur Intermediation. Auf Grund der Vielzahl der adressierten Aspekte bietet es eine Fülle von Ansatzpunkten für weitere theoretische, quantitative und empirische Forschungen auf dem Weg zu einer ganzheitlichen und ausgereiften "Theorie der Intermediation".

Literaturverzeichnis

ADAC (2003): Reisemonitor 2003 – Trendforschung im Tourismus-Markt, München.

Adelaar, Thomas (2000): Electronic Commerce and the Implications for Market Structure: The Example of the Art and Antiques Trade; in: Journal of Computer-Mediated Communication (JCMC), Jg. 5, H. 3, n. p.

Akerlof, George A. (1970): The Market for "Lemons": Quality Uncertainty and the Market Mechanism; in: Quarterly Journal of Economics, Jg. 84, H. 3, S. 488-500.

Alderson, Wroe (1954): Factors Governing the Development of Marketing Channels; in: Clewett, R. M. (Hrsg.): Marketing Channels for Manufactured Products, Homewood, S. 5-34.

Alpar, Paul/Pickerodt, Sebastian (1998): Electronic Commerce im Internet – ein Überblick; in: Industrie Management, Jg. 14, H. 1, S. 34-38.

Anckar, Bill and Walden, Pirkko (2000): Becoming Your Own Travel Agent: A Web of Potentials and Pitfalls; in: Sprague, Ralph H. (Hrsg.): Proceedings of the 33rd Hawaii International Conference on Systems Sciences, Los Alamitos u. a., n. p.

Anckar, Bill/Walden, Pirkko (2001): Self-booking of High- and Low-complexity Travel Products: Exploratory Findings; in: Information Technology & Tourism, Jg. 4, H. 3/4, S. 151-165.

Anderson, Eric/Day, George S./Rangan, Kasturi V. (1997): Strategic Channel Design; in: Sloan Management Review, Jg. 38, H. 4, S. 59-69.

Arrow, Kenneth J. (1969): The Organization of Economic Activity: Issues Pertinent to the Choice of Market versus Nonmarket Allocation; in: Joint Economic Committee – 91st Congress – 1st Session (Hrsg.): The Analysis and Evaluation of Public Expenditures: The PPB-System, Bd. 1, Washington, S. 47-64.

Audretsch, David B. (1995): Überblick über Stand und Entwicklung der Industrieökonomik, Berlin.

Axel Springer Verlag (2002): Tourismus 2002, Hamburg.

Bailey, Joseph P. (1998): Intermediation and Electronic Markets: Aggregation and Pricing in Internet Commerce; URL: http://www.rhsmith.umd.edu/lbpp/jbailey/pub/phdthesis.pdf, Abfrage am 1.10.2003.

Bailey, Joseph P./Bakos, Yannis (1997): An Exploratory Study of the Emerging Role of Electronic Intermediaries; in: International Journal of Electronic Commerce, Jg. 1, H. 3, S. 7-20.

Bain, Joe S. (1959): Industrial Organization, New York.

Bakos, Yannis (1991): A Strategic Analysis of Electronic Marketplaces; in: MIS Quarterly, Jg. 15, H. 3, S. 295-310.

Bakos, Yannis (1998): The Emerging Role of Electronic Marketplaces on the Internet; in: Communications of the ACM, Jg. 41, H. 8, S. 35-42.

Baligh, Helmy H./Richartz, Leon E. (1967): Vertical Market Structures, Boston.

Baltensperger, Ernst (1980): Alternative Approaches to the Theory of the Banking Firm; in: Journal of Monetary Economics, Jg. 6, S. 1-37.

Barth, Klaus (1996): Betriebswirtschaftslehre des Handels, 3. Auflage, Wiesbaden.

Bartlett, Randall (1981): Property Rights and the Pricing of Real Estate Brokerage; in: The Journal of Industrial Economics, Jg. 30, H. 1, S. 79-94.

Bastian, Harald (2004a): Die touristischen Kernprozesse des Reiseveranstalters; in: Bastian, H./Born, K. (Hrsg.): Der integrierte Touristikkonzern, München u. a., S. 33-68.

Bastian, Harald (2004b): Herausforderungen im Post Merger Management der Touristikkonzerne; in: Bastian, H./Born, K. (Hrsg.): Der integrierte Touristikkonzern, München u. a., S. 1-16.

BAT Freizeit-Forschungsinstitut (2003): Deutsche Tourismus Analyse 2003, Hamburg.

Bauer, Siegfried (1997): Auswirkungen der Informationstechnologie auf die vertikale Integration von Unternehmen, Frankfurt am Main u. a.

Benjamin, Robert/Wigand, Rolf (1995): Electronic Commerce: Effects on Electronic Markets; in: Sloan Management Review, Jg. 36, H. Winter, S. 62-72.

Berekoven, Ludwig (1983): Der Dienstleistungsmarkt in der Bundesrepublik Deutschland – Theoretische Fundierung und empirische Analyse, Bd. 1, Göttingen.

Berg, Hartmut/Schmitt, Stefan (2002): Wettbewerbswirkungen elektronischer Marktplätze: Das Beispiel des Luftverkehrs, Dortmunder Diskussionsbeiträge zur Wirtschaftspolitik, Nr. 117, Dortmund.

Bhattacharya, Sudipto/Thakor, Anjan V. (1993): Contemporary Banking Theory; in: Journal of Financial Intermediation, Jg. 3, S. 2-50.

Bidgoli, Hossein (2002): Electronic Commerce – Principles and Practice, San Diego u. a.

Bieberbach, Florian/Hermann, Michael (1999): Information als Handelsware auf elektronischen Märkten, Arbeitsberichte des Lehrstuhls für Allgemeine und Industrielle Betriebswirtschaftslehre der Technischen Universität München, Nr. 20, München.

Bieger, Thomas (2000): Management von Destinationen und Tourismusorganisationen, 4. Auflage, München u. a.

Bienert, Horst (1996): Der Marktprozeß an Aktienbörsen, Wiesbaden.

Biglaiser, Gary (1993): Middlemen as experts; in: RAND Journal of Economics, Jg. 24, H. 2, S. 212-223.

Biglaiser, Gary/Friedman, James W. (1994): Middlemen as guarantors of quality; in: International Journal of Industrial Organization, Jg. 12, H. 4, S. 509-531.

Blair, Roger D./Kaserman, David L. (1978): Uncertainty and the Incentive for Vertical Integration; in: Southern Economic Journal, Jg. 45, H. 1, S. 266-272.

Blair, Roger D./Kaserman, David L. (1983): Law and Economics of Vertical Integration and Control, New York u. a.

Bloch, Michael/Segev, Arie (1996): The Impact of Electronic Commerce on the Travel Industry – An Analysis Methodology and Case Study; URL: http://groups.haas.berkeley.edu/citm/publications/papers/wp-1017.html, Abfrage am 17.11.2003.

Bogaschewsky, Ronald (2002): Elektronische Marktplätze – Charakteristika, Typisierung und Funktionalitäten; in: Weiber, R. (Hrsg.): Handbuch Electronic Business, 2. Auflage, Wiesbaden, S. 749-774.

Bolton, Patrick/Dewatripont, Mathias (1994): The Firm as a Communication Network; in: The Quarterly Journal of Economics, Jg. 115, H. 4, S. 809-839.

Born, Karl (2004): Chancen und Risiken von Fusionen im Reisemarkt; in: Bastian, H./Born, K. (Hrsg.): Der integrierte Touristikkonzern, München u. a., S. 17-32.

Bosch, Robert (2001): Market-maker als liquiditätsspendende Intermediäre in Börsenmärkten, Wiesbaden.

Bose, Gautam/Pingle, Mark (1995): Stores; in: Economic Theory, Jg. 6, S. 251-262.

Brandtweiner, Roman/Greimel, Bettina (1998): Elektronische Märkte – Ein praxisorientierter Problemaufriß mit Bezügen zur ökonomischen Theorie; in: Wirtschaftswissen schaftliches Studium, Jg. 27, H. 1, S. 37-42.

Brousseau, Eric (2002): The Governance of Transactions by Commercial Intermediaries: An Analysis of the Re-engineering of Intermediation by Electronic Commerce; in: International Journal of the Economics of Business, Jg. 9, H. 3, S. 353-374.

Brynjolfsson, Erik/Smith, Michael D. (2000): Frictionless Commerce? A Comparison of Internet and Conventional Retailers; in: Management Science, Jg. 46, H. 4, S. 563-585.

Brösse, Ulrich (1997): Einführung in die Volkswirtschaftslehre – Mikroökonomie, München u. a.

Buhalis, Dimitrios (2000): Relationships in the Distribution Channel of Tourism: Conflicts Between Hoteliers and Tour Operators in the Mediterranean Region; in: Crotts, J. C./Buhalis, D./March, R. (Hrsg.): Global Alliances in Tourism and Hospitality Management, New York u. a., S. 113-139.

Buhalis, Dimitrios (2003): eTourism – Information technology for strategic tourism management, Harlow u. a.

Buhalis, Dimitrios (2001): Introduction: tourism distribution channels: practices, issues and transformation; in: Buhalis, D./Laws, E. (Hrsg.): Tourism Distribution Channels, London u. a., S. 3-32.

Butler, Pat et al. (1997): A revolution in interaction; in: The McKinsey Quarterly, H. 1, S. 4-23.

Buxmann, Peter/Gebauer, Judith (1998): Internet-based Intermediaries – the Case of the Real Estate Market; URL: http://groups.haas.berkeley.edu/citm/publications/papers/ecis98-buxmann-gebauer.pdf, Abfrage am 13.10.2003.

Böhm, Mark H. (2001): E-Commerce im klassischen Reisevertrieb – Veränderungen der Intermediation am Beispiel der Reisebürobranche, Hamburg.

Bühler, Stefan/Jaeger, Franz (2002): Einführung in die Industrieökonomik, Berlin u. a.

Carlton, Dennis W./Perloff, Jeffrey M. (2000): Modern Industrial Organization, 3. Auflage, New York u. a.

Casson, Mark (1997): Information and Organization – A New Perspective on the Theory of the Firm, Oxford.

Chan, Yuk-Shee (1983): On the Positive Role of Financial Intermediation in Allocation of Venture Capital in a Market with Imperfect Information; in: The Journal of Finance, Jg. 38, H. 5, S. 1543-1568.

Chircu, Alina M./Davis, Gordon B./Kauffman, Robert J. (2000): The Role of Trust and Expertise in the Adoption of Electronic Commerce Intermediaries; URL: http://misrc.umn.edu/workingpapers/fullPapers/2000/ 0008_030100.pdf, Abfrage am 2.11.2003.

Chircu, Alina M./Kauffman, Robert J. (1999a): The "Ebay of Blank": Digital Intermediation in Electronic Commerce; URL: http://misrc.umn.edu/workingpapers/fullPapers/1999/9906_072399.pdf, Abfrage am 2.10.2003.

Chircu, Alina M./Kauffman, Robert J. (1999b): Strategies for Internet Middlemen in the Intermediation/Disintermediation/Reintermediation Cycle; in: Electronic Markets – The International Journal of Electronic Commerce and Business Media, Jg. 9, H. 2, S. 109-117.

Chircu, Alina M./Kauffman, Robert J. (2000): Reintermediation Strategies in Business-to-Business Electronic Commerce; URL: http://citeseer.ist.psu.edu/chircu00reintermediation.html, Abfrage am 12.11.2003.

Chircu, Alina M. (2001): Intermediation in Electronic Commerce, Ann Arbor.

Choi, Soon-Yong/Stahl, Dale O./Whinston, Andrew B. (1997): The Economics of Electronic Commerce, Indianapolis.

Choi, Soon-Yong/Stahl, Dale O./Whinston, Andrew B. (1998): Intermediation, Contracts and Micropayments in Electronic Commerce; in: Electronic Markets, Jg. 8, H. 1, S. 20-22.

Choi, Soon-Yong/Whinston, Andrew B. (2000): The Future of the Digital Economy; in: Straw, M. et al. (Hrsg.): Handbook on Electronic Commerce, Berlin u. a., S. 25-52.

Church, Jeffrey/Ware, Roger (2000): Industrial Organization – A Strategic Approach, Boston u. a.

Churchill, Peter (1998): Marketing – Creating Value for Customers, 2. Auflage, Boston u. a.

Clemons, Eric/Hann, Il-Horn/Hitt, Lorin (2002): Price Dispersion and Differentiation in Online Travel: An Empirical Investigation; in: Management Science, Jg. 48, H. 4, S. 534-549.

Clemons, Eric K./Reddi, Sashidhar P./Row, Michael C. (1993): The Impact of Information Technology on the Organization of Economic Activity: The "Move to the Middle" Hypothesis; in: Journal of Management Information Systems, Jg. 10, H. 2, S. 9-35.

Coase, Ronald H. (1937): The Nature of the Firm; in: Economica, Jg. 4, S. 386-405.

Cook, Roy A./Yale, Laura J./Marqua, Joseph J. (2002): Tourism – the Business of Travel, 2. Auflage, New Jersey.

Corsten, Hans (1986): Zur Diskussion der Dienstleistungsbesonderheiten und ihre ökonomischen Auswirkungen; in: Jahrbuch der Absatz- und Verbrauchsforschung, Jg. 32, H. 1, S. 16-41.

Corsten, Hans (2001): Dienstleistungsmanagement, 4. Auflage, München u. a.

Corsten, Hans (2003): Einführung in das Electronic Business, München u. a.

Cosimano, Thomas F. (1996): Intermediation; in: Economica, Jg. 63, S. 131-143.

Crémer, Jacques (1990): Common knowledge and the co-ordination of economic activities; in: Foss, N. J. (Hrsg.): The Theory of the Firm, Bd. 3 (2000), London u. a., S. 255-275.

Danaher, Peter J./Wilson, Isaac W./Davis, Robert A. (2003): A Comparison of Online and Offline Consumer Brand Loyalty; in: Marketing Science, Jg. 22, H. 4, S. 461-476.

Demmler, Horst (2001): Einführung in die Volkswirtschaftslehre, 7. Auflage, München u. a.

Demsetz, Harold (1968): The Cost of Transacting; in: Quarterly Journal of Economics, Jg. 82, S. 33-53.

Demsetz, Harold (1993): The Theory of the Firm Revisited; in: Foss, N. J. (Hrsg.): The Theory of the Firm, Bd. 4 (2000), London u. a., S. 102-122.

Diamond, Douglas W. (1984): Financial Intermediation and Delegated Monitoring; in: Review of Economic Studies, Jg. 51, S. 393-414.

DIE ZEIT/GWP media-marketing (2002): ZEIT-Studie Reisen, Hamburg.

Dimson, Elroy/Mussavian, Massoud (1998): A brief history of market efficiency; in: European Financial Management, Jg. 4, H. 1, S. 91-103.

Dombey, Alyson (1998): Separating the emotion from the fact – The effects of new intermediaries on electronic travel distribution; in: Buhalis, D./Tjoa, A. M./Jafari, J. (Hrsg.): Information and Communication Technologies in Tourism 1998, Wien u. a., S. 129-138.

Döring, Hilmar (1998): Kritische Analyse des Transaktionskostenansatzes, Göttingen.

Echtermeyer, Monika (1998): Elektronisches Tourismus-Marketing, Berlin u. a.

Engelhardt, Werner H./Kleinaltenkamp, Michael/Reckenfelderbäumer, Martin (1995): Leistungstypologien als Basis des Marketing – ein erneutes Plädoyer für die Aufhebung der Dichotomie von Sachleistungen und Dienstleistungen; in: Die Betriebswirtschaft, Jg. 55, H. 5, S. 673-678.

Ernst, Matthias/Walpuski, Dirk (1994): Information Technologies and Tourism Markets; in: Schertler, W. (Hrsg.): Information and Communication Technologies in Tourism – Proceedings of the International Conference in Innsbruck 1994, Wien u. a., S. 228-235.

Evans, Philip/Wurster, Thomas S. (1999): Getting Real About Virtual Commerce; in: Harvard Business Review, Jg. 77, H. 6, S. 85-94.

Evans, Philip/Wurster, Thomas S. (2000): Blown to bits: How the New Economy of Information Transforms Strategy, Boston.

Evans, Philip B./Wurster, Thomas S. (1997): Strategy and the New Economics of Information; in: Harvard Business Review, Jg. 75, H. 5, S. 71-82.

F.U.R (2000): Die Reiseanalyse-Trendstudie 2000 - 2010, Hamburg.

F.U.R (2003a): Informationsquellen und Internetnutzung, Kiel u. a.

F.U.R (2003b): Reiseanalyse 2003, Hamburg u. a.

F.U.R (2004): Reisenanalyse 2004 - Erste Ergebnisse ITB 2004, Berlin.

Falk, Bernd/Wolf, Jakob (1992): Handelsbetriebslehre, 11. Auflage, Landsberg/Lech.

Fama, Eugene F. (1970): Efficient Capital Markets: A Review of Theory and Empirical Work; in: Journal of Finance, Jg. 25, S. 383-417.

Fama, Eugene F. (1991): Efficient Capital Markets II; in: Journal of Finance, Jg. 46, H. 5, S. 1575-1617.

Fell, Uli (2000): Vertikale Integration und vertikale Gegenmacht, Bayreuth.

Fingleton, John (1997): Competition Between Intermediated and Direct Trade and the Timing of Disintermediation; in: Oxford Economic Papers, Jg. 49, S. 543-556.

Fischer, Paul E. (1988): Incomplete information, intermediation and information production, Rochester.

Foss, Nicolai J. (2000): The Theory of the Firm – an Introduction to Themes and Contributions; in: Foss, N. J. (Hrsg.): The Theory of the Firm, Bd. 1 (2000), London u. a., S. xv-lxi.

Foster, Douglas (1985): Travel and Tourism Management, Houndmills u. a.

Frankemölle, Heiner/Sürig, Carsten (2004): Hinter dem Horizont geht's weiter: Wachstumschancen in der Touristik; in: Bastian, H./Born, K. (Hrsg.): Der integrierte Touristikkonzern, München u. a., S. 447-459.

Freyer, Walter (2000): Ganzheitlicher Tourismus – Beiträge aus 20 Jahren Tourismusforschung, Dresden.

Freyer, Walter (2001a): Tourismus-Marketing, 3. Auflage, München.

Freyer, Walter (2001b): Tourismus – Einführung in die Fremdenverkehrsökonomie , 7. Auflage, München u. a.

Führich, Ernst (2000): Reisevertragsrecht für Veranstalter; in: Mundt, J. W. (Hrsg.): Reiseveranstaltung, 5. Auflage, München u. a., S. 155-199.

Gallaugher, John M. (2002): E-Commerce and the Undulating Distribution Channel; in: Communications of the Association for Computing Machinery, Jg. 45, H. 7, S. 89-95.

Garella, Paolo (1989): Adverse Selection and the Middleman; in: Economica, Jg. 56, S. 395-399.

Garman, Mark B. (1976): Market Microstructure; in: Journal of Financial Economics, Jg. 3, S. 257-275.

Gehrig, Thomas (1993): Intermediation in Search Markets; in: Journal of Economics & Management Strategy, Jg. 2, H. 1, S. 97-120.

Gehring, Martin (2004): Auswirkungen von Internettechnologie auf Wertschöpfungsstrukturen, Köln.

Gellman, Robert (1996): Disintermediation and the Internet; in: Government Information Quarterly, Jg. 13, H. 1, S. 1-8.

Gerke, Wolfgang/Rapp, Heinz-Werner (1994): Strukturveränderungen im inter-nationalen Börsenwesen; in: Die Betriebswirtschaft, Jg. 54, H. 1, S. 5-23.

Giaglis, George M./Klein, Stefan/O'Keefe, Robert M. (1999): Disintermediation, Reintermediation, or Cybermediation? The Future of Intermediaries in Electronic Marketplaces; URL: http://www.wi.uni-muenster.de/wi/forschen/veroeff/InterVersion.pdf, Abfrage am 20.10.1999.

Giaglis, George M./Klein, Stefan/O'Keefe, Robert M. (2002): The role of intermediaries in electronic marketplaces: developing a contingency model; in: Information Systems Journal, Jg. 12, H. 3, S. 231-246.

Globerman, Steven (2003): Electronic commerce and industrial organization; in: Madden, G. (Hrsg.): Emerging Telecommunications Networks, Cheltenham, S. 73-91.

Grabner-Kraeuter, Sonja (2002): The Role of Consumers' Trust in Online-Shopping; in: Journal of Business Ethics, Jg. 39, H. 1, S. 43-50.

Grant, Robert M. (1998): Contemporary Strategy Analysis, 3. Auflage, Malden u. a.

Greischel, Peter (2003): Vom Computer-Reservierungssystem zur internetbasierten Distribution; in: Roth, P./Schrand, A. (Hrsg.): Touristikmarketing, 4. Auflage, München, S. 148-163 .

Grossman, Sanford J./Hart, Oliver (1986): The costs and benefits of ownership: a theory of vertical and lateral integration; in: Foss, N. J. (Hrsg.): The Theory of the Firm, Bd. 3 (2000), London u. a., S. 63-89.

Gurley, John G./Shaw, Edward S. (1960): Money in a Theory of Finance, Washington.

Göbel, Elisabeth (2002): Neue Institutionenökonomik, Stuttgart.

Gümbel, Rudolf (1985): Handel, Markt und Ökonomik, Wiesbaden.

Haertsch, Patrick (2000): Wettbewerbsstrategien für Electronic Commerce, Lohmar u. a.

Hagel, John/Singer, Marc (1999): Unbundling the corporation; in: Harvard Business Review, Jg. 77, H. 2, S. 133-141.

Hammes, Michael/Poser, Günter (1992): Die Messung von Transaktionskosten; in: Das Wirtschaftsstudium, Jg. 21, H. 11, S. 885-889.

Hanker, Jens (1990): Die strategische Bedeutung der Informatik für Organisationen, Stuttgart.

Hart, Oliver (1995): Firms, Contracts, and Financial Structure, Oxford.

Hart, Oliver/Moore, John (1990): Property rights and the nature of the firm; in: Foss, N. J. (Hrsg.): The Theory of the Firm, Bd. 3 (2000), London u. a., S. 90-127.

Hebestreit, Dieter (1992): Touristik Marketing, Berlin.

Heger, Dominik K. (2003): Nachhaltige Wettbewerbsvorteile in der Net Economy, Wiesbaden.

Heine, Gerhard (1998): Reiseveranstalter – Funktion im Touristikmarkt; in: Haedrich, G. et al. (Hrsg.): Tourismus-Management, 3. Auflage, Berlin u. a., S. 615-628.

Hellwig, Martin (1991): Banking, financial intermediation and corporate finance; in: Giovannini, A./Mayer, C. (Hrsg.): European Financial Integration, Cambridge u. a., S. 35-72.

Hentschel, Bert (1992): Dienstleistungsqualität aus Kundensicht – Vom merkmals- zum ereignisorientierten Ansatz, Wiesbaden .

Hermanns, Arnold/Sauter, Michael (2001): E-Commerce – Grundlagen, Einsatzbereiche und aktuelle Tendenzen; in: Hermanns, A. /Sauter, M. (Hrsg.): Electronic Commerce, 2. Auflage, München, S. 15-32.

Hildebrandt, Klaus (2003): Die Mega-Trends in der Touristik – und die Antworten der Veranstalter; in: FVW International, H. 24, S. 22-23.

Hildebrandt, Klaus (2004a): "Siegeszug des Internet"; in: FVW International, H. 6, S. 22-23.

Hildebrandt, Klaus (2004b): "Wir müssen zweigleisig fahren" - Interview mit Thomas-Cook-Chef Wolfgang Beeser; in: FVW International, H. 25, S. 29.

Hildebrandt, Klaus/Quandt, Birgit (2003): Deutsche Veranstalter 2003; in: FVW International, H. 31 (Beilage), S. 1-23.

Hildebrandt, Klaus/Quandt, Birgit (2004): Deutsche Veranstalter 2004; in: FVW International, H. 31 (Beilage), S. 1-29.

Hilke, Wolfgang (1989): Grundprobleme und Entwicklungstendenzen des Dienstleistungs-Marketing; in: Hilke, W. (Hrsg.): Dienstleistungs-Marketing, Wiesbaden, S. 5-44.

Himberger, Andreas (1994): Der Elektronische Markt als Koordinierungssystem, Hallstadt.

Hirth, Hans (2000): Zur Theorie der Marktmikrostruktur, Stuttgart.

Hoffman, Donna L., Novak, Thomas P., and Chatterjee, Patrali (96): Commercial Scenarios for the Web: Opportunities and Challenges; in: Journal of Computer-Mediated Communication (JCMC), Jg. 1, H. 3, n. p.

Hofmann, Wolfgang (2000): Die Flugpauschalreise; in: Mundt, J. W. (Hrsg.): Reiseveranstaltung, 5. Auflage, München u. a., S. 115-154.

Holloway, Christopher J. (2002): The Business of Tourism, 6. Auflage, Harlow.

Holmström, Bengt/Roberts, John (1998): The Boundaries of the Firm Revisited; in: Journal of Economic Perspectives, Jg. 12, H. 4, S. 73-94.

Holzapfel, Tim (2004): "Die Lücke schließt sich"; in: FVW International, H. 25, S. 46-47.

Hubert Burda Media (2003): Typologie der Wünsche Intermedia 2003/04, München.

Hunziker, Daniel (1999): Reisebranche; in: Griese, J./Sieber, P. (Hrsg.): Electronic Commerce – Aus Beispielen lernen, Zürich, S. 92-117.

Hunziker, Daniel (2003): Bricks & Clicks im E-Business, Lohmar u. a.

Illik, Johann A. (1999): Electronic Commerce, München u. a.

IPK International (2003): First World Travel Monitor Results 2002 (vorgestellt auf der Jahrespressekonferenz auf der ITB Berlin), Berlin.

IPK International (2004): Weltweite Reisetrends 2003 (vorgestellt auf der Jahrespressekonferenz auf der ITB Berlin), Berlin.

Jallat, Frédéric/Capek, Michael J. (2001): Disintermediation in Question: New Economy, New Networks, New Middlemen; in: Business Horizons, Jg. 44, H. 2, S. 55-60.

Jegminat, Georg (2003): Sabre mutiert zum Reisekonzern – Das traditionelle CRS-Geschäft schrumpft; in: FVW International, H. 26, S. 15.

Jegminat, Georg (2004a): Ab in die Nische; in: FVW International, H. 15, S. 18.

Jegminat, Georg (2004b): Worldres bleibt im Hintergrund – Konzentration auf Hotelreservierungen; in: FVW International, H. 1, S. 61.

Jegminat, Georg/Schmidt, Lutz (2004): Showdown auf Mallorca – Die Zukunft des Touristikflugs; in: FVW International, H. 3, S. 76-81.

Jensen, Michael C./Meckling, William H. (1976): The theory of the firm: managerial behavior, agency costs and ownership structure; in: Foss, N. J. (Hrsg.): Theory of the Firm, Bd. 1 (2000), London u. a., S. 248-306.

Jin, Lei/Robey, Daniel (1999): Explaining Cybermediation: An Organizational Analysis of Electronic Retailing; URL: http://ids.csom.umn.edu/faculty/mani/IDSC8801_03/week1/IJEC1999_Jin_Robey.pdf, Abfrage am 2.11.2003.

Jüngert, Tobias/Lanz, Ira (2003): Die Entdeckung des Telefons – Neckermanns Preisknüller legen Schwäche der Reisebüros offen; in: FVW International, H. 21, S. 26-29.

Kanellou, Despina (2000): Vertriebswege für Reisen und Touristik: Die neue Rolle der Intermediäre; in: The IPTS Report – Deutsche Ausgabe, H. Oktober, S. 15-24.

Kaspar, Claude (1995): Management im Tourismus – Eine Grundlage für das Management von Tourismusunternehmungen und -organisationen, 2. Auflage, Bern u. a.

Kaspar, Claude (1998): Das System Tourismus im Überblick; in: Haedrich, G. et al. (Hrsg.): Tourismus-Management, 3. Auflage, Berlin u. a., S. 15-32.

Kaufer, Erich (1980): Industrieökonomik – Eine Einführung in die Wettbewerbstheorie, München.

Klein, Benjamin/Crawford, Robert G./Alchian, Armen A. (1978): Vertical Integration, Appropriable Rents, and the Competitive Contracting Process; in: The Journal of Law and Economics, Jg. 21, H. 2, S. 297-326.

Klein, Stefan (2002): Web Impact on the Distribution Structure for Flight Tickets; in: Wöber, K. W./Frew, A. J./Hitz, M. (Hrsg.): Information and Communication Technologies in Tourism 2002, Wien u.a., S. 219-228.

Klein, Stefan and Selz, Dorian (2000): Cybermediation in Auto Distribution: Channel Dynamics and Conflicts; in: Journal of Computer-Mediated Communication (JCMC), Jg. 5, H. 3, n. p.

Kleindl, Brad A. (2003): Strategic Electronic Marketing – Managing E-Business, 2. Auflage, Mason.

Klose, Martin (1999): Dienstleistungsproduktion – Ein theoretischer Rahmen; in: Corsten, H./Schneider, H. (Hrsg.): Wettbewerbsfaktor Dienstleistung, München, S. 5-21.

Kollmann, Tobias (2001a): Measuring the Acceptance of Electronic Marketplaces: A Study Based on a Used-Car Trading Site; in: Journal of Computer-Mediated Communication (JCMC), Jg. 6, H. 2, n. p.

Kollmann, Tobias (2001b): Virtuelle Marktplätze im E-Commerce; in: Hermanns, A./Sauters, M. (Hrsg.): Management-Handbuch Electronic Commerce, 2. Auflage, München, S. 43-53.

Kortmann, Walter (1999): Mikroökonomik, 2. Auflage, Berlin u. a.

Kotler, Philip et al. (1999): Principles of Marketing, 2. Europäische Auflage, London u. a.

Kotler, Philip/Bowen, John/Markens, James (1999): Marketing for Hospitality and Tourism, 2. Auflage, London u. a.

Krane, Michael (2004): Die Old Economy schlägt zurück; in: FVW International, H. 25, S. 22-28.

Krähenmann, Noah (1994): Ökonomische Gestaltungsanforderungen für die Entwicklung elektronischer Märkte, Bamberg.

Kuhlen, Rainer (1997): Electronic Mall Bodensee; in: Bullinger, H.-J. (Hrsg.): Dienstleistungen für das 21. Jahrhundert, Stuttgart, S. 397-405.

Kärcher, Karsten (1996): The Four Global Distribution Systems in the Travel and Tourism Industry; in: Electronic Markets, Jg. 6, H. 2, S. 20-24.

Langenohl, Thomas (1994): Systemarchitekturen elektronischer Märkte, Hallstadt.

Langlois, Richard N. (1992): Transaction-cost economics in real time; in: Foss, N. J. (Hrsg.): The Theory of the Firm, Bd. 4 (2000), London u. a., S. 167-194.

Lanz, Ira (2003a): Ab Juni Urlaub nach Maß – Dynamic Packaging bei Lastminute.com; in: FVW International, H. 9, S. 25.

Lanz, Ira (2003b): Web-Kunde hereinspaziert – Kundengewinnung a la Holiday Land; in: FVW International, H. 27, S. 24-26.

Lanz, Ira (2004a): Hoffen auf den Aufschwung; in: FVW International, H. 14 (Beilage), S. 1-3.

Lanz, Ira (2004b): Mächtiges Vertriebstrio; in: FVW International, H. 14 (Beilage), S. 24-25.

Lanz, Ira/Graue, Oliver/Schäfer, Torsten (2004): Reisebüro 2003 Ketten und Kooperationen; in: FVW International, H. 14 (Beilage), S. 1-27.

Leitherer, Eugen (1961): Geschichte der Handels- und Absatzwirtschaftlichen Literatur, Köln u. a.

Leland, Hayne E./Pyle, David H. (1977): Informational Asymmetries, Financial Structure, and Financial Intermediation; in: The Journal of Finance, Jg. 32, H. 2, S. 371-387.

Lerch, Hans (2004): Der besondere Weg zur Vertikalisierung und Internationalisierung; in: Bastian, H./Born, K. (Hrsg.): Der integrierte Touristikkonzern, München u. a., S. 121-126.

Lewis, Ira/Talalayevsky, Alexander (1997): Travel Agents: Threatened Intermediaries?; in: Transportation Journal, Jg. 36, H. 3, S. 26-30.

Licata, Maria C./Buhalis, Dimitrios/Richer, Paul (2001): The Future Role of Travel E-mediaries (CRSs, GDSs, Switch Companies, Videotext); in: Sheldon, P. J./Wöber, K. W./Fesenmeier, D. R. (Hrsg.): Information and Communication Technologies in Tourism 2001, Wien u. a., S. 139-149.

Licharz, Elmar-Marius (2002): Vertrauen in B2C, Lohmar u. a.

Lindemann, Markus A. (2000): Struktur und Effizienz elektronischer Märkte – Ein Ansatz zur Referenzmodellierung und Bewertung elektronischer Marktgemeinschaften und Marktdienste, Lohmar.

Lindner, Karin/Köster-Hetzendorf, Maren (2003): Tagespreise: Holpriger Start in neue Ära; in: FVW International, H. 22, S. 20-22.

Lion, Joachim (1989): Marktrationalität und Markteffizienz – Untersuchungen zum deutschen Aktienoptionsmarkt unter Berücksichtigung der Standardisierung vom 01.04.1983, Frankfurt am Main u. a.

Lipson, Marc L. (2003): Market microstructure and corporate finance; in: Journal of Corporate Finance, Jg. 9, S. 377-384.

Loshin, Pete/Vacca, John (2004): Electronic Commerce, 4. Auflage, Hingham.

Luczak, Holger/Bleck, Stefan/Hoeck, Hendrik (2002): Elektronische Marktplätze – Voraussetzungen und Erfolgsfaktoren für den elektronischen Handel mit C-Dienstleistungen; in: Bruhn, M./Stauss, B. (Hrsg.): Electronic Services, Wiesbaden, S. 149-176.

Macharzina, Klaus (1999): Unternehmensführung – das internationale Managementwissen, 3. Auflage, Wiesbaden.

Maleri, Rudolf (1973): Grundzüge der Dienstleistungsproduktion, Berlin u. a.

Maleri, Rudolf (1997): Grundlagen der Dienstleistungsproduktion, 4. Auflage, Berlin u. a.

Malone, Thomas W./Yates, Joanne/Benjamin, Robert I. (1987): Electronic Markets and Electronic Hierarchies; in: Communications of the ACM, Jg. 30, H. 6, S. 484-497.

Malone, Thomas W./Yates, Joanne/Benjamin, Robert I. (1989): The Logic of Electronic Markets; in: Harvard Business Review, Jg. 67, H. 3, S. 166-170.

Marcussen, Carl H. (1997): Electronic Distribution of holiday and business hotels; in: Tjoa, A. M. (Hrsg.): Information and Communication Technologies in Tourism, Wien u. a., S. 190-198.

Marré, Heribert (1974): Handelsfunktionen; in: Tietz, B. (Hrsg.): Handwörterbuch der Absatzwirtschaft, Stuttgart, S. 709-720.

Marti, Emanuel (2002): Electronic Commerce im Reisemarkt – Handlungsempfehlungen für den Reisemittler, Lohmar u. a.

Mason, Edward S. (1939): Price and Production Policies of Large-Scale Enterprise; in: American Economic Review, Jg. 29, S. 61-74.

Mason, Edward S. (1957): Economic Concentration and the Monopoly Problem, Cambridge.

McCubbrey, Donald J. (1999): Disintermediation and Reintermediation in the U.S. Air Travel Distribution Industry: A Delphi Study; in: Communications of the Association for Information Systems, Jg. 1, Article 18, S. 1-39.

Medina-Muńoz, Rita D./Medina-Muńoz, Diego R./García-Falcón, Juan M. (2003): Understanding European tour operators' control on accommodation companies: an empirical evidence; in: Tourism Management, Jg. 24, H. 2, S. 135-147.

Meffert, Claudia (2002): Profilierung von Dienstleistungsmarken in vertikalen Systemen, Wiesbaden.

Meffert, Heribert/Bruhn, Manfred (2000): Dienstleistungsmarketing – Grundlagen – Konzepte – Methoden, 3. Auflage, Wiesbaden.

Meinhövel, Harald (1999): Defizite der Principal-Agent-Theorie, Köln.

Merz, Michael (1996): Elektronische Märkte im Internet, Bonn u. a.

Merz, Michael (2002): E-Commerce und E-Business, 2. Auflage, Heidelberg.

Meyer, Anton (1991): Dienstleistungs-Marketing; in: Die Betriebswirtschaft, Jg. 51, H. 2, S. 195-209.

Meyer, Anton (1998): Dienstleistungs-Marketing: Grundlagen und Gliederung des Handbuchs; in: Meyer, A. (Hrsg.): Handbuch Dienstleistungs-Marketing, Stuttgart, S. 3-22.

Middleton, Victor T. C./ Clarke, Jackie (2001): Marketing in Travel and Tourism, Oxford u. a.

Mill, Robert C./Morrison, Alastair M. (1985): The Tourism System, Englewood Cliffs.

Monastyrskaia, Svetlana M. (1998): Intermediation, Quality Uncertainty, and Efficiency in Electronic Information Markets, Austin.

Morrison, Alastair M. (2002): Hospitality and Travel Marketing, 3. Auflage, Albany.

Mundt, Jörn W. (2000): Die Entwicklung der Reiseveranstalter in Deutschland; in: Mundt, J. W. (Hrsg.): Reiseveranstaltung, 5. Auflage, München u. a., S. 21-70.

Myers, James H. (1986): Marketing, New York u. a.

Münck, Rita (2004): Wunschpaket per Mausklick – Dynamic Packaging erobert die Praxis; in: FVW International, H. 25, S. 42-45.

Münster, Marco (2003a): Hotelkette lockt mit Urlaubspaketen – Arabella Sheraton steigt als erste Hotelkette ins Dynamic Packaging ein; in: FVW International, H. 24, S. 54.

Münster, Marco (2003b): Schöne Aussichten im Direktvertrieb? – Ferienhotels suchen ihr Glück im Internet – doch bislang mit wenig Erfolg; in: FVW International, H. 24, S. 50-53.

Münster, Marco (2003c): Wo bleibt die schöne neue Katalogwelt?; in: FVW International, H. 18, S. 14-15.

Münzer, Urban (1998): Internationale Computer-Reservierungssysteme; in: Haedrich, G. et al. (Hrsg.): Tourismus-Management, 3. Auflage, Berlin u. a., S. 699-711.

Negroponte, Nicholas (1997): Reintermediated; in: Wired, Jg. 5, H. 9, S. 208.

Neumann, Manfred (1994): Theoretische Volkswirtschaftslehre III, 2. Auflage, München.

Nieschlag, Robert/Dichtl, Erwin/Hörschgen, Hans (1997): Marketing, 18. Auflage, Berlin.

Nysveen, Herbjorn/Lexhagen, Maria (2001): Effects of the Internet as a Channel for Bookings – A Study Among Swedish Hotels; in: Sheldon, P. J./Wöber, K. W./Fesenmeier, D. R. (Hrsg.): Information and Communication Technologies in Tourism 2001, Wien u. a., S. 335-345.

O'Connor, Peter/Frew, Andrew J. (2000): Evaluating Electronic Channels of Distribution in the Hotel Sector; in: Fesenmaier, D./Klein, S./Buhalis, D. (Hrsg.): Information and Communication Technologies in Tourism 2000, Wien u. a., S. 324-335.

O'Connor, Peter/Frew, Andrew J. (2001): Expert Perceptions on the Future of Hotel Electronic Distribution Channels; in: Sheldon, P. J./Wöber, K. W./Fesenmeier, D. R. (Hrsg.): Information and Communication Technologies in Tourism 2001, Wien u. a., S. 346-357.

O'Hara, Maureen (1995): Market Microstructure Theory, Cambridge u. a.

Oberender, Peter (1994): Industrieökonomik; in: Das Wirtschaftsstudium, Jg. 23, H. 2, S. 65-73.

OECD (1999): The Economic and Social Impact of Electronic Commerce – Preliminary Findings and Research Agenda, Paris.

Palmer, Jonathan W., Bailey, Joseph P., and Faraj, Samer (2000): The Role of Intermediaries in the Development of Trust on the WWW: The Use and Prominence of Trusted Third Parties and Privacy Statements; in: Journal of Computer-Mediated Communication (JCMC), Jg. 5, H. 3, n. p.

Palvia, Shailendra C. J./Vemuri, Vijay K. (1999): Distribution Channels in Electronic Markets; in: Electronic Markets, Jg. 9, H. 2, S. 118-125.

Pan, Xing/Ratchford, Brian T./Shankar, Venkatesh (2002): Can Price Dispersion in Online Markets Be Explained by Differences in E-Tailer Service Quality?; in: Journal of the Academy of Marketing Science, Jg. 30, H. 4, S. 433-445.

Peiseler, Eva (1990): Börsencomputersysteme – Eine ökonomische und rechtliche Analyse, Köln.

Penrose, Edith (1955): Research on the business firm: limits to growth and size of firms; in: Foss, N. J. (Hrsg.): The Theory of the Firm, Bd. 4 (2000), London u. a., S. 3-14.

Perry, Martin K. (1989): Vertical Integration: Determinants and Effects; in: Schmalensee, R./Willig, R. D. (Hrsg.): Handbook of Industrial Organization, Volume 1, Amsterdam u. a., S. 183-255.

Peterson, Robert A./Balasubramanian, Sridhar/Bronnenberg, Bart J. (1997): Exploring the Implications of the Internet for Consumer Marketing; in: Journal of the Academy of Marketing Science, Jg. 25, H. 4, S. 329-346.

Pichler, Stefan/Kloubert, Thomas (2004): Expansion und Integration – Erfolgsrezepte eines internationalen Touristik-Konzerns; in: Bastian, H./Born, K. (Hrsg.): Der integrierte Touristikkonzern, München u. a., S. 69-80.

Picot, Arnold (1986): Transaktionskosten im Handel; in: Betriebs-Berater, Jg. 41, H. 27, Beilage 13, S. 1-16.

Picot, Arnold/Bortenlänger, Christine/Röhrl, Heiner (1997): Organization of Electronic Markets: Contributions from the New Institutional Economics; in: The Information Society, Jg. 13, S. 107-123.

Picot, Arnold/Dietl, Helmut (1990): Transaktionskostenökonomik; in: Das Wirtschaftsstudium, Jg. 19, H. 4, S. 178-183.

Picot, Arnold/Heger, Dominik K. (2001): Handel in der Internet-Ökonomie; in: Zeitschrift Führung + Organisation, Jg. 70, H. 3, S. 128-134.

Picot, Arnold/Reichwald, Ralf/Wigand, Rolf T. (2001): Die grenzenlose Unternehmung, 4. Auflage, Wiesbaden.

Pindyck, Robert S./Rubinfeld, Daniel L. (2003): Mikroökonomie, 5. Auflage, München u. a.

Pompl, Wilhelm (1996): Touristikmanagement 2, Berlin u. a.

Pompl, Wilhelm (1997): Touristikmanagement 1, 2. Auflage, Berlin u. a.

Pompl, Wilhelm (2000): Das Produkt Pauschalreise – Konzept und Elemente; in: Mundt, J. W. (Hrsg.): Reiseveranstaltung, 5. Auflage, München u. a., S. 73-113.

Pompl, Wilhelm (2002): Luftverkehr, 4. Auflage, Berlin u. a.

Porter, Michael E. (2000): Wettbewerbsvorteile, 6. Auflage, Frankfurt/Main.

Porter, Michael E. (2001): Strategy and the Internet; in: Harvard Business Review, Jg. 79, H. 3, S. 63-78.

Porter, Michael E./Millar, Victor E. (1985): How information gives you competitive advantage; in: Harvard Business Review, Jg. 63, H. 4, S. 149-160.

Quandt, Birgit (2004a): Blick nach vorn; in: FVW International, H. 29, S. 18.

Quandt, Birgit (2004b): Comeback der Pauschalreise; in: FVW International, H. 31 (Beilage), S. 4-9.

Quandt, Birgit/Krane, Michael (2003): Druck hilft sofort – Die Reaktionen der Veranstalter: Gelassen beim Hotel-Direktvertrieb; in: FVW International, H. 24, S. 28-30.

Quandt, Birgit/Krane, Michael (2004): Bye-bye, billig – Veranstalter formen neues Preisprofil; in: FVW International, H. 21, S. 18-20.

Radner, Roy (1996): Bounded rationality, indeterminacy, and the theory of the firm; in: The Economic Journal, Jg. 106, H. September, S. 1360-1373.

Rangan, Kasturi/Menezes, Melvyn A. J./Maier, E. P. (1992): Channel Selection for New Industrial Products: A Framework, Method, and Application; in: Journal of Marketing, Jg. 56, H. July, S. 69-82.

Rayport, Jeffrey F./Sviokla, John J. (1995): Exploiting the Virtual Value Chain; in: Harvard Business Review, Jg. 73, H. 6, S. 75-85.

Rebstock, Michael (2000): Elektronische Geschäftsabwicklung, Märkte und Transaktionen – eine methodische Analyse; in: HMD – Praxis der Wirtschaftsinformatik, Jg. 215, S. 5-15.

Reichwald, Ralf/Piller, Frank T. (2002): Mass Customization-Konzepte im Electronic Business; in: Weiber, R. (Hrsg.): Handbuch Electronic Business, 2. Auflage, Wiesbaden, S. 469-493.

Reinders, Jacob/Baker, Michael (1997): The Future for Direct Retailing of Travel and Tourism Products: The Influence of Information Technology; in: Tjoa, A. M. (Hrsg.): Information and Communication Technologies in Tourism, Wien u. a., S. 119-128.

Remmert, Jan (2001): Referenzmodellierung für die Handelslogistik, Wiesbaden.

Resnick, Paul/Zeckhauser, Richard/Avery, Chris (1995): Roles for Electronic Brokers; in: Brock, G. W. (Hrsg.): Toward a competitive telecommunication industry: selected papers from the 1994 Telecommunications Policy Research Conference, Mahwah, S. 289-304.

Richardson, G. B. (1972): The organisation of industry; in: Foss, N. J. (Hrsg.): The Theory of the Firm, Bd. 4 (2000), London u. a., S. 15-29.

Richter, Rudolf/Bindseil, Ulrich (1995): Neue Institutionenökonomik; in: Das Wirtschaftsstudium, Jg. 24, H. 3, S. 132-140.

Richter, Rudolf/Furubotn, Eirik G. (2003): Neue Institutionenökonomik, 3. Auflage, Tübingen.

Rindfleisch, Aric/Heide, Jan B. (1997): Transaction Cost Analysis: Past, Present, and Future Applications; in: Journal of Marketing, Jg. 61, H. October, S. 30-54.

Robles Sy, René/Schertler, Walter (2002): Revenue Strategies for Internet Marketplace Providers in Tourism – Theory and Empirical Study; in: Wöber, K. W./Frew, A. J./Hitz, M. (Hrsg.): Information and Communication Technologies in Tourism 2002, Wien u. a., S. 27-38.

Rogl, Dirk (2003a): Das jähe Ende des Sparschweins Marino – Thomas Cook startet mit neuer Discountmarke Neckermann Preisknüller; in: FVW International, H. 20, S. 22-23.

Rogl, Dirk (2003b): Nicht ohne die Reisebüros – Interview mit Brent Hobermann, CEO von Lastminute.com, über den Wandel der Online-Portale zu Veranstaltern; in: FVW International, H. 24, S. 56-58.

Rogl, Dirk (2004a): Die Auslese beginnt; in: FVW International, H. 24, S. 35.

Rogl, Dirk (2004b): Jetzt packt's die Konkurrenz; in: FVW International, H. 4, S. 58.

Rogl, Dirk (2004c): Maßarbeit am laufenden Band – Die Potenziale von Dynamic Packaging; in: FVW International, H. 8, S. 46-50.

Rogl, Dirk/Graue, Oliver/Jegminat, Oliver (2004): Der lange Weg in die Gewinnzone – Europas Internet-Reiseportale im Umbruch; in: FVW International, H. 31, S. 38-40.

Rogl, Dirk et al. (2005): Hübsch verpackt – Das große Potenzial der virtuellen Veranstalter; in: FVW International, H. 5, S. 36-42.

Rogl, Dirk/Lanz, Ira (2004): Viele Wege – ein Preis; in: FVW International, H. 21, S. 26-30.

Rohte, Sven (1994): Neue Distributionsstrategien im Tourismus – am Beispiel der Reiseveranstalter und Reisebüros; in: Schertler, W. (Hrsg.): Tourismus als Informationsgeschäft, Wien, S. 89-121.

Rose, Frank (1999): The Economics, Concept, and Design of Information Intermediaries, Heidelberg.

Roth, Peter (2003): Grundlagen des Touristikmarketing; in: Roth, P./Schrand, A. (Hrsg.): Touristikmarketing, München, S. 31-147.

Rubinstein, Ariel/Wolinsky, Asher (1987): Middlemen; in: The Quarterly Journal of Economics, Jg. 102, H. August, S. 581-593.

Rudolph, Harry (2002): Tourismus-Betriebswirtschaftslehre, 2. Auflage, München u. a.

Rudolph, Thomas/Busch, Sebastian (2002): Handel auf elektronischen Marktplätzen; in: Thexis, H. 3, S. 2-7.

Rätz, Diana (2003): Erfolgspotenzial elektronischer B2B-Marktplätze – Theorie – Empirie – Fallstudien, Lohmar.

Sarkar, Mitra Barun, Butler, Brian, and Steinfield, Charles (95): Intermediaries and Cybermediaries: A Continuing Role for Mediating Players in the Electronic Marketplace; in: Journal of Computer-Mediated Communication (JCMC), Jg. 1, H. 3, n. p.

Sarkar, Mitrabarun/Butler, Brian/Steinfield, Charles (1998): Cybermediaries in Electronic Marketspace: Toward Theory Building; in: Journal of Business Research, Jg. 41, S. 215-221.

Sass, Roger (1984): The Economics of Information Intermediaries, Washington.

Scheer, August-Wilhelm (1998): "ARIS – House of Business Engineering": Konzept zur Beschreibung und Ausführung von Referenzmodellen; in: Becker, J./Rosemann, M./Schütte, R. (Hrsg.): Referenzmodellierung, Heidelberg, S. 2-21.

Schenk, Hans-Otto (2001): E-Commerce, Internet-Handel und Marktwirtschaft, Diskussionsbeiträge, Nr. 279, Duisburg.

Scherer, Frederic M. (1980): Industrial market structure and economic performance, 2. Auflage, Chicago.

Scherer, Frederic M./Ross, David (1990): Industrial Market Structure and Economic Performance, 3. Auflage, Boston u. a.

Schertler, Walter (1994a): Dienstleistungseigenschaften begründen Informationsgeschäfte – dargestellt an Tourismusdienstleistungen; in: Schertler, W. (Hrsg.): Tourismus als Informationsgeschäft – Strategische Bedeutung neuer Informations- und Kommunikationstechnologien im Tourismus, Wien, S. 17-42.

Schertler, Walter (1994b): Impact of New Information and Communication Technologies on Tourism Industry and Businesses; in: Zeitschrift für Fremdenverkehr, H. 2, S. 2-8.

Schertler, Walter (1994c): Tourism 2000 – An Information Business; in: Schertler, W. (Hrsg.): Information and Communication Technologies in Tourism – Proceedings of the International Conference in Innsbruck 1994, Wien u. a., S. 20-26.

Schertler, Walter (1995): Unternehmensorganisation, 6. Auflage, München u. a.

Schertler, Walter/Popp, Wolfgang (1983): Attraktivitätsanalyse von Dienstleistungen – Ein empirischer Ansatz zur Entwicklung von Ausbaustrategien für Unternehmen und Staat, München.

Schertler, Walter/Tietz, Dirk (2004): Wertarchitektur von Low Cost Carriern in der europäischen Luftfahrt; in: Zentes, J./Swoboda, B. (Hrsg.): Fallstudien zum Internationalen Management, 2. Auflage, Wiesbaden, S. 759-772.

Schildhauer, Thomas/Heueis, Rainer (2003): E-Business; in: Schildhauer, T. (Hrsg.): Lexikon Electronic Business, München u. a., S. 90-95.

Schmid, Beat (1993): Grundlagen und Entwicklungstendenzen Elektronischer Märkte, Bericht des Instituts für Wirtschaftsinformatik, Nr. IM2000/CCEM/20, St. Gallen.

Schmid, Beat (1994): Electronic Markets in Tourism; in: Schertler, W. (Hrsg.): Information and Communication Technologies in Tourism – Proceedings of the International Conference in Innsbruck 1994, Wien u. a., S. 1-8.

Schmid, Beat (2002): Elektronische Märkte; in: Weiber, R. (Hrsg.): Handbuch Electronic Business, 2. Auflage, Wiesbaden, S. 211-239.

Schmidt, Holger (16.4.2004): Netz-Monopole; in: Frankfurter Allgemeine Zeitung, S. 13.

Schmidt, Inga/Schögel, Marcus/Tomczak, Torsten (2003): Nutzung von Distributionskanälen aus Kundensicht: Eine explorative Analyse der Reisebranche, Fachbericht für Marketing, Nr. 2003/2, St. Gallen.

Schmidt, Lutz (2004): Es gibt wieder Lichtblicke; in: FVW International, H. 31 (Beilage), S. 20-21.

Schmitz, Stefan W. (2000): The Effects of Electronic Commerce on the Structure of Intermediation; in: Journal of Computer-Mediated Communication (JCMC), Jg. 5, H. 3, n. p.

Schoder, Detlef (2000): Die ökonomische Bedeutung von Intermediären im Electronic Commerce, Freiburg.

Schoder, Detlef (2003a): Disintermediationsthese; in: Schildhauer, T. (Hrsg.): Lexikon Electronic Business, München u. a., S. 75-77.

Schoder, Detlef (2003b): E-Commerce; in: Schildhauer, T. (Hrsg.): Lexikon Electronic Business, München u. a., S. 98-101.

Schoder, Detlef (2003c): Intermediär; in: Schildhauer, T. (Hrsg.): Lexikon Electronic Business, München u. a., S. 171-172.

Schoder, Detlef/Müller, Günter (1999): Disintermediation versus Intermediation auf elektronischen Märkten am Beispiel 'Trusted Third Parties' – Eine empirisch gestützte Einschätzung; in: Engelhard, J./Sinz, E. (Hrsg.): Kooperation im Wettbewerb – Neue Formen und Gestaltungskonzepte im Zeichen von Globalisierung und Informationstechnologie. Ergebnisse der 61. Wiss. Jahrestagung des Verbandes der Hochschullehrer e.V., Wiesbaden, S. 599-619 .

Schuler, Felix (2002): Der Einfluss des Internets auf die Unternehmensgrenzen, Wiesbaden.

Schulz, Axel (1997): Electronic Marketcoordination in the Travel Industry: The Role of Global Computer Reservation Systems; in: Tjoa, A. M. (Hrsg.): Information and Communication Technologies in Tourism, Wien u. a., S. 67-74.

Schuster, Andreas G. (1998): A Delphi Survey on Electronic Distribution Channels for Intermediaries in the Tourism Industry – The Situation in German Speaking Countries; in: Buhalis, D./Tjoa, A. M./Jafari, J. (Hrsg.): Information and Communication Technologies in Tourism, Wien u. a., S. 224-234 .

Schwalbach, Joachim (1994): Stand und Entwicklung der Industrieökonomik; in: Neumann, M. (Hrsg.): Unternehmensstrategie und Wettbewerb auf globalen Märkten und Thünen-Vorlesung, Berlin, S. 93-109.

Schwalbach, Joachim (1997): Industrieökonomik und Betriebswirtschaftslehre; in: Pfingsten, A. (Hrsg.): Betriebs- und Volkswirtschaftslehre: Geschwisterliebe und Familienzwist, München, S. 165-181.

Schwickert, Axel C./Pfeiffer, Ellen (2000): Elektronische Marktplätze – Formen, Beteiligte, Zutrittsbarrieren, Arbeitspapiere WI, Nr. 5/2000, Mainz.

Schär, Johann F. (1923): Allgemeine Handelsbetriebslehre, 5. Auflage, Leipzig.

Scott, Judy (2000): Emerging Patterns from the Dynamic Capabilities of Internet Intermediaries; in: Journal of Computer-Mediated Communication (JCMC), Jg. 5, H. 3, n. p.

Sen, Ravi/King, Ruth C. (2003): Revisit the Debate on Intermediation, Disintermediation and Reintermediation due to E-commerce; in: Electronic Markets, Jg. 13, H. 2, S. 153-162.

Sharma, Arun/Dominguez, Luis V. (1992): Channel Evolution: A Framework for Analysis; in: Journal of the Academy of Marketing Science, Jg. 29, H. 1, S. 1-15.

Shelanski, Howard A./Klein, Peter G. (1995): Empirical Research in Transaction Cost Economics: A Review and Assessment; in: The Journal of Law, Economics, & Organization, Jg. 11, H. 2, S. 335-361.

Sheldon, Pauline (1997): Tourism Information Technology, Oxon u. a.

Shepherd, William G. (1997): The Economics of Industrial Organization – Analysis, Markets, Policies, 4. Auflage, London u. a.

Skiera, Bernd/Spann, Martin (2002): Flexible Preisgestaltung im Electronic Business; in: Weiber, R. (Hrsg.): Handbuch Electronic Business, 2. Auflage, Wiesbaden, S. 689-706.

Smith, Michael D./Bailey, Joseph/Brynjolfsson, Erik (2000): Understanding Digital Markets: Review and Assessment; in: Brynjolfsson, E./Kahin, B. (Hrsg.): Understanding the Digital Economy – Data, Tools, and Research, Cambridge, S. 99-136.

Sol Meliá (2003): Facts & Figures; URL: http://www.solmelia.com/sol/groupinfo/jsp/CGIFacts.jsp, Abfrage am 2.7.2004.

Spajic, Luke D. (2002): Financial Intermediation in Europe, Boston u. a.

Spulber, Daniel F. (1999): Market microstructure: intermediaries and the theory of the firm, Cambridge u. a.

Staehle, Wolfgang H./Conrad, Peter/Sydow, Jörg (1999): Management – Eine verhaltenswissenschaftliche Perspektive, 8. Auflage, München.

Standing, C., Borbely, S., and Vasudavan, T. (99): A Study of Web Diffusion in Travel Agencies; in: Sprague, Ralph H. (Hrsg.): Proceedings of the 33rd Hawaii International Conference on Systems Sciences, Los Alamitos u. a., n. p.

Steinfield, Charles W. et al. (2000): Leveraging Physical and Virtual Presence in Electronic Commerce: The Role of Hybrid Approaches in the New Economy; URL: http://www.its2000.org.ar/conference/ steifield_adelar_wit_otros.pdf, Abfrage am 2.9.2004.

Steinmann, Horst/Schreyögg, Georg (2000): Management – Grundlagen der Unternehmensführung, 5. Auflage, Wiesbaden.

Steyer, Ronald (1998): Ökonomische Analyse Elektronischer Märkte, Arbeitspapiere WI, Nr. 1/1998, Mainz.

Stiglitz, Joseph E. (1999): Volkswirtschaftslehre, 2. Auflage, München u. a.

Strong, Norman/Walker, Martin (1987): Information and Capital Markets, Oxford u. a.

Swarbrooke, John/Horner, Susan (1999): Consumer Behaviour in Tourism, Oxford u. a.

Sülberg, Werner (1998): Reisevermittler; in: Haedrich, G. et al. (Hrsg.): Tourismus-Management, 3. Auflage, Berlin u. a., S. 571-613.

Tapscott, Don (1996): Die digitale Revolution – Verheißungen einer vernetzten Welt – die Folgen für Wirtschaft, Management und Gesellschaft, Wiesbaden.

Teece, David J. (1982): Towards an economic theory of the multiproduct firm; in: Foss, N. J. (Hrsg.): The Theory of the Firm, Bd. 4 (2000), London u. a., S. 217-242.

Teece, David J. et al. (1994): Understanding corporate coherence: theory and evidence; in: Foss, N. J. (Hrsg.): The Theory of the Firm, Bd. 4 (2000), London u. a., S. 74-101.

Thomas, Barry (1993): Tourism; in: Johnson, P. (Hrsg.): European Industries, Hants u. a., S. 230-252.

Thome, Rainer (2003): EDI; in: Schildhauer (Hrsg.): Lexikon Electronic Business, München, S. 107-108.

Tietz, Bruno (1993a): Der Handelsbetrieb, 2. Auflage, München.

Tietz, Bruno (1993b): Marketing, 3. Auflage, Düsseldorf.

Tirole, Jean (1995): Industrieökonomik, München u. a.

Tjostheim, Ingvar (2002): The Internet in Competition with the Traditional Information Sources – A Study of Vacation Planning for Package vs. Non-Package Travel; in: Wöber, K. W./Frew, A. J./Hitz, M. (Hrsg.): Information and Communication Technologies in Tourism 2002, Wien u. a., S. 166-176.

Tobin, James (1984): On the Efficiency of the Financial System; in: Lloyds Bank Review, H. 153, S. 1-15.

Toporowski, Waldemar (2000): Auswirkungen von E-Commerce auf den Einzelhandel – der Erklärungsbeitrag der Transaktionskostentheorie; in: Müller-Hagedorn, L. (Hrsg.): Zukunftsperspektiven des E-Commerce im Handel, Frankfurt am Main, S. 73-120.

Townsend, Robert M. (1978): Intermediation with Costly Bilateral Exchange; in: Review of Economic Studies, Jg. 45, S. 417-425.

Ujma, Dorota (2001): Distribution channels for tourism: theory and issues; in: Buhalis, D./Laws, E. (Hrsg.): Tourism Distribution Channels – Practices, issues and transformations, London u. a., S. 33-52.

Ulysses Management (2003): Web-Tourismus 2003, München.

Unser, Matthias/Oehler, Andreas (1997): Elektronische Börsen; in: Das Wirtschaftsstudium, Jg. 26, H. 7, S. 367-370.

Varian, Hal R. (1989): Price Discrimination; in: Schmalensee, R./Willig, R. D. (Hrsg.): Handbook of Industrial Organization, Volume 1, Amsterdam u. a., S. 597-648.

Varian, Hal R. (2004): Grundzüge der Mikroökonomik, 6. Auflage, München u. a.

Vich-I-Martonell, Gabriel A. (2002): The Internet as a Marketing Tool for Tourism in the Balearic Islands; in: Information Technology & Tourism, Jg. 5, H. 2, S. 91-104.

von Böventer, Edwin et al. (1995): Einführung in die Mikroökonomie, 8. Auflage, München u. a.

Wamser, Christoph (2001): Strategisches Electronic Commerce, München.

Watson, Richard T. et al. (2000): Electronic Commerce – The Strategic Perspective, Fort Worth u. a.

Weiber, Rolf (1993): Was ist Marketing? Ein informationsökonomischer Erklärungsansatz, Arbeitspapier zur Marketingtheorie, Nr. 1, Trier.

Weiber, Rolf (2000): Herausforderung Electronic Business: Mit dem Informations-Dreisprung zu Wettbewerbsvorteilen auf den Märkten der Zukunft; in: Weiber, R. (Hrsg.): Handbuch Electronic Business, Wiesbaden, S. 1-35.

Weiber, Rolf (2002a): Die empirischen Gesetze der Netzwerkökonomie; in: Die Unternehmung, Jg. 56, H. 5, S. 269-294.

Weiber, Rolf (2002b): Electronic Business; in: Specht, D./Möhrle, M. G. (Hrsg.): Lexikon Technologiemanagement, Wiesbaden, S. 31-40.

Weiber, Rolf (2002c): Markterfolg im Electronic Business durch wettbewerbsorientiertes Informationsmanagement; in: Weiber, Rolf (Hrsg.): Handbuch Electronic Business, 2. Auflage, Wiesbaden, n. p.

Weiber, Rolf/Adler, Jost (2002): Hemmnisfaktoren im Electronic Business; in: Marketing – Zeitschrift für Forschung und Praxis, Jg. 24, Spezialausgabe "E-Marketing", S. 5-17.

Weiber, Rolf/Kollmann, Tobias (1998): Competitive advantages in virtual markets – perspectives of "information-based marketing" in cyberspace; in: European Journal of Marketing, Jg. 32, H. 7/8, S. 603-615.

Weiber, Rolf/Kollmann, Tobias (2000): Wertschöpfungsprozesse und Wettbewerbsvorteile im Marketspace; in: Bliemel, F./Fassott, G./Theobald, A. (Hrsg.): Electronic Commerce – Herausforderungen – Anwendungen – Perspektiven, 3. Auflage, Wiesbaden, S. 47-62 .

Werthner, Hannes/Klein, Stefan (1999a): ICT and the Changing Landscape of Global Tourism Distribution; in: Electronic Markets, Jg. 9, H. 4, S. 256-262.

Werthner, Hannes/Klein, Stefan (1999b): Information Technology and Tourism – A Challenging Relationship, Wien u. a.

Westerfield, Ray B. (1915): Middlemen in English Business, New Haven.

Wiedmann, Klaus-Peter/Frenzel, Tobias (2000): Internet-Märkte – Grundlegende Strukturen und Prozesse internetbasierter Märkte, Schriftenreihe Marketing Management, Hannover.

Wigand, Rolf T. (1997): Electronic Commerce: Definition, Theory, and Context; in: The Information Society, Jg. 13, H. 1, S. 1-16.

Wigand, Rolf T. and Benjamin, Robert I. (95): Electronic Commerce: Effects on Electronic Markets; in: Journal of Computer-Mediated Communication (JCMC), Jg. 1, H. 3, n. p.

Williamson, Oliver E. (1975): Markets and Hierarchies: Analysis and Antitrust Implications, New York u. a.

Williamson, Oliver E. (1990a): A Comparison of Alternative Approaches to Economic Organization; in: Journal of Institutional and Theoretical Economics (JITE), Jg. 146, S. 61-71.

Williamson, Oliver E. (1990b): Die ökonomischen Institutionen des Kapitalismus – Unternehmen, Märkte, Kooperationen, Tübingen.

Williamson, Oliver E. (1991): Comparative economic organization of discrete structural alternatives; in: Foss, N. J. (Hrsg.): The Theory of the Firm, Bd. 3 (2000), London u. a., S. 219-251.

Williamson, Oliver E. (1996): Transaktionskostenökonomik, 2. Auflage, Hamburg.

Wimmer, Bradley S./Townsend, Anthony M./Chezum, Brian E. (2000): Information Technologies and the Middleman: The Changing Role of Information Intermediaries in an Information-Rich Economy; in: Journal of Labor Research, Jg. 21, H. 3, S. 407-418.

Winkler, G. M. (1989): Intermediation under trade restrictions; in: Quarterly Journal of Economics, Jg. 104, S. 299-324.

Wirtz, Bernd W. (2000): Electronic Business, Wiesbaden.

WTO (1996): What Tourism Managers Need to Know, Madrid.

WTO (2004): Tourism Highlights Edition 2004, Madrid.

WTTC (2004a): European Union – Travel & Tourism Forging Ahead, London.

WTTC (2004b): Germany – World Travel & Tourism Forging Ahead, London.

WTTC (2004c): World – Travel & Tourism Forging Ahead, London.

Wyckoff, Andrew (1997): Imagining the impact of Electronic Commerce; in: The OECD Observer, H. 208, S. 5-10.

Yanelle, Marie-Odile (1988): On the Theory of Intermediation, Bonn.

Yavas, Abdullah (1991): Investigating the Role of Intermediation in Search Markets, Iowa.

Yinger, John (1981): A Search Model of Real Estate Broker Behavior; in: American Economic Review, Jg. 71, S. 591-605.

Zbornik, Stefan (1996): Elektronische Märkte, elektronische Hierarchien und elektronische Netzwerke, Konstanz.

Zerdick, Axel/Picot, Arnold/Schrape, Klaus (2001): Die Internet-Ökonomie, 3. Auflage, Berlin u. a.

Zikmund, William/D'Amico, Michael (1986): Marketing, 2. Auflage, New York u. a.

Zwass, Vladimir (1998): Structure and Macro-level Impacts of Electronic Commerce: From Technological Infrastructure to Electronic Marketplaces; URL: http:// www.mhhe.com/ business/mis/zwass/ecpaper.html, Abfrage am 29.10.2003.

Kolibri 360 GmbH
Ferdinand-Jühlke-Straße 7
99095 Erfurt, Deutschland
produktsicherheit@kolibri360.de